新國中國文動動腦 2

李敏雪、江艾倫、關秀瓊、許碧華、韓姝如、林嫺雅、劉崇義、李炳傑、莊美英、區櫻 合著

序

時代在不斷地進步中，而學校的課本，爲了適應這種進步的步伐，也一次又一次地作了不同幅度的調整。這回依據民國八十三年新訂課程標準所編纂的國民中學國文課本，到現在已推出了三冊。就在新譯本逐冊推出的同時，國文天地雜誌社和它的關係企業萬卷樓圖書有限公司也在衆多國中國文教師的一再催促下，仿照舊有《國中國文動動腦》，並接納各方的意見，在兩年多前就計畫重新加以編纂，以迎合時代的需求。

舊版《國中國文動動腦》，共含「文字百科」、「成語典故」、「課文賞析」、「作者資料」、「課文資料」、「類文選讀」和「創造性」、「思考性」等欄頁，從各個角度提供教學的參考資料，很幸運地，受到廣大讀者的肯定。有了這種肯定作爲推動，於是經過了幾次的籌備會議後，決定《新國中國文動動腦》分「作者參考資料」、「課文參考資料」、「語文天地」、「課文補充資料」、「成語世界」、「思考與練習」等欄，在原有的基礎上加以調整、强化。其中「作者參考資料」、「課文參考資料」、「課文補充資料」和「成語世界」，相當於舊有的「作者資料」、「課文賞析」、「課文資料」、「類文選讀」和「成語典故」，卻要求更爲扼要而實用，而「語文天地」，則將舊有的「文學百科」予以擴大，不但詳加注釋，並辨析形、音、義，更針對課文來說明有關文法，修辭的技巧與應用，至於「思考與練習」，乃合舊有的「創造性」、「思考性」爲一，而要求更多樣、更活潑，兼顧了內容與形式，儘量取材自日常生活，作精密的設計，俾供教師隨意擇用，以使學生能深入思考，多方練習，增進教與學的雙重效果。

由於提供多樣、活潑而又有實用性的教學參考資料，是極其困難的，所以，爲了集思廣益，克服這種困難，便先後廣邀了多位國、高中的資深國文教師來共襄盛舉。這些教師，不僅富於教學經驗，且極有具研究熱忱，旣能配合現實，也能兼顧理想。這樣在他（她）們的努力下，逐册地編纂下去，相信對目前國中國文教學而言，當會有相當的效益。

在第一册出版前夕，一則向所有參與編纂的教師致上敬意，因爲兩年多一路走過來實在太辛苦了，一則爲國文天地與萬卷樓賀喜，因爲終於有了豐碩的成果。於是略述編纂的經過與內容，聊表敬佩與慶賀之意。

陳滿銘

民國八十七年九月十五日
於國立臺灣師大國文學系

目錄

序／陳滿銘　1
一、立志做大事／孫　文　1
二、那默默的一羣／張騰蛟　23
三、謝天／陳之藩　43
四、車過枋寮／余光中　61
五、律詩選　89
㈠過故人莊／孟浩然
㈡山居秋暝／王　維
㈢聞官軍收河南河北／杜　甫
六、背影／朱自清　111
七、你自己決定吧／劉　墉　131
八、最苦與最樂／梁啟超　151
九、五柳先生傳／陶淵明　173
十、愛蓮說／周敦頤　189

十一、論語選／論　語　209
十二、王冕的少年時代／吳敬梓　229
十三、吃冰的滋味／古蒙仁　245
十四、草坡上／鍾理和　257

一、立志做大事

／孫文

壹、作者參考資料

一、國父的二三事

孫文，字逸仙，號中山，廣東省香山縣（今中山縣）翠亨村人，生於清穆宗同治五年（西元一八六六年、民前四十六年）十一月十二日（農曆十月初六日），卒於民國十四年（西元一九二五年）三月十二日，享年六十歲。曾任中國國民黨總理、中華民國臨時大總統，因爲功業偉大，國人尊奉他爲國父。著有三民主義、建國大綱、建國方略、總理全集等書。

㈠好問

國父自小就很聰明，常常會提出一些讓人難以回答的問題。有一次，他問母親楊太夫人，青天是怎樣造成的。這個問題實在很難回答，即使現在科學這樣發達，一時要解釋清楚，也很不容易。楊太夫人一時被問住了，便回答說：「天像蓋著的飯碗一樣。」這樣簡單的一句話，並沒有說出青天是怎樣造成的，國父還是不太明白，又接著問：「在蓋著的碗上面，是不是還有一隻碗合在上面呢？」當時在他小小的心靈中，就已存有天外是不是還有天的疑問了。

㈡信實及正義感

孔子說：「人無信不立。」信實是事業成功的基礎，美國國父華盛頓幼年斧砍櫻桃樹，向他父親認錯就是一例。國父一生以誠信待人，贏得革命同志們的敬重和愛戴。這種美德，在他小時候就已經表露無遺。在他十三歲時（西元一八七八年），他的長兄德彰尊奉父命，由檀香山回國結婚，吉期將到時，全家人都在忙著籌備婚禮之事，無暇兼顧其他，那時家裡水缸的水已將用完，楊太夫人看到國父閒著沒事，便叫他到家附近的池塘去取水。國父用竹扁擔挑著兩個瓦缸走出家門，因爲不願意做此苦工，便故意弄破瓦缸，然後拿著竹扁擔回轉家中。楊太夫人問他水取來了沒有，國父說沒有，盛水的瓦缸被他打破了。楊太夫人一生氣，便拿起木條就要打他。他的大哥看到了，爲了給他一個理由脫罪，暗示的問國父說：「瓦缸是怎麼弄破的？是不是發生了什麼意外，還是你不小心失足跌破？」國父雖然知道他大哥的好意，但不願意欺騙他們，回答說是不喜歡去挑水，故意把瓦缸撞破。楊太夫人被他誠實不欺的話所感動，不但原諒饒恕了他，以後並不再叫他去做笨重的工作。

除了誠實，國父還具有正義感，如他的家鄉翠亨村住有三兄弟，家裡有一座很好的花園。有一天，滿清官吏帶了幾十個士兵，把三兄弟捉去，殺了其中一人，並把其他兩個關進監牢，又霸佔了他們的房子。村裡沒有一個人敢出來打不平。當時年僅十歲的國父，看不過去，就挺身而出，詰問滿清官吏說：「全村的人都說這家人沒有犯罪，你們為什麼要把他們兄弟捉去，殺的殺，監禁的監禁，還占據了他們的房子和花園。」說話時聲色俱厲，毫不把那個官吏放在眼裡。又當他在香港西醫書院讀書時，有一次到九龍去玩，看到一位賣假藥的人，正在大吹特吹他賣的藥是多麼好，多麼靈驗，國父怕圍觀的人上當被騙，買了假藥，不但破財，還會傷身，於是挺身而出，當場揭穿那人的謊話。那賣假藥的人當時非常生氣，在地上撿起一塊石頭作勢要打國父，並對國父說：「你不相信我的藥有靈驗，我現在就打斷你的腿，再幫你醫治，看看我的藥靈不靈。」他以為這樣就可以把國父嚇跑，好讓他再繼續騙人。那知國父絲毫不怕，一點都不受恐嚇，那時他手裡正拿著一節甘蔗，便把它藏在衣袖裡，冒充槍枝，擺出一付射擊的姿態，對那個賣藥的人說：「你說的什麼話，天下竟有這種道理嗎？那麼讓我試試用槍打你的腦袋，再來替你治療，你說這樣好嗎？」賣藥的一見，嚇得大氣都不敢出，知道大家都不會受騙上當，便收拾起擔子，悻悻然地離開了。

㈢大度量

陳源在《哀思》一文中引用吳稚暉先生的話說：「孫先生的度量眞大，有許多曾經在患難時背棄他的，現在來了，他仍舊一視同仁地看待他們。」又陳源形容他初次見到國父的情形是：「為首的一輛中，坐著一個穿著很整齊的西服的人，他的溫文端正的面容，光光的頭髮，八字鬍子，一望而知是孫中山先生。他舉起了高頂的絲帽，面上微微露著和藹可親的笑容，可是不幾秒鐘就過去了。」肚量大，待人親切和藹，也是國父令人敬佩的地方。在他當選中華民國臨時大總統後，有一天，參議院開會，國父赴會時，走到參議院門口，負責看門的警衛，看見穿著便服的他，衣著很粗陋，以爲是工人，便用槍攔住，不讓他進去。同時大聲對他說：「今天參議院開會，只有大總統和議員先生們才可以進去，你這個工人眞大膽，居然想進去裡面，如果被總統看見，會打死你的。還不趕快走開。」國父聽了，笑著對他說：「大總統是從來不打人的，也沒有聽說他曾經打過人。」說完話，就從口袋裡拿出了一張名片給那個門警。門警看了名片，不禁嚇了一跳，原來眼前的人就是大總統，這一驚非同小可，急忙跪在地上向國父請罪。對於門警的無禮，國父一點也不在意，看他急成那個樣子，心中覺得不忍，便笑著俯身拉他起來，並安慰他說：「沒有什麼關係，你不要害怕，我不會和你計較，也不會打你。」

㈣為人幽默風趣

國父爲人也很幽默風趣，丙午那年（西元一九〇四年），他居留東京時，常和章太炎、張溥泉、田桐、胡漢民等同志在寓所談論革命，同志中有一位叫鄧慕韓的，綽號師爺，因爲大家在談論時他都無法插嘴，就跑到廚房去跟廚師陳和及日本下女等大談時政。陳和也是革命同志，日本下女私底下都稱呼他爲「叔」。這個人生性很喜歡賭博，常常拿買菜的錢作賭本。有一次，他把菜錢都輸光了，空著手回去，向國父說在冷巷（廣東土語，就是俗稱的走廊。）丟掉鞋子，他把菜錢拿去買鞋子，請國父再給錢去買菜。日式的建築，走廊設在室間，日本的習俗都是席地而坐，鞋子都放在室外，絕對沒有在走廊丟失的道理。國父知道他說謊，但並不說破，只是笑了笑，拿出菜錢給陳和後，一時觸動靈機，便戲擬一副對聯贈送給鄧慕韓及陳和說：「鄧師爺廚房演說；陳和叔冷巷失鞋。」

㈤善寫對聯及詩

寫對聯，國父非常在行，除了「革命尚未成功；同志仍須努力。」這副大家耳熟能詳的對聯外，他還寫了不少，而且都寫得很好。底下再列舉幾副對聯。

1、總統蔣公初到日本留學時，陳英士介紹他和國父見面，加入同盟會，國父當時非常高興，贈送蔣公一副對聯，勖勉有加的說：「安危他日終須仗；艱苦來時與共嘗。」

2、民國七年，國父路經日本箱根，日本友人宮崎寅藏和數位同志，在「環翠樓」設宴替國父洗塵。席中，宮崎向國父求書存念。國父即席寫下了「環翠樓中虬髯客；

湧金門外岳飛魂。」一聯相贈，不但切人切事，而且非常工穩。

3、民國十二年駐節百粵時，國父乘著某天閒暇，到鼎湖之麓去遊覽，鼎湖山寺僧，請國父賜聯，國父立即揮毫寫下「塵事未除人自苦；江山無恙我重遊。」相贈。

除了對聯外，國父的詩也寫得不錯，可惜寫得不多，在《國父全集》中，只輯有《輓劉道一烈士》一首七言律詩，不過從這首詩中，可看出國父的至性純情，和他在詩作上的造詣。詩是這樣寫的：「半壁東南三楚雄，劉郎死去霸圖空；尚餘遺孽艱難甚，誰與斯人慷慨同！塞上秋風悲戰馬，神州落日泣哀鴻；幾時痛飲黃龍酒，橫攬江流一奠公。」還有在民國前十三年，爲方便各省洪門和革命同志起義的聯絡，國父曾仿照清代陳近南製作洪門歌謠，以作爲彼此聯絡暗號。歌謠寫道：「萬象陰霾打不開，紅羊劫運日相催；頂天立地奇男子，要把乾坤扭轉來。」詞句非常淺近通俗，頗能切合一般民衆的口味。（取材自劉太希作《國父青少年時代》、陳虹著《風雲人物軼事》、陳訓章著《中國歷代文學故事》、林伯格 Paul-Lineborger 著・徐植仁譯《孫逸仙傳記》）

二、孫先生最初之革命言論與行動

◆陳少白

㈠幼年之家庭與學校生活

孫先生的父親，是一個普通做小買賣的人，生有兩個兒子，一個女兒。（按達成公本擧三男二女，因二子女早逝，故云。）他父親爲人很好，甚麼嗜好都沒有。他的哥哥——眉公體格很強壯，頭腦也很聰慧，但是自小不肯念書，一天到晚總是在外面嬉笑頑皮，所以父親是很討厭他的。有一天他那在檀香山經商的母舅有事回國，他父親因爲家裡很窮，兒子又不長進，就氣呼呼的請他的母舅帶他的哥哥到檀香山去。父親的意思差不多是不要再看見他的哥哥了！他的母舅覺得小孩子頑皮，也是出於天性，年紀大了，或者也很可以成家立業的。所以隔了不多時候，事情辦理妥了，就帶著他的哥哥回到檀香山去。

孫先生的哥哥到了檀香山以後，一變常態，倒很能夠循規蹈矩，做些事情。起初在人家做田工，照中國的方法去耕種田畝。本來在五六十年前，檀香山還是一個半開墾的荒島，人口稀少，棄地很多，政府爲了獎勵墾荒，隨便甚麼人，都很容易領田的。所以他的哥哥，替人家耕了幾年田之後，就自己合了幾個夥計，去領了些田畝來耕種。這樣耕了幾年，倒也賺了一點錢，有一點積蓄了，於是就到茂宜 Main 島去。茂宜島，是夏威夷羣島中五大島之一。他的哥哥到了茂宜島，就向政府租了許多地畝，闢爲山園，經營畜牧耕種事業，倒也順手。又因爲他爲人輕財好客，遇事有決斷，同島人多服他，所以後來島上的人就替他起了一個綽號叫「茂宜島王」King of Main。

孫先生在十二歲的時候，他的哥哥回來，就帶他到檀香山去。本來孫先生在家鄉的舊書塾，已讀過三四年的中國書。這時候，到了檀香山，因爲沒有中國學堂，所以白天就進一個教會學堂，學習英語，晚上回家，溫習功課後，他還是勤讀中國書。

當時孫中山先生的哥哥，很反對耶穌教。他的反對，並不是有甚麼理由，不過他以爲只有中國的教化最好，除了中國教化以外，無論甚麼教，都不是正派，都要反對的。而孫先生在教會學堂讀了幾年書，受牧師的薰陶，到十八歲，就進了教。不久被哥哥知道，當然要大生氣，就叫孫先生趕快反教並要退學。孫先生不肯，他對他的哥哥說：「現在我既已進了教，怎麼樣可以反了過來？並且我進教，也和你沒有關係，爲甚麼要干涉我呢？」這樣，兩個人鬥起口來，孫先生就被他哥哥打了一頓。打過以後，哥哥不理他。孫先生倒也負氣起來了，就拿了一隻衣箱，頭也不回的跑出門。他想到甚麼地方去好呢？摸摸身邊也沒有錢。一時也想不出甚麼辦法，後來就跑到教會學堂裡面去。見了牧師，就說：「我哥哥不要我讀書，我現在站不住要回去了。」牧師聽了，很憐惜他，苦苦的勸他：「你暫時住在學校內罷，隔幾天，等你哥哥氣平了，再可以去商量的。」但是那時孫先生覺得既和哥哥鬥氣出來，再也不能住下去了，並且出國已六、七年，想回去見見家鄉情況，所以他還是很堅決的要回國。牧師見勸既勸不住時，就幫助了他的船費，使他回到中國來。後來他的哥哥知道了，覺得因孫先生進耶穌教迫走了他是不對的，心裡有些懊悔，所以時常特別寄了些錢到中國，供給孫先生學費。

㈡香港之求學時代——革命思想之發源

孫先生到了中國，就在香港繼續攻讀。孫先生一生的嗜好就是讀書。起初在香港讀書的學堂，就是皇仁書院。

皇仁書院是那時最有名的中等學校。不久他就回到廣州進博濟醫局附設的醫學校學醫，校裡書本是由英文譯成中文的。在這個學校，孫先生遇見一個同學鄭士良。鄭士良是客家人，也是三點會會員。本來在廣州的客籍人，多半加入三點會。會中的口頭語就是「反清復明」。其實這「反清復明」四個字究竟怎樣意義，在那時的會員，能夠明瞭的，已經很少很少。當時孫先生和鄭士良既是同處一校，又是志同道合，所以兩個人很稱莫逆。但是孫先生也只有和鄭士良一個人可以談天，其餘都是話不投機了。

孫先生在博濟醫學校，大約讀了兩年書，就到香港進雅麗氏醫院附設的學校。這個雅麗氏醫院，怎麼樣成立的呢？當時有一位何啓博士，在英國讀書，畢業後就娶了一個英國人雅麗氏 Alice 爲妻。回國後數年，雅麗氏去世，遺下了幾萬塊錢的產業。何啓博士抱鼓盆之痛，非常傷心，很不願得到他妻的遺產，所以就代他捐產興學，修了一個醫院，名之謂雅麗氏，以誌紀念。同時在醫院內，附設一個學堂叫 The College of Medicine for Chinese（現已改組爲香港大學醫學部），廣招中國學生入學習醫。何博士亦是校內教授之一，吾等之師也。

孫先生當時在博濟醫學校，雖得鄭士良日夕暢談，很覺有趣，但在廣東省城，耳目衆多，言論也很受束縛，不如在香港較爲自由。所以在雅麗氏醫學校成立時，即由博濟轉入。其時孫先生已二十二歲了。他進校以後，天天談革命。同學中當然沒有同他談的。或有以爲大逆不道避他的，或是當他中風病狂而笑他的，並且還起了他一個綽號，叫他「洪秀全」。因爲孫先生平時常常談起洪秀全，稱爲反清第一英雄，很可惜他沒有成功。

孫先生在雅麗氏醫學校讀了兩年。那時我在廣州念書。有一天，我有事到香港去。在沒有到香港去以前，在廣州見到了一位姓區的老朋友，這位老朋友，既是認識我，也是認識孫先生的。他說：「你到香港我可以介紹給你一個人，這個人恐怕同你見解很相合的。」我說：「很好。」他就寫了一封介紹信給我，這是我第一次到香港。到了香港，就請王寵惠的父親王煜初牧師領我到雅麗氏醫學校內見孫先生。王煜初介紹過我們之後，就告辭去了。孫先生見了那封介紹信，就很高興的同我談話起來。大約經過十分鐘，他就說：「我們去逛逛公園吧！」我當時初次到香港，也不知道甚麼，就跟孫先生到了一個植物園，擇了一個很靜的地方，兩個人坐下，談談時局，覺得很入港。談到革命的事也是很投機。最後他就問我：「這次到香港要躭擱多少天？」我說：「只有一天，馬上要走的。」他就說：「無論如何要想法常常談談。」這樣分別以後，過了幾個星期，我自己因爲家境日就艱困，預備到香港去半工半讀，減輕家裡的負擔。一到了香港，當然時常到醫院裡去，在孫先生的宿舍內談天，天天談革命的事，總是很高興的。

孫先生那時碰到我，常常勸我學醫，說：「醫學是很有用的。」我因爲習性不近，總是不願意。有一天我照常在他那裡談天，他忽然說：「請你坐坐，教授來了，我要聽講去，散課後，再回來同你談天。」隔了一回，他匆匆的跑回來對我說：「康德黎博士請你見面。」康德黎博士，當時是醫學校的教務長。我說：「不認識他。」他說：「有事情才請你去。」我說：「人既不認識，那裡會有甚麼事情呢？」他不待我說完，就抓了我的衣袖拉到教務長室內，見康德黎博士。當時康德黎博士見了我，說：「我們是很歡迎你的。」其實他所說的歡迎，是因方才孫先生說我要到這裡來讀書。那時我又矇在鼓裡，聽了康德黎博士的語，無從致答，只說：「Yes, thank you.」而已。後來我們就退出來，我責他不應該强作主張。孫先生說：「好了，你進來念書，大家可以多談了。」我沒有辦法，就答應了下來，轉入雅麗氏醫學校。其時，我所讀的一班，比孫先生差兩年。

現在再講孫先生的革命思想，究竟從那裡來的呢？當孫先生在檀香山的時候，夏威夷羣島還是一個獨立的小國，沒有被美國吞併，由一個夏威夷王管理羣島的行政事務。這個夏威夷既是總埠，實在也是皇城的所在地，所以孫先生常常說：「在美國三藩市僑居的中國人，一點政治思想都沒有，這是因爲華盛頓京城在東，三藩市商埠在西，對於政治方面很少發生接觸的緣故。而在檀香山的就不然，大埠就是京城，天天所見所聞，都是關於政治方面的事，所以中國僑民差不多個個都有些政治思想。」並且那時美國常常想把夏威夷羣島合併，夏威夷羣島人民，就天天在那裡反抗。僑民看慣這種事情，當然更大受影響，尤其是抱有革命思想的孫先生。後來孫先生回到中國來，看到中國情形不對了，所謂「堂堂華國，不齒於列邦；濟濟衣冠，被輕於異族。朝廷則鬻爵賣官，公行賄賂；官府則剝民刮地，暴過虎狼。」把一個地大物博的中國，鬧得竟不及人家小小一國。孫先生傷心之餘，以爲國家爲甚麼這樣「衰」？政府爲甚麼這樣糟？推究其故，就是政府的權柄操在異種人——滿洲人手裡。如果拿回來，自己去管理，一定可以辦好。同時孫先生又感覺到當時洪秀全的事業，可惜半途失敗，否則他能夠成功，由中國人當權，就可不致再受人欺侮，所以心裡眞有以洪秀全第二自命的志向。這些，恐怕就是孫先生革命思想的起點了。

當時在廣州和孫先生談天的是鄭士良，在香港就是我。後來在雅麗氏醫學校畢業，到上海就碰到陸皓東。陸皓東在上海爲電報局的領班生，因爲陸皓東家鄉就在孫先生翠亨村的鄰近，大家是同鄉，所以一見就很投機的。

(三)醫校畢業與在廣州澳門行醫

孫先生求學的用心，實爲我所僅見。在雅麗氏學校讀書，平時無論甚麼學科都是滿分。到了二十七歲畢業的時候，其中只有一科是九十幾分。校中教員與考試官就爲他開一個會議，覺得這個學生是本校中最好的學生，學科中大部分是滿分，只有一科稍爲欠缺些，似乎是美中不足，會議結果，就給他送幾分，使他得到全部滿分的榮譽。所以在畢業證書上是註明「滿分」的。（這張證書，英文是校長寫的，中文是我塡的。）

孫先生畢業以後，他想開藥房，叫我替他擬招股章程。這件事，忽然被校長教授知道了，就禁止他。因爲照他們英國人的習慣，醫師的地位很高，稱爲上等人。做買賣的人，就比較低賤了。所以校長就叫孫先生去，對他說：「你不應該做這種事情，不能用你的名字去開藥房的。因爲你是本校第一屆第一名的學生，應該自愛。」這樣一來，就把孫先生開藥房的計畫打破。後來就先後在澳門和廣州行醫了。很奇怪，不滿三個月聲名鵲起，幾乎沒有一個人不耳聞其名，極端欽佩的。就診者戶限爲穿。他這一年的醫金收入計算一下，竟有一萬元之多。但是他並不積蓄，總在各方面用了出去，以致賺來的錢到手就完。

孫先生一面行醫，一面還是要開藥房。所以在澳門開了一家，在廣州繼續開一家，再在石歧也開一家，我沒辦法阻止他，就幫幫他的忙。到第二年，他就把店裡事務，交託一兩個夥計管理，這樣糊裏糊塗的讓他們去經營，竟把孫先生的醫金，統統放在買賣上用完。到後來連開銷也不夠了，我就常常替他想方法來維持。（節錄自《興中會革命史要》）

貳、課文參考資料

一、《立志做大事》賞析

這篇文章是民國十二年十二月國父在嶺南大學的演講詞，主要在告訴青年學生們，要立志做大事，不要有過去讀書人那種立志做大官的錯誤觀念。因爲立志做大官，只是爲個人謀幸福，只有立志做大事，才是爲人羣謀幸福。全文分爲四段：

第一段開門見山的點破題旨，提出近代人立志的思想是注重發達人羣，爲大衆謀幸福，中國的青年們應該以國家爲己任，把建設將來社會事業的責任擔負起來，所以要立志做大事，不要立志做大官。因爲古今人物名望的高大，不是在他所做的官大，而是在他所做的事業成功。

第二段承接第一段，闡述什麼是大事，用設問的方式，自問自答，說明所謂的大事，並不是一般人所認爲的轟轟烈烈或驚天動地的事，而是無論任何事，只要從頭到尾徹底做成功便是大事，並以柏斯多研究微生物的事來做例證，說明即使小到眼睛看不見的微生物，柏斯多把它研究得很透徹，成功地得到了結果，就是成了大事，所以在歷史上便享有大名。用這種具體的事例來證實抽象的道理，不但可使人深深了解，而且還增强了很大的說服力。

第三段回應第一段，把話題拉回到學生立志方面，再次强調「爲大家謀幸福」的重要性，告訴學生們，千萬不可以想要達到什麼地位，必須要想做成一件什麼事，眞正培養起服務人羣的精神，建立起我爲人人的大志向。

最後一段做了一個總述，提出如何去完成一件大事，那就是要「取古今中外的知識、才學，來幫助我們做一件大事，然後那件大事才容易成功。」意思是說要去擷取前人的經驗，借助他山之石，並明白的指出，學生進學校讀書的目的就在於此。

因爲這是一篇演講詞，所以很口語化，讓人一看就能明白。它的特色，國中國文教師手冊說的很清楚：「國父這篇文章，把握了切要的問題，平心靜氣地剖析事理，生動適切地陳述論證，抒發了精到的見解，提出了具體的方法，讓人欣然解悟，終身受用。在論說文方面，的確是很好的模範。」

的確如此。論說文的篇章結構，有一種三段式的布局，就是「是什麼」、「爲什麼」、「怎麼樣」。（「是什麼」和「爲什麼」也有前後調換的）本文第一段就是在說明「爲什麼要立志做大事」，第二段則用來說明「什麼是大事」，第四段則是用來說明「怎麼樣去完成大事」。首尾呼應，前後層次分明，論說也精要圓融，很具有親和力和說服力。

叁、語文天地

一、文法修辭

(一)本課的虛字

1、爲

介詞，音ㄨㄟˋ。意同「替」或「給」，有替人服務的意思。它通常用來介進一個受事補詞。

(1)「爲」大家謀幸福。

(2)「爲」個人謀幸福。

2、用

介詞，用以介進一個憑藉補詞。

(1)「用」事實說。

3、把

介詞，它的作用是將賓語提前在動詞前。方師鐸教授著《國語結構語法初稿》（下册）指出這種「把字式」的句子有五項特色：

(1)動詞後帶有「了」「著」或「起來」「下去」這一類後置成份者。

(2)動詞後帶有補語者。

(3)動詞後帶有雙賓語者。

(4)動詞以重疊形態出現者。

(5)動詞前後有附加成份者。

①中國青年應該有的志願，是要「把」中華民國重新建設起來。

②「把」建設將來社會事業的責任擔負起來。

4、如果……便……

表示假設關係的複句關係詞。「如果」用來表示假設，「便」用來推論後果。

(1)「如果」一件事業能夠成功，「便」能夠享大名。

5、只要……便……

表示條件關係的複句關係詞。「只要」有「祇須單要」的意思。「便」字則用來和「只要」相呼應，也有省去不用的。

(1)「只要」從頭至尾徹底做成功，「便」是大事。

6、簡單地說

表示推證關係的複句關係詞。大都用來分析、轉換口氣、濃縮意思、統括說明，和列舉事例。它的作用是承上文而加以解釋或證明，有時或就上文的事理加以推論或判斷，也有用「總之」、「換句話說」的，通常以一種短語的形式出現。

(1)「簡單地說」，古今人物之名望的高大，不是在他所做的官大，是在他所做的事業成功。

7、叫做

準繫詞，用在準判斷句中。

△什麼事「叫做」大事呢？

△譬如從前有個法國人「叫做」柏斯多。

8、所以

表示因果關係的複句關係詞。放在原因小句後面，用來表明事實上的「果」。

(1)「所以」現在的青年，便應該以國家爲己任，把建設將來社會事業的責任擔負起來。

(2)但是他徹底得到了結果，便是成了大事，「所以」他在歷史上便享大名。

9、因爲

表示因果關係的複句關係詞。用以表示原因，就是提起所說的原因。

(1)「因爲」地位是關係於個人的，達到了什麼地位，只能爲個人謀幸福；事業是關係於羣眾的，做成了什麼事，便能爲大家謀幸福。

10、但是

表示轉折關係的複句關係詞。用在上下兩句所敍的兩件事不諧和，或兩小句的句意相背戾。

(1)在普通人看起來，必以爲算不得一回什麼事，何必枉費工夫去研究它呢？「但是」柏斯多把它的構造、性質，和對於別種東西的關係，自頭至尾，研究出來，成一種有系統的結果，把這種東西叫做微生物。

11、不過

表示轉折關係的複句關係詞。用法和「但是」相同。

(1)許多做大事成功的人，不盡是在學校讀過書的，也有向來沒有進過學校的。「不過」那種人是有他天生的長處，普通人要求所做的事不錯，必要取法古人的長處才好。

12、**雖然……但是……**

表示容認關係的複句關係詞。「雖」字用來表容認，「但是」用來表轉折。由它們所構成的複句，往往上一句就已作勢，預爲下句轉折之地。換句話說，就是用帶「雖」字的句子表示姑且承認一件事，然後再轉入正意。又下句不用「但是」，也可用「卻」、「但」、「可是」、「然而」等轉折連詞來呼應。

⑴柏斯多立志研究的東西，「雖然」說是很小，但是」他徹底得到了結果，便是成了大事。

13、**然後**

表示時間關係的複句關係詞。通常用以說明一先一後發生的兩件事情，並且隱含有無甲事則無乙事的意思。

⑴我們要進學校讀書，取古今中外的知識、才學，來幫助我們做一件大事，「然後」那件大事才容易成功。

㈡本課的修辭

1、**設問**

⑴問答

①這種志願究竟是如何立法呢？我讀古今中外的歷史，知道世界上極有名的人，不全是從政治事業一方面成功的。有在政權上一時極有勢力的人，後來並不知名的；有極知名的人，完全是在政治範圍之外的。簡單地說，古今人物之名望的高大，不是在他所做的官大，是在他所做的事業成功。如果一件事業能夠成功，便能夠享大名。所以我勸諸君立志，是要做大事，不要做大官。

②什麼事叫做大事呢？大概地說，無論那一件事，只要從頭至尾徹底做成功，便是大事。

⑵反問

①在普通人看起來，必以爲算不得一回什麼事，何必枉費工夫去研究它呢？

⑶映襯

②有在政權上一時極有勢力的人，後來並不知名的；有極知名的人，完全是在政治範圍之外的。

3、**排比**

⑴地位是關係於個人的，達到了什麼地位，只能爲個人謀幸福；事業是關係於羣衆的，做成了什麼事，便能爲大家謀幸福。

4、**層遞**

⑴近代人類立志的思想，是注重發達人羣，爲大家謀幸福。用事實說，中國青年應該有的志願，是要把中華民

國重新建設起來，讓將來我國的文明和各國並駕齊驅。所以現代的青年，便應該以國家爲己任，把建設將來社會事業的責任擔負起來。

肆、課文補充資料

一、立志做大事　不要做大官　◆

孫文

諸君現在受教育的時候，預想將來學成之後，有一種貢獻到社會上，究竟應該做些甚麼事呢？諸君現在還未畢業，知識不大發達，學問沒有成就，自然不能責備諸君一定要做些甚麼事。但是在沒有做事之先，應該有甚麼預備呢？應該要注意些甚麼呢？依我看來，在這個時期之內，第一件是要「立志」。立志是讀書人最要緊的一件事。中國人讀書的思想，都以士爲四民之首，比農、工、商幾種人都要高一些。二、三十年以前的學生，他們有一種立志，就是閉戶自讀的時候，總想入學、中舉、點翰林，以後還要做大官。我今天希望諸君的，不是那種舊思想的立志，是比那入學、中舉、點翰林、做大官的志還要大。中國幾千年以來，有志的人本不少，但是他們那種立志的舊思想，專注意發達個人，爲個人謀幸福，和近代的思想大不相合。近代人類立志的思想，是注重發達人羣，爲大家謀幸福。用事實說，中國青年應該有的立志是在甚麼地方呢？是要把中華民國重新建設起來，讓將來我國的文明，和各國並駕齊驅。我們現在的文明，都是從外國輸入的，全靠外國人提倡，這是幾千年來所沒有的大恥辱。如果我們立志改良國家，萬衆一心，協力奮鬬做去，還是可以追蹤歐美。若是不然，中國便事事落在人後，永遠不能自己發達，永遠沒有進步。推其極端，中國便非淪於滅亡不可。所以現在的青年，便應該以國爲己任，把建設將來社會事業的責任，擔負起來。這種志願究竟是如何立法呢？我讀古今中外的歷史，知道世界上極有名的人，不全是從政治事業一方面做成功的。有在政權上一時極有勢力的人，後來並不知名的。有極知名的人，完全是在政治範圍之外的。簡單的說，古今人物名望的高大，不是在他所做的官大，是在他所做的事業成功。如果一件事業能夠成功，便能夠享大名。所以我勸諸君立志，是要做大事，不要做大官。

甚麼是叫做大事呢？大概的說，無論那一件事，只要從頭至尾，徹底做成功，便是大事。譬如從前有個法國人叫做柏斯多，專用心力，考察普通人眼所不能見的東西。那種東西極微渺極無用處，爲通常人目力之所不及。在普通人看來，必以爲算不得一回甚麼事，何必枉費工夫去研究它呢？但是柏斯多把它的構造、性質，和對於別種東西的關係，自頭至尾，研究出來，成一種有系統的結果，把這種東西叫做微生物。由於研究這種微生物，便發明微生物對於各種動植物的妨害極大，必須要把它撲滅才好。現在世界人類受到撲滅這種微生物的益處，不知有多少。譬如從前的人，不知道蠶也有受病的，所以常常有許多蠶吐絲不多，所獲的利益極微。現在知道蠶也有受病的，蠶受了病，便不能吐絲。考察它受病的原因，是由於有一種微生物。消滅這種微生物，便可醫好蠶的病，乃可多吐絲。現在廣東每年所產絲加多幾千萬擔，但還有許多不知道醫蠶病的。如果都知道消滅害蠶的微生物，更可增加無限的收入，那種利益該是何等大呢！現在全世界上由於知道消滅害蠶的微生物所得的總利益，又是何等大呢！但是柏斯多立志研究微生物的時候，他也不知道有這樣大的利益。用這件故事證明的意思，便是說，微生物本是極微渺極小的東西，但是研究它關係於動植物的利害，有一種具體結果，貢獻到人類，便是一件很大的事。柏斯多立志研究的東西，雖然說是很小，但是他徹底得了結果，便是成了大事，所以他在歷史上便享大名。

我們中國從前的人，都不知道像柏斯多這樣的立志，只知道立志要入學、中舉、點狀元、做宰相，並且還有要做皇帝的。譬如秦始皇出遊時候，劉邦、項羽都看見了，便各自嘆氣，表示自己的志願，項羽說：「彼可取而代之。」劉邦說：「大丈夫當如是也。」他兩個人的口氣雖然不同，但是他們的志願毫沒有分別。換句話說，都是想做皇帝。這種思想，久而久之，便傳播到普通人羣中。所以從此以後，中國人都想做皇帝，便不想做別的事。自民國成立以來，不是像袁世凱，想做皇帝，便是像一般軍閥想做督軍、巡閱使，那也是錯了。因爲要達到那種地位是很不容易的，障礙物是很多的。因爲他們立志，一定要達到那種地位，所以弄得殺人放火，殘賊人類，亦所不惜。諸君想想，那種志願是好是不好呢？一定是不好的。所以我們必須要消滅那種志願。至於學生立志注重之點，萬不可想要達到甚麼地位，必須要想做成一件甚麼事。因爲地位是關於個人的，達到了甚麼地位，只能爲個人謀幸福。事業是關於羣衆的，做成了甚麼事，便能爲大家謀幸福，我從前已經說過了。大家又知道，許多做大事成功的人，不盡是在學校讀過書的，也有向來沒有進過學校，卻能夠做成大事業的。不過那種人是天生的長處，普通人要所做的事不錯，必要取法古人的長處才好。所以我們要進學校讀書，取古今中外人的知識才學，來幫助我們做一件大事，然後那件大事才容易成功。

諸君又勿謂現在進農科，學耕田的學問，將來學成之後，只是一個農夫。不知道耕田也是一件大事。從前后稷教民稼穡，樹藝五穀，因爲稼穡是一件很有益於人民的事，他不怕勞動，去教導百姓，後來百姓感恩戴德，他便做了皇帝。說起出身來，后稷還是一個耕田佬呀！那個耕田佬也做過了皇帝呀！古時做過皇帝的人該有多少呢？現在世人都把他們的姓名忘記了，只有后稷做過耕田佬，所以世人至今還不忘記他。現在科學進步，外國新發明的農科器具，比舊時的好得多，事半功倍，只用一人之耕，可得幾千人之食。諸君現在學農科的，學到成功之後，就是像外國的農夫，能夠一人耕而有幾千人之食。也不可以爲到了止境，必要再用更新的科學道理，改良耕田的方法，以至用一人耕，能夠有幾萬人食，或幾百萬人食，那才算是有志之士。總而言之：諸君現在學校求學，無論是那一門科學，像文學、物理、化學、農學，只要是自己性之所近，便拿那一門來反覆研究。把其餘關係於那一門的科學，也去過細參考，借用他們的道理和方法，來幫助那一門科學的發展，徹底考察，以求一個成功的結果。那麼，就是像中國的后稷教民耕田，法國柏斯多發明微生物對於動植物的利害，都是功德無量的大事。

我再舉一件事說：從前有個英國人，叫做達爾文。他起初專拿螞蟻和許多小蟲來玩，後來更考察一切動物，過細推測，便推出進化的道理。現在擴充這個道理，不但是一切動物變化的道理包括在內，就是社會、政治、教育、倫理等種種哲理，都不能逃出他的範圍之外。所以達爾文的功勞，比世界上許多皇帝的功勞，還要大些。世界上的皇帝該有多少呢？諸君多有不知道他們姓名的，現在諸君總沒有一個人不知道達爾文的。所以達爾文的功勞，實在是駕乎皇帝之上。由這樣講來，無論什麼事，只要能夠徹底做成功，便算是大事。所以由考察微生物得來的道理是大事，由玩螞蟻得來的道理，也是大事。不過我們讀書的時候，必須用自己的本能做去才好。什麼是本能呢？就是自己喜歡要做的事。就自己喜歡所做的事，徹底做去，以求最後的成功，中途不要喜新厭舊，見異思遷，那便是立志！立志不可有今日立一種什麼志，明日便要到一個什麼地位。從前做皇帝的思想，是過去的陳迹，要根本的打破它。立志是拿一件事，徹底做成功，爲世界上的新發明。如果有了新發明，世界上的地位多得很，諸君不愁不能自占一席。

（節自國父全集）

二、投筆從戎的班超

班超，字仲升，東漢扶風郡平陵人（故城在今陝西省咸陽縣西北）。父親班彪，哥哥班固，都是有名的史學家。他從小就有很大的志氣，很想做一番大事業。漢明帝永平五年（西元六十二年），他的哥哥班固被召到朝廷擔任校書郎的工作，他和母親跟隨班固到洛陽，因爲家庭經濟不是很好，爲了賺點錢貼補家用，他常常替官府抄寫書籍。經年累月的工作，他覺得很疲勞辛苦，有一天不禁擱下筆，長長地歎了口氣說：「有志氣的人，即使沒有什麼別的智慧才略，也應該效法傅介子、張騫，到國外去立功，來博取朝廷的爵位。怎能長久的在筆墨之間做這種抄書的工作呢？」和他在一起工作的人都笑他，他也報以一笑地說：「你們怎能知道，我的胸懷大志呢？」

漢明帝永平十六年，奉車都尉竇固出塞討伐匈奴，班超投身軍旅，奉派爲假司馬（官名，是副貳之官。王先謙後漢書集解引資治通鑑胡三省注百官志說：「大將軍營五部，部有校尉一人，軍司馬一人，又有軍假司馬爲副貳。」），率領一支軍隊攻打伊吾，在蒲海大敗敵軍，斬殺俘虜了很多敵人回來。竇固非常欣賞班超的英勇和才幹，又派他和從事（官名）郭恂一起出使到西域。

他們一行人到達鄯善國時（原名樓蘭，地在今新疆省鄯善縣東南），鄯善國王接待他們，表示了很大敬意，禮節非常周到。不過沒有多久就怠慢了起來。班超覺得有點不對勁，對部屬說：「鄯善王最近禮數疏了，一定是北方的匈奴派使者來，才使得鄯善王改變態度。」於是找來侍候他們的胡人，假裝知道的詰問他說：「匈奴的使者已經來了好幾天，現在人在那裡呀！」那胡人感到很惶惑害怕，便把匈奴使者的行藏告訴了班超。

班超於是召集他的三十六位部下，在當天晚上初更時，趕到匈奴使者駐紮的營區。那時正遇到颳大風，班超叫十個人拿著鼓藏身在匈奴人居住的房舍後面，跟他們約定說：「稍停如果看見起火，就一齊敲鼓並大聲吶喊。」再命令其他二十多人都拿著武器和弓箭埋伏在門的兩旁。佈置好了之後，班超就順著風放起火來。這時埋伏在屋前後的漢兵都大聲的吼叫。匈奴人事出突然，因驚慌而混亂，班超獨自一人殺了三個匈奴人，兵士們不但殺了三十多個匈奴兵，還殺了匈奴使者，剩下的一百多個匈奴人也都全部被燒死了。事後，班超把匈奴使者的腦袋拿給鄯善國王看，鄯善因此而懾服。

收服了鄯善國後，班超回國向竇固稟告這次出使的經過，竇固極爲高興，把班超的功勞一一向朝廷奏報，並向朝廷請求再選派使者去西域。漢明帝非常賞識班超的豪壯表現，下旨給竇固說：「像班超這樣智勇雙全的官員，爲什麼不派他去，卻要另外選拔呢？現在就任命班超爲軍司馬，派他繼續去完成他的功業。」

班超再一次接受任命出使，出發前，竇固要增派軍士給他，班超推卻說：「我還是率領原來的三十幾個人吧！有這些人就夠了。如果到了西域，萬一眞的有意外的事情發生，人多了反而是累贅。」

第一站，班超來到于闐國，收服了于闐王廣德，接著又降服了疏勒。但不幸，明帝在永平十八年崩逝，焉耆國趁中國有大喪的時候，攻打消滅了都護陳睦。班超頓時陷於孤立無援，而龜茲、姑墨又屢次發兵攻打疏勒。班超苦守著槃橐城，和疏勒王忠互相呼應。可是軍隊單薄微小，抗拒了龜茲一年多後，剛剛即位的章帝怕班超孤軍危險，不能支持，下旨徵召他回國。班超出發回朝時，疏勒、于闐等國君臣都強力勸留他，班超於是又留了下來，並於章帝建初三年率領疏勒、康居、于闐、拘彌等國的軍隊一萬人，前往攻打姑墨國的石城，佔領了石城，殺了七百人。

班超想趁這個機會平定各國，就上奏章請朝廷派兵支援。文書呈上朝廷後，章帝知道這件功業可以完成，就任命徐幹爲假司馬，率領一千名減刑服勞役和志願追隨的人，前往西域幫助班超。班超於是率領徐幹等攻打番辰，再發動疏勒、于闐的軍隊攻擊莎車，降服莎車。和帝永元三年，龜茲、姑墨、溫宿相繼歸降後，和帝於是任命班超爲西域都護，徐幹爲長史。永元六年，班超又帶領龜茲、鄯善等八國軍隊七萬人，加上自己的部下、商人一千四百人去征服了焉耆，從此西域五十幾國都歸屬於漢朝。因爲班超的功勞太大了，和帝於是在永元七年下旨封班超爲定遠侯，食邑一千戶。

西域平定後，班超因爲久在異邦，加上年紀也大了，很想念故鄉，便在和帝十二年上奏疏給皇帝，請求回國。他的胞妹班昭也上書請求讓班超回國。和帝看了他們的奏章，很受感動，於是徵召班超回國。

班超在西域前後一共住了三十一年，在和帝十四年的八月回到了洛陽，被任命爲射聲校尉。但在這一年的九月，卻因胸脅舊疾加重，醫治無效而病逝，享年七十一歲。

班超雄心萬丈，立志做大事，一生爲國事奔波，揚威西域，立下了不朽的千秋志業，後漢書的作者范曄不禁對他發出讚語說：「班超激昂有大志，在西域立下了特殊的功勞。把葱嶺雪山的艱險看得平坦，把遙遠的白龍堆看成近在眼前。」這幾句話可以說已道盡了班超的一生。

三、柏斯多

柏斯多：是Louis Pasteur的譯名，也譯作巴士特或巴斯德。生於西元一八二二年，卒於西元一八九五年。法國人，父親是拿破崙軍隊的退伍軍人，雖然家境不富裕，卻盡力要給柏斯多受良好的教育，可是卻沒有想到柏斯多居然能成爲法國最偉大的科學家。他是近世細菌學的建設者，發現酒類的醱酵，是由於細菌繁殖所致。又研究蠶和家畜的傳染病，發明治療的方法，在細菌學上貢獻很大。歷任第戎（Dijon）、斯特剌斯堡、巴黎等大學物理和化學教授。一八五四年任里爾（Lille）大學科學長，一八八二年，被選爲法國學士會會員。

伍、思考與練習

一、人爲什麼要立志？

答 因爲不立定一個志向，人生就沒有奮鬥的目標，那就像船沒有舵。沒有舵的船，行駛在茫茫的大海中，不但會迷失方向，而且也非常危險。所以人必須要立志，有了志向，奮鬥的目標有了，事業才能夠成功。

二、人要怎樣來立志？

答 不要好高騖遠，也不要妄自菲薄。要針對自己的能力、興趣，和當前的需要、周圍的環境，來決定自己要走的路。

三、立定志向以後要怎樣去實行？

答 要有不怕困難的勇氣和毅力，要有堅定不移的決心和信心，並且要持之以恆，努力朝向目標邁進。

四、國父說：「無論那一件事，只要從頭至尾，徹底做成功，便是大事。」請問這要具備怎麼樣的精神才能做到？

答 要具有不怕難，不怕苦，持繼不斷，努力不懈的精神，才能把一件事情從頭至尾徹底做成功。

五、做大官難道就不能做大事嗎？爲什麼國父教人要立志做大事不要做大官？

答 做大官的人也能做大事，而且還能做的更多更好。國父是就立志方面來說的，立志做大事，出發點在服務衆人，爲大衆謀福利，是大公無私的。做大官如果沒有濟世救民的心，立志做大官，那就只是爲了他個人的利益，是自私自利的，所以國父才這樣說，目的是希望大家能放開胸懷，要有服務的人生觀，要處處爲別人著想，不要光爲自己打算。同時並要大家具有貫徹始終的做事精神。

六、請以國父對「大事」的看法，寫一篇「我的志向」。（李炳傑）

答 由學生自由發揮。

二、那默默的一羣

／張騰蛟

壹、作者參考資料

一、現代山水田園作家——張騰蛟

(一)生平

張騰蛟，筆名魯蛟、魯丁，民國十九年出生於山東省高密縣。原服務軍旅。退伍後轉任公職，曾任行政院新聞局主任祕書，現已退休。筆名的由來是：魯是山東，魯丁即山東人；魯蛟是山東的蛟龍，隱含胸懷大志的人中豪傑之意。他的家業以農為主，兼營商業（粉坊與農產品經營），家中藏書豐富，讀書氣氛濃厚。他的父親除飽讀古書外，新學問也涉獵不少，曾靠自力興辦學堂，而且是當地最早引進並傳授國語注音符號的人。張騰蛟自六歲起即隨父親學習注音符號、識字、讀書。在他出生的第二年爆發瀋陽事變，從此外患不斷，民國二十六年起展開全面對日抗戰，作者常隨家人躲警報，他的童年都是在動亂中度過的。

由於戰亂的關係，家鄉沒有小學，他一直到十二歲才有機會入學讀書，所以一開始就插班五年級。畢業後，到外地讀中學，但一年半後（民國三十三年）學校即因時局動盪而解散。十七歲時，他開始流徙異鄉，雖然也曾幾度走入教室，但整個學程是零碎不堪的。

離開學校的張騰蛟，卻未曾拋棄書本，民國三十六年他曾淪落青島，在街頭叫賣糖果維生，但仍利用閒暇時讀書不輟，「開卷有益」一直是他終生奉守不渝的信仰。在他生命中，最難忘的事即是少年時期戰爭所帶來的高度驚恐，以及世局巨變下，人類生命脆弱而卑賤的悲慘感受。但這段苦難的歲月卻鍛鍊出他具有高度「韌性」的生命原則，由於在逆境中搏鬥和艱困抵抗的勇氣，成就日後在充滿崎嶇、險阻的生命歷程中，能剛勁堅挺的走過來。

民國三十八年底，作者隨軍隊撤退來台，待生活稍微安定後，開始跑圖書館以滿足閱讀的癖好，包括台北、台中、桃園、新竹、清水、員林等地圖書館，數年未輟。二十四歲起開始練習寫作，次年第一首詩《迎春花》發表於《中央副刊》。民國四十年代初期，正是現代詩剛在台灣起步的時候，他便是中國新詩現代派運動中的一員，曾為我國新詩的變革與發展貢獻過心力。民國十五年加入紀弦所倡組的「現代派」，民國五十八年與友人王幻、劉建化等創辦桂冠詩刊。民國六十二年應邀參加在台北舉辦的第二屆詩人大會。張騰蛟早期寫詩，一年只寫四、五首，到了六、七十年代瘋狂的寫作散文，至今已出版了十幾本散文集。

作者特別醉心散文創作的理由是「因爲它能容許我在它的身上實驗一些創作的理念和技巧，像是適當的誇張、有限度的抽象、技巧性的含蓄，以及象徵手法和想像力的運用等等。當然，它還在文字魅力與音樂性的發揮上，給了我足夠的彈性和空間，讓文字們有一個飛躍跳蹦的機會。」他以詩人之筆寫散文，在散文的身上使用大量詩的技巧，作品簡潔勁鍊，充滿詩作的意味，爲我國散文文學開創新的風貌。

民國六十五年，張騰蛟獲頒中國文藝協會文藝獎章，民國六十六年，獲得第三屆金筆獎，民國六十九年八月，作品《諦聽》選入國中國文課本第一冊，作者認爲這是他散文創作上最大的鼓勵，從此寫作態度心情更加嚴肅、謹愼。民國七十三年八月，《溪頭的竹子》選入國中國文第一冊，民國八十六年《那默默的一羣》選入國中國文第二冊，作品廣受青年學子的歡迎。

㈡寫作的態度和使命

張騰蛟認爲他之所以走上寫作之路的主要原因有二：一是自小就喜歡文藝、也喜歡作文，二十多歲後由於大量閱讀文學作品，漸漸有舉筆一試的念頭。第二個原因是單調、單純的生活內容使然。一般性的琴棋、球類、打牌等休閒活動他都不會，唯一「可說」的——只有書本、筆桿。因此，寫作就成了他生命中最重要的部分。

一旦認爲文學是他此生中最大的追求後，便兢兢業業的經營文學生涯裡的每一篇章，甚至每一句、每一字。他曾經寫過一篇自認爲「還可以」的散文，但卻接到讀者來信表示「很失望」的評語，因爲語言風格並未見以往的水準。從此他要求自己：對於文章絕不能草率了事而辜負讀者。因此，他寫作的進度很慢，順暢時每小時可寫四、五百字，有時枯坐冥想一小時也寫不出一個字，寫作進度慢的原因就是：他太計較作品的水準。作者說自己並不是靠寫作過生活的人，用不著在乎產量，堅持作品的精純才是重要的。他從不敢奢望成爲作家或文學家，但要求自己不要停止寫作，因爲寫作對於充實他的精神生活十分重要，所以數十年來持之以恆筆耕的結果，作品數量也是相當可觀的。

驅使張騰蛟創作的動力是：被美好、奇特、深具意義的現象或事物所感動、刺激，形成一股不得不寫的衝動。他的作品有許多是吟風詠物的，作者對森林和原野，獨有偏愛，此外若干篇章中的社會意義也相當濃厚，並常用詩來譏諷或批判一些惡劣現象，也用散文來讚揚或歌頌一些美好的事件和善良的人。雖然明知透過筆端的反映效果有限，不過至少也善盡了社會責任，抒發了社會良知。他認爲：「作爲一個寫作者，爲文的動機不光是言志，也要替廣大的人類提供精神力量，因此，一個寫作者，必須要有一顆純潔正直的心，與一腔強烈的道德感和狂熱的文學良知。」

㈢著作

作品名稱	出版者	出版年月
海外詩抄	黃埔	49、6
菩薩船上	商務	57、11
一串浪花	東海	60、10
向陽門第	東海	60、10
一年五季	黎明	61、6
A Collection of Contemporary Chinese Short Stories	Dewning Cultural Severce Center	60、10
鄉景	水芙蓉	65、3
海的耳朵	聯亞	65、9
我愛山林我愛原野	聯亞	66、10
張騰蛟自選集	黎明	67、6
繽紛季	水芙蓉	68、7
鄉野小集	林白	69、10
芬芳事	黎明	69、10
原野之歌	聯亞	70、4
青青大地	水芙蓉	70、6
走在風景裡	水芙蓉	71
陽光下	林白	72
張騰蛟散文集	水芙蓉	72
走在風景裡	水芙蓉	73、1
墨廬雜記	鳳凰城	73、7
使於四方：蔣作賓傳	近代中國	73、12
綠野飛花	黎明	77、1
(主編)行政院新聞局大事記		77、3

為文學、藝事、外文：葉公超傳　77、6
（主編）行政院新聞局局史　77、9
綠頭的竹子　文經　78、11
時間之流　聯亞　84、11

二、張騰蛟二三事

㈠生平四大事

魯蛟生平四大樂事：一閱讀，二創作，三出書，四得獎。另外，他有一個很特別的嗜好——收集文學性雜誌的創刊號，數量多達一千餘本，他認為收集創刊號時的心情，彷彿看到一個刊物像生命誕生一樣的喜悅，有很多他收集的創刊號現在已絕迹了，他所擁有的是歷史上的文學進化見證呢！

㈡幽默的性格

張騰蛟個性幽默而健談，在他的作品入選國中國文課本後，常有老師和學生來拜訪他，連鄰居小孩也刻意上門問他是不是：「就是那個張騰蛟？」他笑著回答：「書裡面的人已經死了，張叔叔這麼年輕，怎麼會是寫文章的人呢？」

張騰蛟家裡的藏書幾乎可用汗牛充棟來形容，書房中更是「四壁圖書中有我」的壯觀景象。於此浩瀚書海中，掛著一幅畫，畫著兩隻神態活現的猴子並題字：「今夏眞熱，閒來無事，抓蚤子殺時間。」可見作家嚴肅的工作態度下，幽默風趣的一面。

㈢禮輕情意重

在《溪頭的竹子》選入國文課本後，國立編譯館曾轉交給張騰蛟一封來自南投竹山國中學生的信，因為讀了他介紹自己家鄉文章而產生親切感，並盛情邀約他到自己綠竹環繞的家中作客。十幾年後該生已大學畢業，張騰蛟卻一直未赴約。不過在家中客廳的角落擺著一個竹子做成的花器，上面用毛筆題上「綠野飛花」四字。原來這竹子來自溪頭，是那位同學父母特地北上專程送到他的家裡，而張騰蛟也回送這學生一本他的散文集《綠野飛花》。他將此四字題在這分溫馨、別緻的禮物上，以資紀念這段紙上邂逅的奇緣。

三、鶼鰈情深紀事

張騰蛟於民國五十年與林春蘭小姐結婚。因爲兩人都是農家出身的鄉下人，所以共度許多貧苦的患難歲月而情深義重。

剛結婚時，張騰蛟的月薪只有新台幣三百九十元，光是付房租就得兩百元，日子撐得異常艱苦。平日省吃儉用，就已常是捉襟見肘，更不巧的是，他們有一個多病的兒子（張國華，民國五十一年生）。體弱的稚子，三天兩頭出狀況，若是發生在白天還好，偏多數在半夜發高燒。當時他們住在關渡山上，夜晚看病最近也得到北投，坐計程車一次的費用要花掉他們好幾天的生活費。因此張太太常半夜一個人背著小孩跑到北投掛急診，而且堅持一個人去。理由是孩子尚小，離不開母親懷抱。二來怕先生因睡眠不足而影響翌日工作和健康，所以一次次咬著牙，獨立承擔下來了。看在張騰蛟眼裡，眞是情何以堪？所幸稚兒在出過痲疹後體質改變，病體逐漸好轉，否則這位賢妻良母不知要被折騰成什麼樣子。

民國五十八年左右，張騰蛟右眼罹患網膜炎，病情嚴重，幾至失明地步。那段日子，張騰蛟用僅有的薪水不停奔騰於南北道上訪求名醫。他停止了最愛的閱讀、寫作，以堅強的毅力、耐心，做最壞的打算。後來，鄰居太太才告訴他，張太太正忙著作移植眼網膜的準備，到處尋找醫學資料、請教醫師，以及訪問過去的患者。她決心將自己右眼膜給先生，自己承受失明的痛苦。張騰蛟得知後，感動的痛哭流涕，其實這種病根本無法用手術解決。後來，他的病情並未繼續惡化，而兩人之間也把此祕密都埋在各自心裡，張騰蛟有此賢妻，此生夫復何求？

一向喜歡爬山的張騰蛟，早年初是獨來獨往的，等到稍有年紀，發現血壓高升已亮起紅燈以後，對於爬山從來沒興趣的妻子卻突然每天參與他的活動了。每次同行時，張騰蛟發現妻子爬起山來非常吃力。後來從小舅子的口裡他才知道，原來並非妻子眞對爬山突然發生興趣，主要是藉機照顧先生，唯恐他萬一在深山裡突發病痛而沒有親人在旁照料。「問世界情爲何物？直教人生死相許。」大概就是這樣的寫照吧！

貳、課文參考資料

一、《那默默的一羣》賞析

孟子曰：「勞心者治人，勞力者治於人。」這勞心者在國外叫「白領階級」，勞力者則稱爲「藍領階級」。所謂勞力者，顧名思義，就是一羣靠出賣勞力謀生的人。他們經年累月，穿著耐髒的工作服，因爲，深深暗暗的藍領衣服當然要比白色衣領上的汗漬好清洗多了。而「治於人」三字就注定了他們被認定是工作卑微的勞動者，是社會舞台上的配角，即使他們參與了演出，也多半是幕後工作，每天無聲無息的執行任務，當功成也就身退，所以他們流淌的汗水是隱而不顯的，直到我們不經意間瞥見，或經由有心者的刻意挖掘、報導，這才猛然省悟：「安得廣廈千萬間？」是工人們一磚一瓦所堆砌起來的；香噴噴的白米飯、盤中的佳餚是「汗滴禾下土」換來的；而每天早起，踩在一條條乾淨的馬路上，原來是那「默默的一羣」無聲地奉獻。在這社會舞台上，沒有他們的聲音，甚至在工作中、文章裡他們都是不出聲的，他們爲生活而勞動，也爲勞動而生活，不管風雨日曬，他們仍以嚴肅的態度護衛著大道小巷的清潔，不讓橫行霸道的雜物在路面駐足。當那粗糙的手掌握著掃把頻頻揮動時，一張乾淨的市容也呼之欲出了。早起者張騰蛟，親眼目睹一羣清道婦神聖的敬業精神，客觀而細膩的描繪下所見所感，爲我們揭起無限的省思。

本文首段採開門見山法破題，敍述清道婦的敬業精神。作者爲了讓我們更能了解「忠實的態度」在敬業上所代表的意義，因此舉了一個較顯而易懂的士兵捍衛疆土做譬喻。所謂「敗軍之將，不可言勇；亡國之臣，不可言忠。」所以誓死保衛疆土，盡忠職守，是軍人的第一生命。他們日以繼夜、枕戈待旦的廝守這塊土地，一有敵人或威脅侵入，立刻不遺餘力的予以驅除，這就像清道婦一樣，工作責任區就是她的疆土，任何出現在此的垃圾都是非法入侵，應立即予以剷除，這種盡心盡力的態度就叫「忠實」，和軍人的全力防守是一樣的道理。

第二段敍述清道婦一清早就開始工作。清朝朱柏廬《治家格言》提到：「黎明即起，灑掃庭院，要內外整潔。」一個乾淨的環境，會使人神清氣爽；相反的，骯髒汚穢的四周，易使人情緒也跟著煩亂起來。因此，清道婦們每天趕著比太陽早起，務期使清潔的街道容顏能展現在所有早起的人面前。作者所描述的地點，就在家門前的馬路上，每天上班、出門必經之處，所以看見清道婦千篇一律的工作，自是理所當然的。「披著一身淡淡的夜色」寫出了比「黎明即起」更勤奮的精神，夜色是與睡夢聯結的，當衆人好夢方酣時，她們已開始爲我們工作了。作者覺得自己已夠早起了，但清道婦卻比他更早起，每當他瞧見她們時，她們已經掃了部分街道了，直到他離開此處，她們可能還在掃「很長很長」的一段路，想必要掃「很久很久」，所以作者「很早」起牀，而她們必須「很早很早」就起牀了。

第三段更具體而細膩的說明清道婦的盡責態度。曾子說：「任重而道遠。」正是此時清道婦的寫照。這麼長的一段路，要掃的一絲不苟，甚至一塵不染，這個任務不可謂不重。而這羣專業工作者，似乎自我要求更高，她們不願敷衍了事，在旁人看來已經被掃得「相當乾淨」的路面，她們仍竭力的要求完美，而沒有一般公務員的心態：反正領的錢都是一樣，混吃也能等死，不肯付出額外的努力。而她們卻不一樣，腳踏實地，拿了錢就要對得起自己的良心，盡職的驅策力，是來自忠實做事的態度。

第四段舉例說明清道婦認眞嚴肅的工作情形。孟子說：「以順爲正者，妾婦之道也。」女子無才便是德，順從溫柔才是婦道人家的至德要道。但是工作時的婦人，卻又流露出柔中帶剛的一面，嚴肅執著的工作態度。作者特舉一次事例：一個胖婦人、端著長掃把，急急追趕一個被風吹跑的塑膠袋。由胖婦人的胖態，更可看出這個追逐競賽的難度又提升了些。「端著掃把」的「端」字，可想像這掃把可能長長的，拿著奔跑不易，但又不得不攜此「武器」，由此亦顯現其莊重的敬業精神。由於追的目標是空塑膠袋子，重量微乎其微，被風一吹，就可想像它的速度應該不慢的。此處再用軍事上的譬喩，「像追趕一個敵人那樣，追出幾十公尺後，終於把那個空塑膠袋給捉了回來。」這段描寫，譬喩和擬人都很生動，用將士追趕敵兵的勢在必得，反映出她有多賣力在追，爲了一個空塑膠帶追了「幾十公尺」，「終於」二字可想像追到後力竭汗喘的神態。對於被風吹走的落葉、碎紙她們也是同樣的反應，眞是鉅細靡遺。

第五段以另一「常見的特例」敍述她們面對艱難的考驗態度仍不變。首先又用軍事譬喩作說明。「不入虎穴，焉得虎子。」所以，最勇敢的戰士，常朝最危險的地方走去；而最盡責任的「人中人」，也是最肯吃「苦中苦」的。文中提到常見的清道婦有五個，但是她們都具有「當仁不讓」的精神，遇到難掃的路段還會「搶著清掃」。清掃路段，除了人來人往和自然環境形成的垃圾外，最討厭的就是人爲疏失方面的大量污染。我們常從路況報導的廣播中，聽到某路段由於貨事行駛而過，車上所載之物未綑綁妥善造成散落地面，一路逶迤後，造成路面的阻礙與污染。而作者就曾目睹工地建築所造成的污染所帶來的痲煩——遍地黃泥巴。這下清道婦可有得忙了！我們常見年幼小孩用餐不慎，將食物打翻弄得滿地都是，母親一面清掃一面夾雜著憤怒的斥喝聲。而這羣清道婦或許是司空見慣而認命了，竟然任勞任怨、不厭其煩的默默清掃，實在令人敬佩。這裡作者還特意將「泥土」提出來討論，重點是凸顯此時此刻它所造成的痲煩。「水能載舟，亦能覆舟」任何東西都有正、負面功用，只要使用不當，出現的時空不對，就可能無益卻反而有害。泥土是孕育生命的母親，農業社會更是與泥土息息相關。我們的經濟命脈，甚至農人的生命律動，都是與泥土結合的。但此時它出現的時間、地點不對了，它是非法入侵中的罪大惡極頑敵，所以她們只有拚了，拚了命地掃，掃到它消失了爲止。可見任何工作都不怕難，只怕懶，一懶連折枝、反掌皆難事。

第六段以讚頌之筆爲總評作結，再度呼應「默默」二字。她們是默默、也是「沒沒」無聞的幕後英雄，這也是是所有勞動者表現出來的風範——敦厚樸實。她們只知做一天和尚，就撞一天鐘，從不投機取巧，從不伐善施勞。眞正的偉大出於平凡、平實的努力工作當中，以「人物」二字來稱呼她們，一點都不爲過。

全文以「忠實的態度」，即敬業精神貫穿，這也是所有三百六十行中的典範。無論是勞心者或勞力者，寸有所長，尺有所短，誰也不能輕視誰，只要是盡心盡力做事的人都是可敬，而那些尸位素餐的國賊祿蠹才是眞正可鄙可恨的卑微者。

參、語文天地

一、文法修辭

(一)像兵士們護衛者疆土那樣——譬喻，喻體承下省略：「負責道路清潔的那默默的一羣，以忠實的態度」護衛著一條條長長的街道和巷弄。

(二)凡被認爲是垃圾的那些東西出現在他們的防區——譬喻。

(三)他們便予以清除——倒裝、省略。應爲「以清除予之」，「以」當「用」講，是介詞。「予」：通「與」，給，施與。省略的「之」指「垃圾」，意思是「用清除的方式來對付這些垃圾」。

(四)就這樣，這些街道和巷弄才可以經常保有一張清潔的容顏——轉化中的擬人。

(五)她們總是披著一身淡淡的夜色便開始工作。——轉化（擬虛爲實。）

(六)她們還是照掃不誤，一絲不苟，絕不撿便宜。——譬喻

(七)也從來沒有一寸路面會在她們的掃把底下漏掉。——誇飾

(八)婦道人家做起事情來當然是溫柔文雅的，但當她們面對著出現在路面上的垃圾時，態度就嚴肅起來了。——映襯中的對比，「柔」、「剛」相對。

(九)端著她那長長的掃把。——誇飾，凸顯其態度的莊重。

(十)急急的去追趕一個被風吹跑的空塑膠袋子，像追趕一個敵人一樣。——譬喻

(十一)終於把那個空塑膠袋子給捉了回來。——轉化中的擬人

(十二)賴以生存——省略。「賴之以生存」，依靠它（泥土）而生存。「以」當「而」講，連接詞。

(十三)泥土是人類所賴以生存的好東西，可是當它出現在馬路時，就惹人厭了。——映襯中的對比，正、負面功用相對。

(十四)好天時會塵土飛揚，雨天時便泥濘遍地。——排比兼映襯中的對比，以晴、雨相對。

(十五)面對那些黃黃的泥土，誰也不會保留自己的力量，就像搶奪一種東西一樣，搶著去幹。——譬喻。

肆、課文補充資料

一、蛟

一種龍類的動物，《說文》：「蛟，龍屬，無角曰蛟。……池魚滿三千六百，蛟來為之長，能率魚而飛，置笱水中，即蛟也。」《埤雅．釋魚．蛟》：「蛟，龍屬也。其狀似蛇，而四足細頭，頭有白嬰，大者數圍，卵生眉交，故謂之蛟。」

蛟龍：即蛟。因為形狀類似傳說中的龍，故名。《莊子．秋水篇》：「夫水行不避蛟龍者，漁父之勇也。」

蛟龍得水：比喻人盡其才，發揮所長。《管子．形勢》：「蛟龍得水，而神可立也；虎豹得幽，而威可載也。」

二、捍衛戰士的英勇事蹟

㈠八百壯士死守四行倉庫

民國二十六年，陸軍第五二四團團長謝晋元奉令掩護失利的五十萬友軍撤退，任務達成後，該團揚瑞符營繼續死守上海四行倉庫，當時守軍僅有四百五十二人，因謀敵而號稱八百，即名震中外的「八百壯士」。當時四行倉庫一面臨蘇州河，其餘三面都被日軍包圍（女童軍楊惠敏即勇渡蘇州河冒險送國旗），謝晋元指揮一旅孤軍應戰，堅守四日，破敵軍六次進擊，我軍三十七人傷亡，而日軍死亡人數達兩百餘人，傷者不計其數，且毀對方兩輛戰車。此舉震驚海內外，更使日軍怯步，打破他們妄想在三個月內滅亡中國的美夢。

後來因外人一再出面斡旋，請維護租界的中立地區安危，在國際壓力下，蔣委員長命其撤退，於是全部退入公共租界區。後來音樂家將此英勇事蹟譜成《中國一定強》，又拍攝電影《八百壯志》以示崇敬之意。

㈡筧橋英雄高志航

高志航，安東通化縣人，清光緒三十四年（西元一九〇八年）年出生。法國義斯特陸軍航空戰鬥學校畢業。民國十六年返國加入空軍行列。民國二十六年八月十四日，日軍由台北竄入筧橋上空，當時高志航任空軍第四大隊大隊長，倉卒間率機升空迎戰十八架敵軍轟炸機，個人擊落敵機兩架。此役中共擊落敵機十三架，我方戰機無任何損失，首開我國有史以來，於空中重創强敵的紀錄，也是日後「八一四空軍節」的由來。

該年十一月十五日，高志航率十三架飛機進抵周家口，因氣候惡劣而留駐原地待命。二十一日九架敵機突襲，各飛行員躍機準備迎戰，未及開陣敵機已臨空投彈。高志航奮勇冒險登機，未發動敵彈已紛落而下，霎時機毀人亡，享年僅三十歲，中影曾拍攝《筧橋英烈傳》以資追念。

三、有關「漏」的詞語

漏：古代計時器，器內盛水，讓水往下滴，然後從刻度得知時辰之早晚。例「漏斷人初靜」。

漏壺：古代計時器，以銅壺盛水，底穿一孔，壺中豎立一支有刻度的箭，水漸漏則箭上的初度就可以顯示時間，通常晝漏六十刻，夜漏四十夜；冬至則反，春秋二分晝夜各五十刻。

漏鐘：記漏刻的鐘。

漏鼓：報更漏之鼓，如「綿綿漏鼓洛陽城，客舍平居絕送迎」。

漏盡：

(1)夜漏將盡，比喻天將破曉，如「漏盡更殘」。

(2)喻垂暮之年，如「鐘鳴漏盡」。

(3)佛學中，以智聖斷盡煩惱之意。

不愧屋漏：即使在無人之處，亦持心端正，無愧於神明。屋漏爲古代房屋的西北角隱暗處，爲神主所在。

漏脯充饑：中醫稱隔夜的肉類被屋漏水所浸染，因而生漏脯毒，吃了令人胸脯滿脹、上吐下瀉、腸如刀割；今稱漏脯充饑，比喻只顧目前欲望而不顧後患，如「咀漏脯以充饑，酣鴆酒以止渴。」

漏甕沃焦釜：用破甕裡的餘水來救滅燒焦的鍋，比喻事情危急迫促，分秒必爭。語出《史記．田敬仲完世家》：「今日亡趙，明日患及齊楚，且救趙之務，宜若奉漏甕沃焦釜。」

四、「婦道人家」的相關知識

(一)呂近溪《教女遺規》

少年婦女。最爲勤謹。比人先起。比人後寢。爭著做活。讓著喫飯。身懶口饞。惹人下賤。米麵油鹽。盌楪匙箸。一切家火。放在是處。件件要能。事事要會。人巧我拙。見他也媿。口要常漱。手要常洗。避人之物。藏在背裡。腳手頭臉。女人四强。身子不顧。人笑爺孃。衣服整齊。茶飯潔淨。汚濁邋遢。諸人厭憎。一斗珍珠。不如升米。織金妝花。再難拆洗。刺鳳描鸞。要他何用。使的眼花。坐成勞病。婦女妝束。清修雅淡。只在賢德。不在打扮。不良之婦。穿金戴銀。不如賢女。荊釵布裙。剩飯殘茶。都要愛惜。看那窮漢。糠土也喫。一米一絲。貧人汗血。舍是陰騭。費是作孽。笑休高聲。說要低語。下氣小心。纔是婦女。偷眼瞧人。偷聲低唱。又惹是非。又不貴相。古分內外。禮別男女。不避嫌疑。招人言語。孝順公婆。比如爺孃。隨他寬窄。不要怨傷。尊長叫人。接聲就叫。若叫不應。自家先到。長者當讓。尊者當敬。任他難爲。只休使性。事無大小。休自主張。公婆稟問。夫主商量。夫是你天。不可欺心。天若塌了。那裡安身。也休要强。也休撒暴。懼內凌夫。世人兩笑。夫不成人。勸救須早。萬語千言。要他學好。相敬如賓。相成如友。媟狎謔戲。夫婦之醜。久不生長。勸夫取妾。妾若生子。你也不絕。家中有妾。快休嚷鬧。鄰家聽的。只把你笑。越爭越生。越嚷越惱。不如賢惠。都見你好。夫若不平。妾若不順。你做好人。自有公論。大伯小叔。小姑妯娌。你不讓他。那箇讓你。罵儘他罵。說儘他說。我不還他。他也臉熱。百年相處。終日相覷。千忍萬忍。休失體面。既是一家。休要兩心。外合裡差。壞了自身。

(二)三從四德

《儀禮・喪服子夏傳》:「婦人有三從之義,無專用之道,未嫁從父,既嫁從夫,夫死從子。」意即女子要絕對的服從男子,根本沒有獨立的社會地位。

班昭《女誡四德》:「一曰婦德(婦女應具備的美德)。一曰婦言(婦女的辭令,須謹愼得體)。一曰婦容(婦女的儀容,必須整潔端莊)。一曰婦功(同「婦紅」),婦女的工作,如縫紉、刺繡、紡織等工作要精通）。」

㈢孟子眼中的妾婦之道

「女子之嫁也，母命之，送往之門，戒之曰：『往之女家，必敬必戒，無違夫子。以順爲正者，妾婦之道也。」

翻譯：

女子出嫁時，母親教以做妻子的道理，臨去送到門口時再三告誡：妳嫁到夫家，要敬重公婆，時時警惕自己，不可違背先生的意思。把順從當作正規，是做妻子的道理。

㈣女四書

女四書：四種女訓書籍的總稱，清康熙年間由王相編次，包括：1、漢班昭《女誡》七篇2、唐宋若昭《女論語》二十篇（模仿《論語》問答形式，以推闡婦道）3、明成祖后孝文皇后《內訓》二十篇（閨門之訓）4、相母劉氏撰《女範》十一篇。

㈤張籍《節婦吟》

君知妾有夫，贈妾雙明珠。感君纏綿意，繫在紅羅襦。妾家高樓連苑起，良人執戟明光裡。知君用心如日月，事夫誓擬同生死。還君明珠雙淚垂，恨不相逢未嫁時。」

翻譯：

你明知我是個有丈夫的人，還送我一對雙明珠。爲了感謝你纏綿的深情厚意，我特別把它繫在大紅短襖上。我家高樓矗立，園林相連，而我的先生就在宮廷中擔任護衛皇帝的工作。我知道你的用心好像日月一樣明顯，但我已立過誓願與我丈夫同生共死。如今我只好感激地流著淚奉還這對明珠，眞是相見恨晚，無法在婚前認識多情的你。

㈥《陌生桑》（樂府詩）

日出東南隅，照我秦氏樓。秦氏有好女，自名爲羅敷。
羅敷喜蠶桑，採桑城南隅。青絲爲籠系，桂枝爲籠鈎。
頭上倭墮髻，耳中明月珠。湘綺爲下裙，紫綺爲上襦。
行者見羅敷，下擔捋髭鬚；少年見羅敷，脫帽著帩頭。
耕者忘其犁，鋤者忘其鋤。來歸相怒怨；但坐觀羅敷。
使君從南來，五馬立踟躕。使君遣吏往，問是誰家姝？
秦氏有好女，自名爲羅敷。羅敷年幾何？二十尚不足，十五頗有餘。使君謝羅敷，寧可共載不？羅敷前置辭：使君一何愚！使君自有婦，羅敷自有夫。東方千餘騎，夫婿居上頭。何用識夫婿？白馬從驪駒。青絲繫馬尾，黃金絡馬頭。腰中鹿盧劍，可值千萬餘。十五府小吏，二十朝大夫。三十侍中郎，四十專城居。為人潔白皙，鬑鬑頗有鬚。盈盈公府步，冉冉府中趨。坐中數千人，皆言夫婿殊。

說明：

這是一首流傳民間的敍事詩。敍述羅敷明艷動人，衆人爲之傾倒，連太守也想追求她，但因羅敷已有夫，而予以拒絕了。

翻譯：

太陽自東南方升起，照亮了我秦家樓房。秦家有位貌美的女子叫羅敷。羅敷喜採桑養蠶，於是到城南採桑。她用青絲繫在籃子上，用桂枝做籃子的提柄。她頭上梳著偏斜一側的倭墮髻，耳上掛著明月珠。用杏黃色的綾羅做裙子，紫色的綾羅製成短襖。當路人看到美艷的羅敷就放下擔子摸著鬍鬚；當少年看到她，就脫下帽子整理髮巾。耕田的人忘了犁耙，鋤草的忘了鋤頭，回到家見了妻子都抱怨妻子長得太醜了，只因爲看了羅敷後相形見絀。太守從南方過來，五匹馬都停下腳步，他派小吏前往詢問是誰家女子？知道了她是秦家的美女，名叫羅敷。再請問羅敷芳齡？她回答：還不到二十歲，但已超過十五歲。太守問她願不願意一同隨車前去；羅敷親自上前答道：太守怎麼這麼傻，您已有妻子，我也有丈夫了。當東方出現一千多輛車騎，我的丈夫就在行伍的最前頭。您知道怎麼認出我的丈夫嗎？就是那個騎著白馬，後面有騎著黑馬隨從的那位。他的馬尾上綁著青絲繩，黃金絡罩馬頭，腰間佩帶鹿盧劍，可值千萬餘啊！他從十五歲開始在府中做小吏，二十歲任期中大夫，三十歲拜侍中郎，四十歲做太守。他的長相：有潔白的皮膚，臉上長了一些鬍鬚。在公府中他的步伐昂揚，在衙門中步伐從容。在座有幾千人，都說我的丈夫儀表不凡，是個特殊的人才。

(七)「七出」、「三不出」

七出：我國古代跟妻子離婚的七項條件。(1)無子(2)淫佚(3)不事舅姑（公婆）(4)口舌(5)盜竊(6)妒忌(7)惡疾。以現代眼光來看，(1)(7)至爲不該。

三不出：不能休妻的三條件。(1)有所取無所歸，不去。(2)與更三年喪，不去（守過公、婆之喪）。(3)前貧賤

後富貴，不去。（糟糠之妻不下堂）

㈧婦人之仁

婦人之仁：姑息不忍之心，沒有決斷力；或好行小惠，臨大事則委決不下。說見《史記．淮陰侯列傳》。

韓信語劉邦：「項王見人，恭敬慈愛。言語嘔嘔（和悅）。人有疾病，涕泣分食飲。至使人有功，當封爵者，印刓刻弊，忍不能予，此所謂婦人之仁也。」

翻譯：

項王待人，表面上恭敬慈愛，說起話來和顏悅色，當部下生病，他能同情他們的痛苦，甚至痛哭流淚，把自己的食物與病者分享；但是當部下有功該升官封爵時，他把刻好的印信，在手中摩弄得印角都磨圓了，還捨不得給該封賞的人。這就是所謂婦道人家的作風，不識大體。

㈨紅杏出牆

紅杏出牆：用來比喻婦女的不守婦道。原來是寫春風光的旖旎豔麗。

宋葉紹翁《遊園不值》（沒遇到人；沒進園去）

應憐屐齒印蒼苔，小叩柴扉久不開，
春色滿園關不住，一枝紅杏出牆來。

翻譯：

可能是主人擔心我腳上所穿的鞋子屐齒會在花園中的蒼苔踏出痕迹，所以輕敲了好一會兒的柴門都無人開迎。此時抬頭望見：花園裡萬紫千紅的無限春光，關留不住所有的花兒，有一枝嬌媚的紅杏竟然伸出牆外來一探究竟！

五、清潔員工的甄選與工作

清潔員工的甄選工作由各縣市政府的環保局自行作業。早期還需由社會局先開立清寒證明，並且多是體力殘弱者。後來由於物質文明進步，人類的垃圾量日益增加；加上勞工權益漸受重視，工作時間縮短；又逢經濟不景氣，工作難找，所以許多身强力壯者都前來應徵，其中還不乏大專畢業生。而測試分爲筆試和術科測驗，筆試部分考的是環保問題方面的常識，術科方面必須測試背負二十公斤沙袋的競速奔跑，所以非身强力壯且具知識者無法勝任。最近幾年台北市的應徵情形非常踴躍競爭激烈，錄取率比大專聯考還要低，是「新興的熱門行業」呢！

在台北市，清道夫（婦）的工作時間由早上四點到晚

建築工地加蓋防塵罩

用灑水車噴灑路面

上八點，分批進行，視其責任區大小，還有清掃道路類別的不同而所輪次數也有異。作者所見到的清道婦應是四點就開始工作的那一批。至於垃圾車的隨車清潔工是由傍晚四點開始工作，結束時間是深夜十二點，若垃圾量太多，無法按時做完，還得全部完成才能下工，眞的是非常辛苦，而且終日與腐敗的垃圾爲伍，還容易感染皮膚病及呼吸方面的疾病。爲了討生活，照顧妻小，再多的辛酸無奈也得默默承受了。

六、防塵土措施

建築工程中，防止塵砂泥土污染的常用防治措失：

1、加强管制砂石車行駛砂石運輸專用道路。

2、加强砂石車行經路面的維修及清掃，且在乾季時經常灑水。

3、車輛、建築工地須加蓋防塵罩並清理乾淨。

4、運輸路線避免穿越人口稠密區。

5、運輸車輛出廠時必須經過洗車池將車輪清洗乾淨。

伍、思考與練習

一、除了清道婦是「那默默的一羣」的「人物」外，你還能想出那些工作者也是具有這樣的服務奉獻精神？

答 交通警察、農人、基層的勞工「張老師」、生命線、社會義工……。

二、本文中所使用的「譬喻」多與什麼有關？請找出這些句子。

答 軍事。見文法修辭分析部分。

三、本文所謂的「忠實態度」也就是「敬業」精神，請說出你的導師「敬業」的事例。

答 每天一早到就督導同學自習，上課時間的傾囊相授，批改作業、周記、日記的詳實，隨時隨地關懷同學生活情形，參與指導班上的每一項競賽活動中……。

四、請大家用心想想，在你居家附近是否也有這樣盡忠職守的清道夫或清道婦，他們是否與作者所講的精神吻合？

五、講出一個你所知道「無名英雄」的故事，並試著爲他作傳。

六、「有一天，我就發現其中一位肥胖婦人，端著她那長長的掃把，急急的去追趕一個被風吹跑的空塑膠袋子，像追感一個敵人那樣，追出幾十公尺之後，終於把那個空塑膠袋給捉了回來。」請用四幅漫畫將這場生動傳神的描寫畫出來。

七、「她們的清潔工作老早就開始了」句中的「老」當副詞，作非常解，請舉出類似用法的詞語。

答 老遠的跑來看我，你講了老半天……

八、「婦道人家」的「人家」是什麼意思？請舉出類似用法。

九、泥土是人類所賴以生存的好東西，可是當它出現在馬路時就惹人厭了。」請類舉同樣事物，當出現的時空不對時不但無益且有害。

答 水本是清潔、灌溉所需，當颱風來臨時，出現在汐止鎮，淹沒房子時就惹人厭了。火本用來熟食，可是當火災，建築物被焚毀、人被燒傷時就惹人厭了。

十、「像兵士們護衞著疆土一樣，……以忠實的態度，護衞著……。」請舉出歷史上有名的防衞戰。

答 唐安史之亂，張巡、許遠死守雎陽，明末史可法死宋揚州抗日戰八百壯士死守四海倉庫……。

十一、請討論中國人常賦給婦道人家那些傳統典範。

答 見課文資料補充

十二、就你所知，那些職業的人必須自大清早開始工作？為什麼？

答 清道夫，在大家起牀前，給予乾淨的市容。

賣早餐的人，為了提供早起者食物。

送報、送羊奶的人，提供最快、最新訊息、供應早餐。

開早班車的司機，便利學生、上班族交通運輸。

菜販——採買新鮮的蔬果。

農人——趕著在太陽起牀前將秧苗上露水潑掉。

（韓姝如）

三、謝天

／陳之藩

壹、作者參考資料

一、擅寫短篇雜感的陳之藩

陳之藩，字範生，河北省霸縣人。民國十四年（西元一九二五年）生。

小時候家裡很窮，經常要幫助做家事，農忙時還要背著小鐮刀跟家人去田裡割麥穗。同時他父親還欠了人家許多債務，每到過年，債主就會一個接著一個的上門討債，因爲沒有錢還債，大人都躲到外面去，家裡只剩下小孩子。陳之藩是大哥，只好由他出面應對。面對債主，每次都被責罵得狼狽不堪。由於受不了這種場面，他和弟妹們一番商量後，決定由弟弟看家，由他和妹妹去賣春聯，這樣他既可以免去被罵的尷尬，還可以賺點錢來貼補家用。

賣春聯雖然不需要大資本，但買材料也需要一些錢，他們幾個小孩子那來的錢，於是陳之藩趁著大人不在家時，把他母親陪嫁的一條毯子拿去典當，有了錢後，買了紙墨和筆，接著他便和大妹兩人抬著一張破舊的木桌，走了半個小時的路，來到一個熱鬧的街口擺攤做生意，開始賣春聯。賣了錢，就叫他妹妹拿回家還債。就這樣連續過了三、四個年頭。

雖然家裡經濟情況不是很好，但陳之藩的父親對他的教育還是很注重，從小就要他背古文、唐詩，並在他十二歲那年，把他從鄉下帶到北平去考中學，進入進德中學就讀。因爲陳之藩天資穎悟，又肯努力用功，學業成績非常好，初中畢業後，很順利地考取了市立第五中學。

那時正值抗戰中途，他痛心國家被敵人蹂躪、欺侮，胸中不禁熱血沸騰，便在高中畢業後，瞞著家人，偷偷地和幾個同學從北平奔到大後方，到西安加入軍隊，隨後就隨著部隊前往鳳翔。半年後，就是民國三十四年，他決定再繼續讀書，又到西安去考大學，因爲當時政府規定學理工的可享受公費，於是他選擇了工程，考上西北工學院——就是以後的北洋大學。

民國三十七年，他在國立北洋大學電機系畢業後，因爲大陸動盪不安，便離開北平到臺灣，在高雄碱廠工作。因這種工作對目力損害極大，他想換工作，便寫信給素未謀面的梁實秋先生，梁先生那時正任職國立編譯館館長，便安排他到編譯館工作，請他擔任自然科學組編審。

在館中服務了四、五年後，爲了滿足求知慾，陳之藩又辭去了編譯館的工作，隻身飄洋過海到美國費城的賓夕法尼亞大學去深造。民國四十六年，他獲得了賓夕法尼亞大學的碩士學位後，應聘到密西西比河畔曼非斯的一所大學去任教。民國五十一年秋天，他接受國立清華大學原子研究所及臺灣大學理學院的聘請，回國講學。期滿回美國後，一度離開教職，在美國太空署擔任了二年的高級工程師，民國五十五年才又重回校園，在美國的休士頓大學任教。

民國五十八年，他獲選到歐洲著名的大學去訪問，在英國劍橋大學當研究生。到那裡的頭一兩個月，他一口氣寫了十篇《劍河倒影》的文章寄回國內發表。之後再花費了三、四個月的時間，寫了一本內容頗有創意的小書，因而獲得了劍橋大學的哲學博士學位。

在劍橋大學停留了二年後，陳之藩又重回美國休士頓大學任教。民國六十六年，他再度離開美國，應聘到香港中文大學擔任講座教授，並兼電子系系主任。後又再回美國波士頓大學任教。

陳之藩生性沈靜，雖然從事於科學研究，寫了七十多種與電子及電學有關的書，但他也喜歡文學，熱愛寫作，擅長於寫短篇雜感。作品除了在劍橋發抒他感想和心得所寫的《劍河倒影》外，還著有《旅美小簡》和《在春風裡》兩本散文集。《旅美小簡》描述的是他剛到美國時的所見所聞，對美國有發自內心的讚美，也有不留情面的批評。《在春風裡》分爲兩個部分，前半部也是他初到美國，看到美國的社會情形，對美國的一些社會現象的批判；後半部是書信集，除收錄胡適先生寫給他的幾封信，還附有他個人的感想。

陳之藩所寫的散文集，不但文字清新流暢，更可貴的是字裡行間常流露出很深的哲理，以及令人震撼的愛國情操，作品中充滿了慈愛和關懷。不過在不經意中常常帶有濃濃的憂鬱，他的朋友曾寫信勸他不要把自己的悲觀氣氛傳給別人，認爲那是不道德的。不過那氣氛並不是他個人自私的沈鬱，而是憂國憂民的惻隱之心，它所寄托的是超遠的希望，讀過他作品的人，一定都會有這種感覺。（取材自河畔出版社．陳春城撰《歷代名作家傳》）

貳、課文參考資料

一、《謝天》賞析

本文作者由到外國朋友處作客，看到西洋人飯前的謝飯，想到他祖母的謝天，並由此切入主題，對於從前人感謝上天的行爲，提出自己的看法。他認爲那並不是眞的在感謝上天，只不過是因爲無法對很多人表示感謝，才用感謝上天來作代替。

全文分爲十九個小段，主要意思有三層。

第一層意思包括一、二、三、四等四個小段，說明外國人在吃飯前都有謝飯的習慣，作者因爲在國內沒有養成這種習慣，在美國時，到外國朋友家去吃飯，往往還沒有坐好，就開動了，因此常常弄得很尷尬，因此當他每次到朋友家吃飯時，總是告誡自己不要忘了這種風俗儀式而太快開動，過了些時候，後來他也就習慣了。說完了這些事後，他再以一位朋友祖母的謝飯來做引子，讓回憶把時間拉回到他的兒時。

第二層意思包括五、六、七、八、九、十、十一等七個小段，敍說作者小時候的生活情形及切身的經驗和感受。先以他祖母的惜米來引出老天爺，再說出他心裡的感受——該感謝的是他的祖父母，不是那渺茫而看不見的老天爺。由此再進一層的說，他的祖父長年在風雨裡辛苦，祖母每天在茶飯裡刻苦，他們明明知道要滴下眉毛上的汗珠，才能撿起田中的麥穗，但都說是老天爺賞的飯，由此而把焦點拉到「謝天」這個主題上。「天」有什麼好謝的，爲什麼大家要謝天，這個問題一定有許多人會發生疑惑，想知道答案。作者當時就有這種感覺，所以指出「謝天」這件事，在他心中一直是個謎。他的這個謎解開了，大家的謎也就解開了，所以他要來打開這個謎，由此而引出下面的一連串探討。

第三層意思包括十二、十三、十四、十五、十六、十七等六個小段，記敍作者閱讀愛因斯坦所著《我所看見的世界》一書中的經驗，說愛因斯坦那種凡事不居功的謙遜態度，使他得到了一種新的領會，對謝天已逐漸有了一個大概的了解。不過對愛因斯坦之於相對論，他的祖母之於他家，有功而不居的態度，他心中還是有疑問，還不能全然明白。

第四層意思包括十八、十九兩小段，記敘作者從個人的實際生活體驗中，覺悟到「謝天」的眞正意義。這一層也是本文的結論。那就是無論什麼事，得之於人的太多，出之於己的太少，因爲要感謝的人太多了，因此就感謝天吧！把謝天的眞正意義說了出來。

議論的文章太過嚴肅，容易論於呆板和說教，本文以具體的事例，採用夾敘夾議的方式，除了條理清楚外，更是親切有味。國中國文教師手册說：「本文以淺顯流暢的文筆，並舉用許多具體的例證，來表達豐富獨到的見解。由於舉證親切，看法新穎，所以很能達到激發讀者共鳴的效果。」的確如此，讀了這篇文章，每個人應該都會有這種感覺。

叁、語文天地

一、文法修辭

㈠本課的虛字

1、要是…就…

表示假設關係的複句關係詞。「要是」有「假如是」、「如果是」的意思，或者作「要」，是用來表示假設的。「就」則是用來推論後果的。這種關係構成的複句，是以假設爲條件的，就是後果能不能成爲事實，完全以假設爲轉移，因此也有人稱它爲表示條件關係的複句關係詞。

(1)要是糟蹋糧食，老天爺就不給咱們飯了。

2、如…就…

表示假設關係的複句關係詞。用法和「要是…就…」一樣。

(1)這如不是勞倫茲，就不能出現相對論。

3、既…又…

表示加合關係的複句關係詞，所表示的是前後數層，挨次推進。通常用來說明動作或性狀的同時存在。

(1)祖母的話，老天爺什麼的，我覺得是既多餘，又落伍的。

4、不是…就是…

是假設句法交替關係的複句關係詞，表示甲和乙之間的交替關係。

(1)我忽然發現愛因斯坦想盡量給聽衆一個印象，即相對論不是甲發明的，就是乙發明的。

(2)不是需要先人的遺愛與遺產，就是需要衆人的支持與合作。

5、不過

表示轉折關係的複句關係詞，用在上下兩句所敘的兩件事不諧和，或兩小句的句意相背戾。

(1)祖母的話，老天爺什麼的，我覺得是既多餘，又落伍的。不過我卻很尊敬我的祖父母，因爲這飯確實是他們掙來的。

6、因爲…就…

表示因果關係的複句關係詞。用「因爲」來提出因，再用「就」推論出果。

(1)因爲需要感謝的人太多了，就感謝天吧！

7、越是…越是…

表示比較關係的複句關係詞。用來表示兩件事情都在變化，而且互相關聯，共進共退。

(1)越是眞正做過一點事，越是感覺到自己貢獻的渺小。

㈡本課的修辭

1、設問

(1)他們明明知道要滴下眉毛上的汗珠，才能撿起田中的麥穗，而爲什麼要謝天？

(2)我明明是個小孩子，混吃混玩，而我爲什麼卻不感謝老天爺？

2、映襯

(1)得之於人者太多，出之於己者太少。

(2)創業的人都會自然而然的想到上天，而敗家的人卻無時不想到自己。

3、排比

(1)祖父每年在「風裡雨裡的咬牙」，祖母每年在「茶裡飯裡的自苦。」

(2)得之於人者太多，出之於己者太少。

(3)這飯確實是他們掙的，這家確實是他們立的。

4、類疊

⑴由於這位外國老太太，我想起我的兒時，由於我的兒時，我想起一連串很奇怪的現象。

⑵像愛因斯坦之於相對論，像我祖母之於我家。

肆、課文補充資料

一、天地開闢的神話傳說

在遠古時代，科學不發達，對於自然界的一切現象無法了解，於是憑著想像，編出了許許多多的神話，那些神話雖然帶著神祕而夢幻的色彩，但從中也可窺見那時候人的思維和哲學，人們從探討神話中，可看出人類的過去。天地是人生活的空間，和人類的關係非常密切，它是怎樣形成的，自然是大家所關注的，因此世界各種神話都有開天闢地的說法。

在希臘神話中，說宇宙最初是一種虛無狀態，經過了一段時間，後來才產生混沌，在混沌中再產生出夜和霧，以及像火一樣的大氣，然後以這種大氣為中心來使萬物旋轉，在不斷旋轉下，形成了像雞蛋一般的球體。不過因為旋轉的速度太快，球體便分裂開變成兩半，其中的一半向上升便成為天，另一半向下降便成為地，中間則產生了創造萬物的神。

在我國也有一個這樣的神話傳說，說天地是盤古開闢的。就是在天地還沒有形成前，宇宙是一片混沌，一團漆黑，有如一個大雞蛋。這雞蛋中孕育了一個人，這個人名叫盤古。盤古長大後，用一把大斧頭劈開了那一片混沌，其中輕而清的東西上升，變成了天，重而濁的東西則下降，變成了地。《幼學故事瓊林．天文》：「混沌初開，乾坤始奠；氣之輕清而上浮者為天，氣之重濁而下凝者為地。」說的便是這回事。

天地分開後，盤古怕它們又會合攏起來，因此便頭頂住天，腳踏在地，用自己的身體做支柱。不過他是白擔心啦！因為從此後，天每天增高一丈，地每天增厚一丈，奇怪的是連他的身體也跟著每天增長一丈。到了最後，據說盤古長高到九萬里那麼長呢！

經過了一萬多年後，盤古死了。臨死時，他呼的氣變成了風和雲，聲音變成了雷鳴，左眼變成了太陽，右眼變成了月亮，手腳身軀化作山岳，血液化作江河和大海，筋脈化作道路，肌肉化作土地，頭髮鬍鬚變作天上星星，皮膚汗毛變作花草樹木，牙齒、骨頭變作金屬、石頭、珍珠、玉石，汗變作雨露甘霖，寄生在盤古身上的各種小蟲，因感受到風吹也變成人。於是一個豐富而美麗的新世界就這樣誕生了。

其實天地的形成，並不像神話所說的那樣。據天文家的說法，在天地未形成前的混沌時期，無際的天空中，布滿著銀河一般又熱又亮的星雲，經過了億萬年後，有些星雲凝集了起來，大的成爲太陽，小的就是衆星。我們的地球就是由星雲凝結而成的。

盤古開天闢地這個故事流傳開以後，也有人以他作爲題材來寫故事和笑話，底下就有這樣一個故事：

有一個國王，膝下有位公主，長得聰明又可愛，到了屆婚年齡時，想替她物色一位才智出衆的如意郎君，便叫一位臣子寫了一篇很深奧的文章，用了很多罕見的字，公布在宮廷外面，降旨說有誰能了解那篇文章、認得那些文字，就招他爲駙馬。布告一出，很多博學之士都被難倒，經過了好幾個月，還是沒有人敢揭榜應試。

有一天，來了一個年輕人，這個人沒有讀過書，是一個不識字的鄉下人。他第一次進城，看到有許多人圍在一齊看布告，好奇之餘，也隨著擠過去看。有人問他是否看得懂布告上的文字，他說一字不懂，意思是說一個字也看不懂。看守布告的士兵，聽他說一字不懂，以爲只有一個字看不懂，便立刻請他到王宮裡，並向國王報告此事。國王召見他時，看他長得頗清秀，覺得這青年還不錯，便問他布告上的文字懂得有多少，那年青人照實回話說一字不懂。沒想到國王也誤會了他的意思，以爲他只有一個字不懂，當時心裡很高興，就把公主許配給他。

成婚後過了幾天，國王要召見他，公主知道她的這位夫婿，肚子裡沒有什麼學問，她的父王召見，一定是要再考驗他的才情。爲了怕他出醜，便預先給他擬出了幾個問題，並把答案告訴他。當中有一題是開天闢地的人是誰，怕他忘記，特別用麵粉做了一個盤，一個鼓，說開天闢地的人是盤古，叫他把麵做的盤鼓放在懷中，如果忘記了可以拿出來看。

上殿時，國王果然問他開天闢地的人是誰。那年輕人看到文武大臣，站列兩旁，一時緊張，果然把答案給忘了。心急之下，想起了公主的話，便伸手往懷裡一探，摸到兩個扁扁的東西，便脫口回答說是盤扁，原來那麵粉做的鼓在懷中被壓扁了，他才把盤古說成了盤扁。國王一聽，心想：不對啊！開天闢地的人是盤古，怎麼會是盤扁呢？便問盤扁是誰。那年輕人急中生智，亂說一通的回答說是盤古的爸爸。滿朝臣子都大爲驚嘆，向國王說他的博學多聞，是大家都比不上的。當然這不是事實，只是一個諷刺性的故事，不過由這故事中，也可看出盤古開天闢地這個神話傳說在民間流行的情形了。

二、儒、墨、道三家對於天的看法

《莊子．天下篇》說，墨、法、名、道都出於儒家。《韓非子》說，孔子、墨子俱道堯舜而取捨不同。《淮南子》說，墨子受孔子之書。司馬談《論六家要旨》說：「道家因陰陽之大順，採儒墨之善，撮合法之要。」從以上各家的說法中，可知墨、道兩家源出於儒，道家並雜取各家之長。所以在他們的主張中也有一些共同之點。如儒家講仁，墨家講博愛，老子講慈（道德經第六十七章：「我有三寶，持而保之：一曰慈，二曰儉，三曰不敢爲天下先。」），莊子講相愛（莊子天地篇：「相愛而不知以爲仁。」）。儒家講儉，墨家講尚儉，老子說儉，莊子說無欲（莊子天地篇：「無欲而天下先」。）。儒家講謙讓，墨家講非攻，老莊講不爭（道德經第八十一章：「天之道，利而不害；聖人之道，爲而不爭。」莊子胠篋篇：「掊斗折衡，而民不爭。」）。而他們立說的目的也一樣，都是要安定社會，使民生樂利。不過因爲各人的觀點和所處環境的不同，所以各家的主張也有不同，而自成一個思想體系。就以「天」來說吧，各家都有他們各自的看法，並根據他們的看法來立說，發展出幾乎完全不同的理論。底下就分開來加以述說。

三、儒家

㈠孔子

孔子心目中的天，和商周一樣，商代認爲天是天子的祖先，所以敬天畏天。周代雖也敬天畏天，但稍有不同的看法，觀念上有點改變，認爲上天佑福有德之人，所以說「皇天無親，唯德是輔。」孔子雖受周代對於天的影響，說過「德（性）配天」的話，但他卻有他的主張，在《論語．八佾篇》曾說：「獲罪於天，無所禱也。」改變了以前人對於天的依賴性，要大家依賴自己。

(二)孟子

孟子認爲天就是性，就是心。心、性、天是一路的。他說：「盡其心者，知其性也，知其性，則知天矣。存其心，養其性，所以事天也。」（盡心篇）並指出溝通這心、性、天的東西是一「誠」字。認爲天之道是誠，人的本性是誠，由己之誠，可推知人之誠，從人之誠，可通宇宙萬物之誠，說明萬物本然的道理都具備在自己身上。所以說：「誠者天之道也，思誠者人之道也。」（離婁篇）「萬物皆備於我矣，反身而誠，樂莫大焉。」（盡心篇）因爲他對天的看法如此，所以主張性善，說經由反省，可從仁推到天。

(三)荀子

荀子眼中的天，是自然的天。他以爲晝夜的交替，四季的變換，都是自然的運行，有它自己的軌道，跟人事一點關係也沒有。縱然有日月的剝蝕，暴風雨的侵襲，及地震山崩，旱荒水災等情事，但認爲那只是自然界的怪現象，和鬼神無關，不足爲懼，完全否認了天的意志和威權。因爲荀子認爲天是自然的，是不可知的，所以主張要從客觀的環境去了解人與人之間的關係和事物。就這樣，他只能看到形氣之私的一面，沒有看到性的相同，發現人性之善，不能把實用方面的價值，運用到無形——天，所以說人性是惡的，認爲有些禮是假的，所以說「禮」是「僞」，所以主張化性起僞，所以要批評孟子，說他「略法先王而不知其統，猶然而材劇志大，聞見雜博，按舊造說，謂之五行，甚僻違而無類，幽隱而無說，閉約而無解。」這是因爲他和孟子對天的看法不同的緣故。

四、墨家

墨子認爲天是一有意志的天，所以說：「天之行廢而無私，其施厚而不德，其明文而不衰。故聖王法之。既以天爲法，動作有爲，必度於天。天之所欲則爲之，天之所不欲則止。」（法儀篇）又說：「然而天何欲何惡者也？天必欲人之相愛相利，而不欲人之相惡相賊也。奚以知天之欲人相愛相利而不欲人之相惡相賊也？以其兼而愛之，兼而利之也。」（法儀篇）因爲他認爲天有意志，所以把他「兼愛」說的理論，歸屬於「天志」。說天是一律覆育，一律愛護的，世上的人和「天」的關係全是一樣，不分軒輊。在天的心眼中，人是沒有遠近親疏的，不可你爭我奪，相互攻擊，爲了體行天志，以求多福，人必須要相愛，要像天一樣毫無厚此薄彼的偏愛。以此來作爲他「非攻」的理論依據。但因他只看到人與人之間有其相通互愛的共同基礎，而忽略了人天然生就的差異關係，所以比較窒礙難行。還有天的意志不可以信於人，因而人的意志反而太深，他所主張的兼愛之說，未免也陷入一種自利之途而不自知。

五、道家

老莊心目中的天，是「不仁之天」，是沒有意志的天。《老子》第五章說：「天地不仁，以萬物爲芻狗。」第二十五章說：「人法地，地法天，天法道，道法自然。」《莊子．至樂篇》說：「天無爲以之淸，地無爲以之寧，故兩無爲相合，萬物皆化。芒乎蘇乎，而無從說出乎！蘇乎芒乎，而無有象乎！萬物職職，皆總無爲殖。故曰：天地無爲也，而無不爲也。人也孰能得無爲哉？」因爲他們認爲天沒有意志，所以主張聖人法天而治民，也應當「生而不有，爲而不恃，長而不宰。」絕對不容許稍有計較利害的心存在其間，所以「不貴難得之貨，使民不爲盜；不見可欲，使民心不亂。」因此貨利不足以動其心，「慈」、「儉」、「不敢先」這三寶，就可以抱持而長保。

六、功成不居的介之推

國中國文中的「謝天」一文不是全文，是節錄，後面還有九小段文字，緊接著「創業的人，都會自然而然的想到上天，而敗家的人卻無時不想到自己。」的三段文字是：

介之推不言祿，祿亦弗及。這是我們中國的一個最完美的人格所構成的一個最完美的故事。介之推為什麼不言祿？因為他覺得貪天之功以為己力，是君子所不屑為，也是君子所不應為的。

愛因斯坦剛到普林斯敦時，主任問他要多少錢薪水，他說五千，主任說：「給你五千，如何給一個大學畢業生呢？還是算一萬五千吧！」這是外國的介之推。

為什麼介之推與愛因斯坦專幹這類傻事，立過大功，他們知道作事與立功，得之於眾人合作者多，得之於自己逞能者少。於是很自然的產生一種感謝衆人，感謝上天的感覺。

介之推究竟是怎樣的一個人，陳之藩先生爲什麼那樣推崇他呢？要知道這個答案，時間就要回溯到幾千年前的春秋時代了。

介之推，也寫作介子推。他是春秋時晉國人，追隨著晉文公在外流亡了十九年。晉文公回國當了國君後，凡是跟隨他流亡的人都受到賞賜，唯獨漏掉了介之推。介之推也沒有去向晉文公求爵祿，只是很感慨地說：「獻公的九個兒子，只有文公還在。惠公、懷公沒有親屬，國內國外都反對他們。上天如果不使晉國絕後，必將有人主持晉國祭祀，不是文公會是誰呢？這是上天安排的。那些跟隨文公的人，卻以爲是自己的力量。這不是睜眼說瞎話嗎？偷人財物的人尚且稱他爲盜賊，何況是貪圖上天的功勞以爲是自己的功勞，這更是罪過。在下的以他的罪過爲有義，在上的賞他的姦邪；上下互相欺騙，這很難和他們相處在一塊啊！」

介之推發牢騷被他母親知道了，就勸他去見文公求賞。介之推說他已經批評他們的貪妄，現在又跑去求賞，豈不是更加罪過。就和他母親跑到綿山去隱居。

晉文公後來想起介之推，但是不知道他的下落。聽人說他在綿山隱居，便派人去那裡找。找遍了綿山，就是不見他的人影。後來聽取臣下的建議，放火燒綿山，想逼介之推出來。想不到介之推並沒有跑出來，竟然和他母親抱樹而死。晉文公非常悲傷，下令每年這一天禁止生火，後世相沿，一直到宋朝，每年都有一個固定的不生火的日子，那就是寒食節。人們在這一天改吃一種不需要用火煮的冷涼食物，古人管這種食物叫「寒食」（冷食），這是用來紀念介之推的。

七、功成身退的張良

張良，字子房，漢初功臣之一。祖先五世爲韓相，秦滅韓後，曾在博浪沙椎擊秦始皇，誤中副車。後來逃亡到下邳，有一天，悠然地在下邳的橋上閒遊，遇到黃石公，黃石公考驗了他一番之後，覺得孺子可教，於是送給他一本太公兵法，說讀了那本書，可以助人成就帝王事業。張良非常重視，經常反覆熟讀溫習。

劉邦崛起後，張良追隨左右，輔助他和項羽逐鹿中原，運籌帷幄，屢建奇功。如漢三年時，有一次，劉邦被項羽圍困在滎陽，酈食其向劉邦獻計，教他再建立六國，封賞六國的後人，那六國的君臣和百姓，一定會感激他的恩惠，自願做他的僕婢，項羽的力量就會減弱，自然也會整肅衣冠來朝見。張良知道這件事後，急忙勸止劉邦，向他分析其中的利害關係，說出了八個不能這樣做的理由。劉邦聽了他的話後，連忙收回成命，停止那個計畫。

又如高祖六年，劉邦封賞了二十幾個大功臣後，其他的功臣因爲爭功而不能決定，因此還沒有賜給封賞。有一天，劉邦在洛陽南宮，從複道看見那些將軍，成羣結隊的坐在沙灘上談話。劉邦問張良，他們在談些什麼話。張良回答問：「陛下不知道嗎？他們在商量造反哪！」劉邦非常訝異的說：「天下才安定下來，他們爲什麼要造反呢？」張良說：「陛下您當上了皇帝後，所封賞的都是您所親愛的舊人，所誅殺的都是您生平所仇視怨恨的人。那些人擔心不能受封，又害怕過去犯下的過失被您猜疑而遭到牽連誅殺，所以就聚集在一起商量造反。」劉邦聽了張良的話，心裡非常不安，問張良這件事情該怎麼處理。張良問劉邦，羣臣都知道他最憎恨的人是誰。劉邦答說是雍齒，雍齒曾經屢次使他受窘受辱，本想殺他，但爲了他的功勞多，不忍心下手。張良便向劉邦獻策，趕緊先封雍齒，以展示他的大度量，來穩定衆將的心。劉邦接受了張良的建議，於是安排了酒宴，下旨封雍齒爲什方侯，並催促丞相、御史儘快決定諸將功勞的高下，以便封賞。這一著很管用，當那些臣子離開了酒宴後，都很高興的說：「雍齒是皇上最憎恨的，尚且被封爲侯，我們不會有禍患了。」一場危機因此化解。

還有劉邦想廢去太子，改立戚夫人的兒子趙王如意爲太子，呂后得知這個消息，非常恐慌，便派人去向張良請求良策。張良教她去把東園公、甪里先生、綺里季、夏黃公四位異人請來，讓他們輔助太子，劉邦見了，自然就不會再廢太子。果然在漢十二年時，劉邦準備在一次宴會中宣布廢去太子時，看到隨侍在太子身旁的四位異人，便打消了原有的主意，並囑咐東園公等四人說：「麻煩先生們好好地永久照應太子。」太子之所以能保住他的地位，張良的功勞不小。

在劉邦打拼天下的時候，張良竭盡了他的心力，爲劉邦籌謀獻策，化解了劉邦的許多困厄，立下了很多功勞，劉邦曾經讚美他說：「在帷帳中籌畫計策，決定勝負於千里之外，我比不上張良。」張良在漢初三傑中，功勞不輸於蕭何和韓信，但他從不爲自己打算，也不居功，除了向劉邦建議任蕭何爲相國外，自己也功成身退，辭去一切官職，逍遙於山林中。他曾經對外宣稱說：「我家世世代代輔佐韓國，到了強秦滅了韓國後，我不吝惜萬金的家財，爲韓國向強大的秦國報復，使天下都爲之震動。現在靠著口才爲皇上主謀設計，而被封爲萬戶侯，富貴已到了極點，我心中已經很滿足了。我願意放棄人間的事物，去追隨仙人赤松子。」於是學習那不吃穀物、導引呼吸而使身輕的道家功夫。他這種能共患難，不貪圖榮華富貴的功成不居的胸襟，實在讓人敬佩。

伍、思考與練習

一、你能夠說出「習慣」這個詞的意義嗎？請說出你的一些好習慣來跟同學切磋。

答　習慣就是積久養成的生活方式或行爲。學例部分由學生自由發揮。

二、本文作者說到朋友家吃飯，因爲在國內養成的習慣，還沒有坐好，就開動了。請你舉出和這有關的成語或熟語。

答　(1)習以爲常（因爲已成爲習慣，所以覺得很平常。）
(2)習慣成自然（形成習慣以後，就好像生性如此。）

三、作者爲什麼要提出朋友的祖母謝飯這件事呢？

答　目的在由朋友的祖母聯想到他的祖母，再從他祖母的話語，慢慢引向本文的主題——謝天。

四、作者的祖母說：「要是糟蹋糧食，老天爺就不給咱們飯了。」爲什麼她要這樣說？

答　我國自古以來就是以農立國，在農業社會裡，大部分人都是以農爲生，如果遇到自然災害，如水災、旱災、蟲害等，農作物的收成就會受影響。在過去，可以說是靠天吃飯。而天的主宰就是作者祖母所說的老天爺，所以她才這樣說。不過這當中也包含著要愛惜物力的意思。因爲一粥一飯，半絲半縷，都是人們血汗的結晶，因爲盤中飧，粒粒皆辛苦啊！

五、在過去，都是以「老天」或「老天爺」來稱呼宇宙的主宰嗎？你能不能學出一個例子來？

答　是的。如明朝時，有一個大官，家裡非常富有，娶有一妻一妾。退休後他攜帶家眷回湖南老家閒居，本以爲從此可以逍遙林下，過著悠哉遊哉的生活。誰知道他的妻子和如夫人，整天勾心鬥角，吵鬧不休，弄得他心神不寧，煩透極了。有一天，有一位文士去拜訪他，兩人在客廳裡論文談詩，聊得正高興時，內宅裡的大小老婆又因事而起爭執，吵得性起，並大打出手，咒罵聲和摔東西的乒乓聲，不時地從裡面傳出來。那位文士滿面狐疑，正待相問時，大官深怕家醜外揚，爲轉移那文士的注意力，用手指著掛在牆壁上的一幅鳩雀圖，請他題詩。那位文士平日對於他大小老婆不和的事稍有耳聞，知道是怎麼一回事，便拿起筆笑著在紙上寫了一首詩：「鳩一聲兮雀一聲，鳩呼兩兮雀呼晴；老天卻也難張主（難主張的意思），落雨不成晴不成！」意思是說鳩要下雨，雀要放晴，主管宇宙的老天不免感到爲難，不知道是下雨好，還是放晴好。詩中以老天來比喻那大官，鳩雀來比喻大官的大小老婆，說大官不知道該聽從誰的話，非常佻皮有趣。

六、爲什麼作者說：「越是眞正做過一點事，越是感覺到自己貢獻的渺小」？

答 因爲一個人無論做什麼事，都是靠其他人的協助才能成功，個人的努力或貢獻，和那些人比起來，是非常渺小的。作者從做事當中體會出這一點，所以才這樣說。

七、文字遊戲——成語接龍。

說明：承接的成語，第一個字必須和上面成語的最後一個字相同。

答 方式：

(1)由「功成不居」開始接下去，最後再接回到「功成不居」。

(2)由「功成不居」開始一直接下去，不必接回到「功成不居」。

(3)全班分成若干組，以比賽方式來進行，接的最多的爲優勝，酌予增加平時成績的分數。

例：

(1)功成不居—居高臨下—下里巴人—人山人海—海闊天空—空穴來風—風雨同舟—舟中敵國—國色天香—香車寶馬—馬到成功—功成不居

(2)功成不居—居仁由義—義薄雲天—天馬行空—空口無憑—憑虛御風—風調雨順—順水人情—情有可原—原封未動—動輒得咎—咎由自取—取信於人—人心不古—古往今來—來去分明—

明知故問—問長問短—短兵相接—接二連三—
三人成虎—虎狼之國—國泰民安—安如磐石—
石沈大海—海底撈月—月黑風高—高枕無憂—
憂天憫人—人言可畏—畏首畏尾—尾大不掉—
掉以輕心—心猿意馬—馬到成功—功成不居
(3)功成不居—居安思危—危邦不入—入情入理—
理直氣壯—壯志凌雲—雲開見日—日久天長—
長治久安—安步當車—車水馬龍—龍行虎步—
步入後塵—塵土不沾—沾沾自喜—喜出望外—
外强中乾—乾柴烈火—火上加油—油頭粉面—
面目全非—非同小可—可想而知—知難而退—
退避三舍—舍近就遠—遠走高飛—飛沙走石—
石破天驚—驚天動地—地久天長—長年累月—
月黑風高—高風亮節—節外生枝—枝枝葉葉—
葉落歸根—根深柢固—固執成見—見義勇爲—
爲善最樂—樂在其中—中立不倚—倚門傍戶—
戶限爲穿—穿鑿附會—會心不遠—遠交近攻—
攻城掠地—地老天荒—荒腔走板—板蕩識忠臣
—臣心如水—水乳交融—融會貫通—通力合作
—作威作福—福壽雙全—全始全終—終身大事
—事事如意—意氣飛揚—揚眉吐氣—氣味相投
—投機取巧—巧言令色—色色俱全—全無心肝
—肝膽相照—照松之勤—勤能補拙。

（李炳傑）

四、車過枋寮

／余光中

壹、作者參考資料

一、有五采筆的詩人余光中

㈠生平

古繼堂在《台灣新詩發展史》中說「余光中是台灣詩壇上一個相當複雜的詩人，作品題材上浩闊而豐沛，形式上善拓而多變，內容上良莠而兼具，因此研究余光中，不能用研究一般作家作品的方法，必須敞開胸襟，擴開視野，用多視角、多層次的目光進行透視。」對於這位翻躍過現代文學的巨風大浪，獲得無數的稱號諸如「逍遙的焚鶴人」、「望鄉的牧神」、「多妻的能言鳥」等，雖已高齡七十，創作力仍强的名作家。讓我們看看他是如何走上文學這條路，並以此爲終生職志，而無怨無悔。

余光中祖籍福建永春，民國十七年九月九日生於南京。在動亂的年代裡度過童年時光的他，時常和母親進出蘇皖一帶的淪限區，直至民國二十六年，才在四川與因公常和家人聚少離多的父親重聚。

「我的幸運在於中學時代是在純樸的鄉間度過，而家庭背景和學校教育也宜於學習中文」《自豪與自幸——我的國文啓蒙》余光中對於自己今日對於文學的喜愛，認爲是幼年期所灑下的種子。他又曾說：「我生於南京，早期的家庭生活中，家人對於寫作並沒有給我特殊教育或引導，只是家父和舅父喜愛文言的書，有時教我看些古典文學和舊小說。」於是余光中和當時中國兒童一般在課外的時間由父母從《諫太宗十思疏》開始教授古文，並在講解之餘，分別以閩南語及常州腔吟哦詩文給余光中聽，而二舅孫有孚則爲他講解《赤壁賦》、《秋聲賦》，在他們的帶領下，讓余光中領略了中國古典文學之美，二舅豐富的藏書則滿足余光中那顆渴求與古人親近的心。

余光中對中國古典文學眷戀，竟是他中學三年級時和老師對抗的結果。那時教他國文的老師戴伯瓊，是前清的拔貢，國學造詣極高，卻規定學生作文以文言寫作的話以六十分計，若改以白話文寫作的話可得七、八十分。當時余光中一則仰慕老師的學問，一則是因爲好勝心作祟，他就用文言文來寫作。成績是可想而知的，可是由於他長期的努力，奠定他紮實的古文基礎。

而讓余光中終身悠遊在英美文學的啓蒙點，也是在他的中學時代，他說：「就讀於四川青年會中學，當時有一位教英文的孫良驥老師，英文教得極佳，導致我歡喜英文，乃至後來走上外文系、教外文的路。」

在余光中中學時期，青少年大多流行看由開明書店出版的書籍，當時在青少年最流行的是朱光潛所寫的《給青年的十二封信》、《談美》等深入淺出的美學書，余光中稱這些書爲「智慧之書」，對於朱光潛他由喜愛其書，而仰慕其人，所以他一心一意的要到朱光潛任教的北京大學就讀。果眞在抗戰勝後，他由南京青年會中學畢業後，考上北京大學，可是當時整個北方的情勢動盪不安，他只好到金陵大學外文系就讀。但吃緊的戰況，漫延到南方，迫使余光中在大二那年，揮別金陵大學，轉學到廈門大學。然而廈門大學雖和他僅有一學期的緣份，但在這一學期中余光中初試啼聲，開始在報章雜誌上發表作品，他說：「這段時期我喜歡古典詩，當時周圍沒什麼好詩，那些流行的社會詩大都是主題明朗、文字淺顯，我也偶爾爲之，寫了十餘篇刊在廈門的江聲報和星光報上，但這些詩我並不滿意。」，

余光中隨著家人來台後，就插班讀台灣大學外文系，余光中日後曾說：「感謝當年台大的求學環境，倒是說台大爲我作了什麼，而是說台大免於我做了什麼，主要是課程不很緊迫，教師也並非美國剛學成回來有些理論急於推銷等等，故學生比較有寫作的空間，我覺得科學是忙出來的，而文學卻是閒出來的。」因爲當時外文系的學風很自由，讓他急於出頭的文學種籽，得以萌芽，其中由系主任英千里處領略英詩之美，曾約農教授，同意他的學士論文以譯作《老人與海》來取代，處女作《舟子的悲歌》，有梁實秋所寫的書評，自己高昂的學習精神，加上受到師長們的賞識，形成良性循環，讓余光中有如脫韁的野馬，向文學的大道載欣載奔而去，他的文學事業就此開展。「那時開始認眞的寫詩，以純抒情爲多，來台後第一篇散文是投在新生報，後來詩作大都發表於當時最熱門的中央副刊，一直持續六、七年。」

余光中二十幾歲時，作品見報率就很高，使他在校外小有名氣，當時吳魯芹欣賞余光中，力薦他成爲《美國詩選》的編輯羣之一，和當時名家如梁實秋、張愛玲、邢光祖等共事，使他的翻譯的功力更加的精進。

大學畢業之後，余光中在國防部聯絡官服役，當了三

年的翻譯官，其間他並沒有將創作的活動停頓下來，反而繼續寫詩，出版了《藍色羽毛》。爲了呼應紀弦發動的「新詩的再革命」：「橫的移植，而非縱的繼承。」，於民國四十三年與覃子豪、鄧禹平等共創藍星詩社。

民國四十五年退役後，余光中分別在東吳大學及師範大學任教。民國四十七年，接受亞洲協會的資助，到愛荷華大學讀美國文學及英文寫作。余光中此時的創作風格，深受西方現代藝術的影響，表現出浪漫的情懷。

民國四十八年余光中獲藝術碩士，返國後於師大英語系任講師，主編《現代文學》及《文星》詩作部分。民國五十三年二度赴美任密西根州立大學英文系，民國五十八年赴科羅拉多州，任寺鐘學院客座教授。對於頻頻出國任教一事，余光中用「每一次出國是一次劇烈的連根拔起，但是他的根永遠在這裡，因爲泥土在這裡，落葉在這裡。」（《蒲公英的歲月》）來描述自己複雜的心情返國後余光中曾任師範大學教授，政治大學西語系主任，在這個時期，余光中的作品漸漸由現代主義，轉向充滿民族感情的「中國意識」。

在余光中心中：「大陸是母親，台灣是妻小，香港是情人，歐洲是外遇」民國六十三年余光中在內心掙扎許久之後，決定在一個全然粵語、重商重利的社會、政治立場弔詭的香港轉系改行教中文系。藉由香港這位「小情人」，他終於又再一次接近睽違以久的家鄉，在香港十一年的時光裡，余光中雖然忙，發表的作品卻不少，著名的詩作有《北望》、《廣九鐵路》等。

民國七十四年余光中回到「妻小」台灣的身邊，定居高雄，曾任國立中山大學文學院院長，現任中山大學講座教授，並致力於南台灣的藝文活動。如今與他同期的文人早已將創作之筆，束之高閣，他仍不斷有新作發表：《五行無阻》、《日不落家》、《藍墨水的下游》。

㈡閱讀指導

1、欲瞭解一代宗師的全貌，黃維樑編的《璀璨的五彩筆》，以及鍾玲編的《與永恆對壘——余光中七十壽慶詩文集》（均是九歌出版）是最佳研究指南，不妨參考。

2、新詩則可以《白玉苦瓜》或《余光中詩選》入手，再選讀其他詩作。

3、散文作品以新作《日不落家》最爲淋漓暢快，足見「薑是老的辣」。

4、評論即以榮登聯合報《讀書人》票選的「年度十大好書」的《從徐霞客到梵谷》、《井然有序》試讀。

二、余光中二三事

㈠令人為之絕倒的余光中

余光中算是一位冷面笑匠，因爲他不說話的時候，令人有種不威而怒的神情，余夫人范我存常說：「光中外方內圓，不了解他的人，總覺得他不說話時臉板的很嚴肅，其實相處久了，就知道他非常富有童心。」下面可舉二例，證明余夫人所言不假。

余光中最疼愛他的家及四個女兒，曾自封爲「女生宿舍的舍監」，除了平時對女兒應有的教育外，他最喜歡和女兒們一起打枕頭戰，讓枕頭滿天飛。此外，他也是個說故事的高手，他總是在晚上的時候，就著昏黃的燈光，向女兒們訴說著愛倫坡的恐怖故事，當高潮來臨時，他會冷不防的將手電筒往臉上一照，立即尖叫聲四起，達到戲劇化的效果。或是在女兒們專心做功課的時候，摒息站在窗外，發出陰冷的笑聲，立刻引起一串尖叫聲時，他卻拍手大笑。

話說有一次林文月教授到香港中文大學演講，題目是談談翻譯《源氏物語》，現場發一份日本帝系表給來聽演講者。余光中是當時的主席，爲了怕發問的人少，他率先問了一個問題：「我們的中國皇帝，都是叫孝武啦、光武啦、太宗啦，含義都是很好的。日本人爲什麼叫皇帝做桐壺（諧音銅壺）」。語畢，全場都笑不可抑，同時炒熱了整個演講會場的氣氛。

㈡最長的英文字

中學時期余光中受到良師的鼓勵，在英文方面下了很大的苦工，爲了讓自己的英文學得更好，他向當時一位家境富裕的同學那兒借了一部《商務版英漢大辭典》。這部字典除了使余光中可以像個學者般走在校園，最主要的功用：讓余光中可以定期檢驗自己的英文能力。方法是先選一個英文字母，以默寫的方式寫出以這個字母爲首的所有字母，並記算出總數，日後每隔一段時間，再默寫一次，看自己還記得多少。

據說有一次余光中向同學炫耀他學習的成果，便問同學說：「你們記得的單字，那一個最長？」那一個最長？這可把同學給難倒了，支吾了老半天也答不出個所以然來。余光中見狀，就信心滿滿的背出一個長達二十九個英文字母的單字，令同學佩服不已。

三、談創作

㈠談「靈感」

一般人總迷信詩是所謂靈感的產品，也就是說，詩是「等」到的，往往不請自來，而不是「追」來的。余光中認爲，這樣的想法對錯各一半，因爲所謂的靈感，多半是潛思冥想之後的豁然開朗，像「重裡尋他千百度」後的驀然驚見，是極少不勞而獲的作品。由此說來，一件作品的完成，就像造酒，是必須經過長期的醞釀，發酵，以及儲藏，等到開瓶的那一天才能飲出甘醇的酒香。所以一首完美詩篇的誕生，往往是追尋已久的東西。不過，「靈感」眞正出現的時候，往往只露出一斑兩斑，至於全豹，還有待詩人去殷勤追獵，方能到手。

㈡談「才氣」

一位作家的才氣，在於對生命和文字的敏感。很多江郎才盡的人，就是對於周遭的情、事，不再具有敏感的一顆心，因此題材枯竭，對文字不再敏感，寫作的形式，便會變得僵化了。一般人總以爲作家的才氣只表現在文字和形式上，卻很少想到，開拓新的題材，發掘新的主題，更需要才氣，甚至膽識。作家應以「愛」的關懷角度來就地取材，自然不會無話可說，無物可寫，說不定還能翻出新的面貌來呢！

㈢談「節奏」

現代詩的節奏多詩之零碎、草率、含糊、生硬、缺少個性，更少變化。現代詩人應追求一氣呵成的暢快淋漓，一唱三歎的低迴，和長句的奔放，短句的頓挫。因爲節奏正是詩人的呼吸，直接與生命有關。余光中在中年之後，漸漸發展一種獨創的「基調」，其來源，一半是中國古典詩中的「古風」，一半是西方古典詩中的「無韻體」（blank verse）。這種合璧詩體，如果得手，在節奏上便會有磅礡的氣勢。

貳、課文參考資料

一、《車過枋寮》賞析

本詩依據作者在詩末標注說明，是作者於民國六十一年元月三日在墾丁所寫的作品。當時作者搭車欲前往墾丁，經過枋寮，沿途觸目所見南台灣的田園景色，以及特有的熱帶水果風情，此時不但吸引了作者的眼光，也牽動了詩人敏感的情緒，於是在抵達目的地之後，隨即鋪寫成一首美麗的詩篇。

本文是一首新詩，或稱爲現代詩、白話詩、語體詩、自由詩內容則爲「田園詩」、「遊記詩」。全詩共分四段，第一、二、三段都是十一行的形式，末段則只有五行，所以整首詩爲三十八行，在新詩的體制裡，不算短詩（屬中篇）。依沿路所見：第一段寫甘蔗，第二段寫西瓜，第三段寫香蕉，一大片一大片生長在田裡，彷彿又見到徐志摩的「數大便是美」；這三段的形式如同民歌重唱，不但形式相同，內容、性質也都接近，第四段則是全詩的尾聲。全詩段落清晰，結構完整，卻不失詩的活潑性。

整首詩的文字雖然淺白而樸實，但字字都安置得恰如其份，而且文字使用的精準性十分高，無一字贅言。既能忠實的呈現屏東的鄉土樸拙的野趣，也能展現豐盈飽滿的生命力，而這也正是本詩的主要基調。節奏、韻律明快而意態舒緩，令人酣暢自如；音韻協調自然，以聲傳情，因此朗誦起來特別具有音響上的美感，可以說是完全符合詩的基本要求。

作者於詩中所描寫的都是生於斯，長於斯的台灣人，最熟悉不過自然景物，所以藉著閱讀詩人樸實而親切的詩歌，發出鄉土的共鳴，更能使讀者熱愛自己的家園與土地。

第一段描寫屏東甘蔗的甜、肥與豐盛。第一句以直述句寫眼前所見之景。第二句是由經驗中「甘蔗的甜」，想像雨也應是甜的。第三句以類推原理，由甘蔗的肥大，推想蔗田也會是肥沃的。第四句是綜合第一、三句，重新排列組合而來。這前四句，都採用了類疊修辭句法，彷彿回到先民的《詩經》民歌時代，那般簡單而自然的語調；重複出現的字詞，讓詩句連綿，而環環相扣，在記述中有抒情，經驗裡摻雜著想像，一一堆砌起豐盈飽滿的欣悅。第五、六、七句寫大片的蔗田，蘊藏人們無限的希望與期許，其中「舉起」是運用擬人化的修辭。第八句是首段的時間動線（承上啓下），一路行來，有如牧神在檢閱一排排的青青儀隊，那樣的壯觀。於此，不由得想像守護的牧神，在何處枝葉茂密的蔗田裡歇息，句末的疑問，更引人遐思。

第二段描寫屏東西瓜的甜、肥與豐盛。段中的第一句至第四句，無論形式、字數、寫法以及興味都與首段遙遙相對；一樣的場景只是換上了西瓜，使規則的形式有了不同的變化，也更增添了民歌獨特的風格。第五、六、七句一樣繼承首段的意象，道出了希望與夢想。其中「孵出」是以物擬物的手法，使渾圓的形象更具體化。第八句也和首段一樣具有承上啓下的功能，以「長途車駛過」之句型，使下面的行程，顯得順理成章。所以，相同使用「檢閱」來呼應牧神的存在。

第三段描寫屏東香蕉的甜、肥與豐盛。本段寫法仍與前兩段的形式相同，一再重複使用「雨、落在、屏東、田裡、甜甜的、肥肥的」等字詞，運用「聯想法」，串連出綿延不絕的意象。但在第五、六句跳出前兩段的形式，採用了隱喻法，將「雨」比喻爲牧歌，把「路」比喻爲牧笛；這是說明與可滋潤大地上的農作，路可以溝通大地上的人們，也都與牧神一樣具有守護的功能。這是詩歌中常見的獨特手法：將具體事物，化爲抽象的寫法；這樣一來，雨是一首輕快的歌，路是長笛所吹奏出的一首雄壯的樂曲，這樣的相稱，把一路縱橫交錯的阡陌，瀰漫在如夢似幻的音樂國度裡去了。所以這一部份的改變，使詩更有濃厚的抒情味。然而牧神無限的守護，使車行各處，盡是牧神廣大無垠又豐盛的轄區。

第四段是詩意的總結，但不是詩境的盡頭。第一句爲甜美的屏東縣下了讚語。但末了卻以對比法寫出最鹹與最甜，但整篇的意境和意象是擴大了——因爲，「忽然一個右轉」，從甜甜的大地延伸到鹹鹹的海，場景如此轉換，使意境更加開闊了。全詩至此戛然而止，更顯得氣勢澎湃，而令人屏息，因此最後的驚鴻一瞥，也爲讀者留下强烈的印象和無限的遐思。

❖關於押韻

伏爾泰說：「詩是靈魂的音樂」，而余光中的詩一向是融合了傳統與現代，東方與西方的精髓；不但文字的意境深遠，與運用文字的張力，更是箇中翹楚。尤其新詩因爲不受平仄、押韻、對仗的限制，更能隨興所之，故在「聲情」方面，比較不容易表現，然而余光中常在自由的形式中，發出如天籟的「聲情」，本課就是一例。聲音本身就是一種感情，尤其在詩歌方面更要能以聲傳情，才能讓讀者感受到詩歌特有的韻律之美。本課節奏輕巧、韻律和諧，十分適合朗誦，尤其是韻腳押得自然活潑，不落痕迹。茲就押韻方面，試以分析其「聲情」：

第一段　以「ㄧ」韻和「ㄟ」韻換韻。先押第三、四聲的「ㄧ」韻，如：裡、（雨）裡、起、冀，再押第四聲的「ㄟ」韻，如：隊、睡。

第二段　以「ㄧ」韻和「ㄤ」韻換韻。先押第三聲的「ㄧ」韻，如：裡、（雨）裡，再押第二、四聲的「ㄤ」韻，如：望、牀、上。

第三段　一韻到底，押「ㄧ」韻，是第二、三聲的通押，如：裡、（雨）裡、笛、裡、笛。

第四段　以「ㄢ」韻和「ㄞ」韻換韻。先押第二、四聲的縣、鹹，再押第二聲的來、海。

以上四段，韻律非常整齊、協調，其中除了第三段的一韻到底外，其餘均曾換聲、轉韻，故能呈現出抑揚頓挫的聲情，而詩末又以平聲（第二聲）結束，使人讀來音韻悠揚，回味不已。如此結構言警的詩篇最適合朗聲頌讀，在朗誦之時，便可體會出詩的律動，若加上情感的流露，必能傳達「詩情話意」了。

二、關於《白玉苦瓜》

出版於民國六十三年七月，至今已有二十幾年了，但仍然是余光中眾多作品中最暢銷的代表作，也最令讀者眷戀的書。

《白玉苦瓜》是余光中的第十本詩集，除了前三首爲在美國的作品，其餘五十多首均是民國六十年回國之後在台北廈門街二樓的大書房——高齋裡，那扇綠陰陰的長窗下寫成的。書題以「白玉苦瓜」，乃是因爲作者認爲這首《白玉苦瓜》比較接近「三度空間」的期望。（現代詩的三度空間即：縱的歷史感和橫的地域感，再加上縱橫交錯而成的十字路口的現實感）

「白玉苦瓜」是故宮珍藏的精美工藝之一，它晶瑩光潤，匠心獨運出的藝術，是詩人眼中的上品，但其中所蘊含的深意，更是詩人熱烈追求的境界。「白玉苦瓜」，象徵生命的苦，經由神匠的揣摩，體悟出瓜與人終有腐朽的一日，於是運用藝術的功力，將生命提升爲不朽的正果。而詩的存在意義也是如此，將短暫而容易受傷的，變化成一首永恆而不容侵犯的詩，就是甘美，就是勝利！

《白玉苦瓜》一書中最膾炙人口的作品有：《江湖上》、《小時候》、《民歌手》、《民歌》、《車過枋寮》、《鄉愁》、《搖搖民謠》、《西出陽關》、《白玉苦瓜》、《鄉愁四韻》。而其中有多首作品，曾改編成風行一時的校園民歌，如：《鄉愁四韻》（楊弦曲）等。

三、車過枋寮

㈠過　此處的「過」應是「經過」，因爲詩人從高雄出發，欲前往目的地墾丁，所以乘坐長途車經過枋寮，詩人將沿路的熱帶風情，帶到了墾丁，而留下這篇足供追逐南台灣陽光的遊客們一段「詩路之旅」。

㈡枋寮　是屏鵝公路（屏東至鵝鑾鼻）上的一個鄉鎮。台灣鐵路西部幹線（基隆到枋寮）的終站，可銜接南迴公路至東台灣。流行屏東的恆春民謠「思想起」，歌詞中便有「思想起，日頭出來啊滿天紅，枋寮過去哩 別是楓港，唉唷喂」。

四、牧神、牧歌

㈠牧神

是希臘神話中的一位半人半獸牧神，名爲潘恩（Pan）。祂是漢密士的兒子，是愛喧鬧和喜樂的神，也是牛羣和羊羣的養育者（Nourisher），原爲來自阿卡迪亞（Arcadia）農村的森林之山羊神，一切荒野、叢林、森林、羣山都是祂的故鄉，所以祂是牧神，也是山林之神。祂的外形似人，卻長出了山羊的耳朵、羊角和山羊的腿。祂具有人的智慧和獸的慾望，喜歡載歌載舞，在文學、藝術作品中成爲野性和生殖的象徵，也是自然生命力的象徵。祂追逐一位水澤神女席琳克絲（Syrinx），後因席琳克絲請求大地幫忙，遂沈入大地之中，變成一片蘆葦地。傷心的潘恩，於是割取蘆葦，製成一個依長短排序，成圓形或筏形的排簫（或稱牧笛Pan-Pipe）。祂是位相當傑出的音樂家，祂能用蘆笛吹奏出宛如夜鶯所唱的曲子。每當夜幕低垂，從祂那兒傳來悅耳的樂音，把山澤間的女

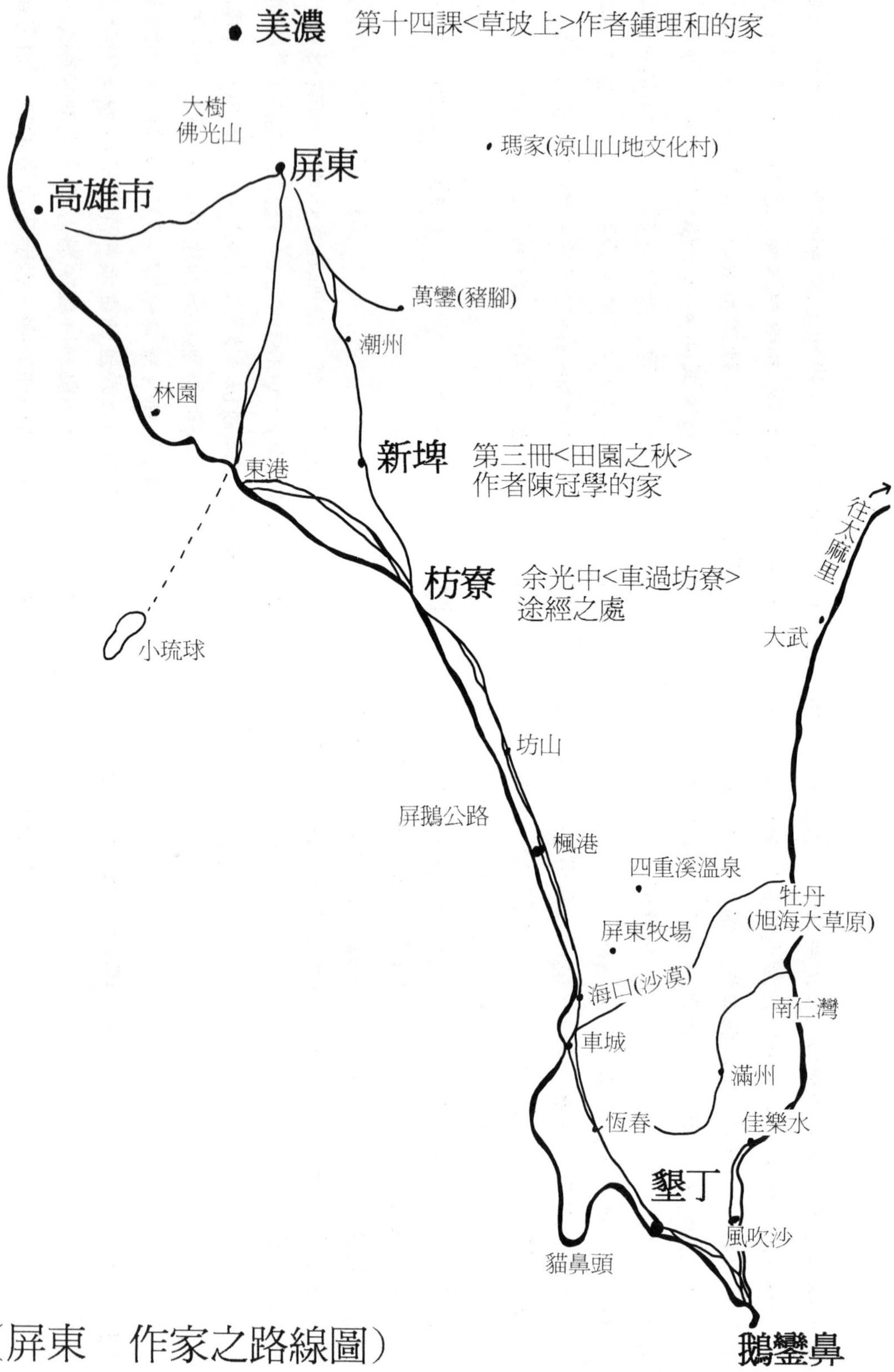
美濃　第十四課<草坡上>作者鍾理和的家
大樹
佛光山
屏東
瑪家(涼山山地文化村)
高雄市
萬巒(豬腳)
潮州
林園
新埤　第三冊<田園之秋>
作者陳冠學的家
東港
往太麻里
枋寮　余光中<車過坊寮>
途經之處
小琉球
大武
坊山
屏鵝公路
楓港
四重溪溫泉
牡丹
(旭海大草原)
屏東牧場
海口(沙漠)
南仁灣
車城
滿州
恆春
佳樂水
墾丁
風吹沙
貓鼻頭
鵝鑾鼻

(屏東　作家之路線圖)

神從美夢中喚醒，成羣結隊情不自禁地婆娑起舞。也有女神因聽到祂彷彿天籟的笛音，沈醉其中，而久久不醒。但潘恩的樣子十分難看，所以喜歡女色的祂，卻永遠得不到女神的垂青。有時祂吹出懾人的笛音，也會使在山中的人們，聽到笛音而產生不自主的恐懼感（英文中的驚慌Panic一詞及源自於此）。這些希臘古老神話，都成了歐洲文學、藝術常見的題材。

㈡牧歌

古希臘羅馬詩歌的一種，是屬於短的對話詩，最初有牧場背景和放牧主題。不完全與牧事有關，大都描寫景物及人事的田園詩，莊嚴、詼諧兼具，是為「牧歌」(Eclogue)，另一種清唱劇也叫「牧歌」（Madrigal）。

參、課文補充資料

一、與《夏夜》比較分析

本文與第一冊楊喚的《夏夜》都是屬於新詩的形式，然而寫作方式各具千秋，茲將此二篇作品之主旨、命題、文體、選材、立場、表達技巧、內容及韻律等方面作一比較。

㈠主旨方面

1、余光中的《車過枋寮》是描述他坐車經過屏東的枋寮，沿路看見甘蔗、西瓜、香蕉一大片一大片生長在田裡的情景。

2、楊喚的《夏夜》描寫夏夜裡豐富、溫馨、美麗又可愛的景物。

㈡命題方面

1、余光中的《車過枋寮》是以歡愉的筆調，把台灣農村豐盈飽滿的生命力作了最動人的詠唱。

2、楊喚的《夏夜》是以兒童的語調，呈現繽紛多樣而令人愉悅夏夜的景象。

㈢文體方面

1、余光中的《車過枋寮》是一首新詩，也是敘述中有抒情的田園詩和「遊記詩」。

2、楊喚的《夏夜》是一首新詩形式的童話詩，同時也兼有敘述、抒情的成分。

㈣選材方面

1、余光中的《車過枋寮》以南台灣特有的產物爲主：甘蔗、西瓜、香蕉，以及南部平原、河牀、山、海的特有景觀，具鄉土氣息。

2、楊喚的《夏夜》以夏天黃昏、夜裡的動植物，以及四周環境的變化爲主，道出夏夜之美。

㈤立場方面

1、余光中的《車過枋寮》是以遊客的身份，路過屏東枋寮時，所產生的一份驚喜。

2、楊喚的《夏夜》是以兒童的口吻，並以擬人的手法，描寫農村夏夜的景致。

㈥表達技巧方面

1、余光中的《車過枋寮》，第一段寫甘蔗，第二段寫西瓜，第三段寫香蕉，每段的前四句都表達一個完整的意念，並透過主觀的想像和攝取，使整首詩洋溢著鄉土的氣息，節奏輕快，聲調諧暢。

2、楊喚的《夏夜》首先以蝴蝶、蜜蜂、羊隊、牛羣、太陽回家和街燈亮起，暗示夏夜的來臨。接著由小雞、小鴨睡了，小弟弟、小妹妹也走向夢鄉，寫出夏夜的靜謐與溫馨。最後以南瓜、小河、夜風還醒著的情景，爲安詳的夏夜增添了活潑的盎然生機。

㈦內容方面

1、余光中的《車過枋寮》先運用「聯想法」，從眼前所見的雨景寫起，透露屏東豐饒的物產特色：盡是甜甜的瓜果。在藉由大地的守護者——牧神，道出其中無限旺盛的生命力。最後以鹹鹹的海，來映襯山海的變化。

2、楊喚的《夏夜》是從夏夜降臨前的黃昏寫起，進而描述夏夜的富麗和靜謐的夜景，並以一些輕盈的動態，反襯出深夜的安靜。

㈧韻律方面

1、余光中的《車過枋寮》雖是一首自由的現代詩，但仍有傳統押韻的形式。全詩除了第三段一韻到底外，其餘均以換韻的方式呈現，詩人「以聲達情」的律動效果，算是新詩中，難得一見音樂性十足的格律詩。

2、楊喚的《夏夜》因爲以兒童純眞無華的語氣寫詩，所以押的韻腳並不多，只押了三個韻腳：ㄜ、ㄢ、ㄥ。其餘的律動效果和余光中的《車過枋寮》一樣，是以使用大量的類疊句，以重唱或疊唱的方式，節拍是起伏自如，和讀者的呼吸起伏，和脈搏的跳動有著同一步調，其內在的節奏與自然的音韻，更能表現出兒童詩歌天眞無邪，以及樸實無華的格律。

二、關於水果

㈠西瓜

1、由來

早在清朝初年，西瓜就已經成爲台灣南部居民常吃的水果，也是進貢的佳果，所以又稱「萬壽果」。根據《台灣通史》卷二十七《農業篇》記載：「西瓜種自西域，沙地爲宜，色綠，其瓤有白、紅，味甘性冷。」說明西瓜之所以名爲「西瓜」，乃因其種自西域而來之故。

2、品種

西瓜屬蔓生植物，屬葫蘆科，葉掌狀，有卷鬚，果實多肉多汁，花多作黃色，在台灣的品種甚多，有大西瓜、無子西瓜、小玉、小鳳，還有澎湖特有的嘉寶瓜。其籽可加些香料和鹽而炒熟，供茶餘飯後的零食之用。

3、詞語及成語

(1)瓜葛：比喻相連的親戚關係，或是彼此的糾紛；如瓜葛藤蔓的牽纏。

(2)瓜代：語出《左傳》的「及瓜而代」，就是等到明年瓜熟之時，再由下一班次代替；有輪流替換的意思。

(3)瓜分：像切瓜似的分割財物。

(4)沈李浮瓜：比喻夏日的清涼享受；指炎炎夏日，將瓜、李置於沁涼的水中後食用。

(5)瓜瓞綿綿：比喻子孫旺盛，如瓜之連綿。

(6)瓜熟蒂落：比喻時機成熟，事情自然會成功，就如瓜熟度夠了，蒂自然會脫落。

(7)瓜田李下：比喻處是非之地，易遭人嫌疑；如同在瓜田裡穿鞋，在李樹下戴帽，都會被人懷疑偷摘瓜李，故宜避免。

(8)甘瓜苦蒂：比喻世界上沒有兩全其美的事；就如瓜是甘甜的，可是蒂往往是苦的，但也象徵苦盡甘來。

(9)破瓜之年（瓜字初分）：指女子十六歲，因「瓜」字可分爲兩個「八」字，所以加起來便是十六。

4、俗諺語、歇後語

(1)旺來頭，西瓜尾：這是說明鳳梨和西瓜最甜的部位。

(2)半暝肨西瓜，反症：意思是說西瓜性冷，半夜不適合吃西瓜，否則會有身體不適的症狀出現。

(3)西瓜偎大邊：是說人勢利，看哪邊的靠山較穩，就移向勢力強大的一邊。

5、詩句集錦

(1)自拔快刀，切綠沈西瓜，不亦快哉。——金聖嘆

(2)瑩玉杯，青玉斝，恁般樓台正宜夏，都輸他沈李浮瓜。——馬致遠

(3)原上摘瓜童子笑，池邊濯足斜陽落，晚風前個個說荒唐，田家樂。——鄭燮

6、遊戲

「西瓜棋」是以一種西瓜圖樣爲棋盤，雙方以黑白棋分之，先依圖所示置五個棋子，依序在每一個交叉線點走一步。若能將對方棋子包圍，便可取其棋子，直至吃完對方棋子爲止。

西瓜棋

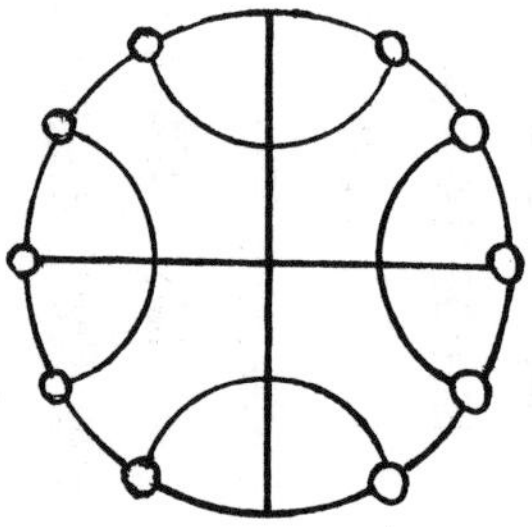

7、台灣童謠——《西瓜》

藤絲絲，葉缺缺，紅關公，白劉備，青張飛，桃園三結義。紅關公，白劉備，青張飛，桃園三結義。

8、關於西瓜的新詩作品推介：羅青《吃西瓜的方法》

《吃西瓜的方法》是羅青在台灣現代詩壇，象徵六十年代至七十年代承先啓後的代表作。《吃西瓜的方法》是其中膾炙人口的作品，以新詩的形式論「吃西瓜的方法」，是

十分創新的。至於如何吃，就像「倒吃甘蔗」一樣，第六種，不說。第五種，先談西瓜的血統。第四種，再談西瓜的籍貫。第三種，西瓜的哲學。第二種，西瓜的版圖。至於第一種，吃了再說。有意思吧！預知詳情如何，買一本來看，便知了。

9、關於西瓜的現代散文推介：陳幸蕙《碧沈西瓜》

這是一篇描述作者看到西瓜的生長，以及享用西瓜的各種美味。

肆、思考與練習

一、旅遊專欄

爲因應隔週休二日，倡導休閒活動，讓青少年有知性且能寓教於樂，接觸大自然，也接觸自己成長的鄉土，瞭解自己的家園，進而深入瞭解本課的旨意；如此的副學習，方不至讓教學只是紙上談兵，無關實際生活，且經由教師的課外活動設計，更能導引青少年從事知性與感性的活動，增加人生的體驗、生活的歷練。

㈠資料收集

1、主題是「南台灣」或「南部海岸線」、「屏東、枋寮」、「鵝鑾鼻」、「採果之旅」等分組從圖書館、文化中心、電腦網路、報章雜誌等去收集各項資料。

2、資料整理：除書面文字的報告，須加美工的編排之外，若能配合多媒體的整合更佳。

㈡資訊發表

1、書面報告：各組以所整理的資料作靜態展示。

2、上台報告：除了口頭報告之外，若能以大型圖片（例如月曆、海報）或投影片、幻燈片、電腦動畫等聲光展示，效果更佳。

㈢遊記習作

1、活動安排：可以全班作一日遊的近郊田園活動，例如採果、種菜、挖蕃薯等；或由個人和親朋好友相約作山間、海邊之遊。

2、遊記發表：可以寫在摘記上，或作日記、新詩、記敘文的練習。不論以任何形式寫出，都得注意「寓情於景」、「情景交融」的原則，才能寫出有深度的佳作，而不至成了流水帳。

二、新詩的語言

法國象徵派詩人梵樂西曾經說過一句話：「我們不是用思想或感情寫詩，而是用語言。」爲什麼會如此說呢？因爲思想和情感只是詩的內容，而不是詩的全部；完整的詩，必須包含形式和技巧，而語言就是形式和技巧的工具。藉由語言的思考推敲及匠心的設計，才能將思想和情感完美地呈現，使讀者有一種驚豔的感覺。所以「語言」是詩的工匠，經過精心雕琢之後，才能產生一件不朽的作品。更何況詩是精緻的文學，特別講究鍛字鍊句的功夫，而理想的詩的語言，應是知性與感性並重，傳統與現代兼具，直接與間接並重，具體與抽象揉合，讓語言的魔力，使詩的意象更鮮活起來，而不是一盤散沙，或是一組不易瞭解的密碼。

㈠知性與感性

知性的語言，如：「我的雙眼看到風景裡的小花」是直接將眼前看到的事物敘述出來，是眞，但缺乏感性，如果將次序變換一下，就變成了「小花是風景的眼睛，它望見了我」，於是自然產生了「物我合一」的境界。但太過於感性則易流於浮泛，就如少年不知愁滋味，爲賦新詞強說愁了。

㈡傳統與現代

傳統不一定是舊的，現代也並能和傳統融合。例如：「愛」自古皆然，若能運用典故中的情事，並會增加詩的深度與意涵。譬如一句「你是從舞台走來的茱麗葉，還是從蝴蝶蛻變的祝英台？」兩位中外倩女，正是美麗的化身，用在新詩裡，一點都不含糊，反而令人有更多的遐想。

㈢直接與間接

有時候話能委婉道來，才能使讀者有深刻的省思，因爲「說出是破壞，暗示才是創造」。如：「路是一條令人不忍踏上的記憶」，可能指的是從前走過的不歸路，也可以說是一段傷痛的往事等。如此間接的表達更能道出心中的「不忍的回憶」。但過份的隱藏原意，也容易造成晦澀難懂的語言，故宜適可而止。

(四)抽象與具體

具體的事物可以直接描寫，但抽象的感覺，就得靠具體的事物來傳達。如：「斷了線的風箏／再也回不了溫暖的手」，用風箏任風吹送，飄落異處，說明失去的難再追回。

三、新詩寫作教室

以前有一句流行廣告詞，是這麼說的：「學琴的孩子不會變壞」，同理可證，「學詩的孩子，思想、氣質一定好」，爲什麼呢？因爲現今一切追求速食、粗糙的流行文藝，所以青少年只知沈溺其中，情感依然無所寄託，情緒無法發洩；若能教導他們發揮想像力、創造力，去研讀新詩，進而習作新詩，讓夢想飛翔起來，有朝一日他們將會擁有一個絢爛多姿的回憶。

(一)詩句的練習

1、修辭練習

(1)類疊造句

請以「多少甘蔗，多少的希冀！」、「多少西瓜，多少渾圓的希望」爲例，仿造兩個文句。

a、多少康乃馨，多少的感恩！

b、多少雁行，多少的鄉愁！

c、多少甲骨文，多少的智慧！

d、多少路人，多少的忙碌！

(2)轉化造句

本課中，以「一大幅平原舉起／多少甘蔗」是以物擬人；「一大張河牀孵出／多少西瓜」是以物擬物。請各造一個以物擬人、以物擬物的句子。（／是新詩換行的代表符號）

a、一大座長城紀錄／多少興衰。

b、一大片竹林奏起／多少小夜曲。

c、一條條街燈呼喚／多少離鄉遊子。

d、一張張大口吃掉／多少高速公路。

2、想像的捕捉

英國詩人雪萊說：「詩是想像的表現」，有了想像，詩才有豐富的色彩，當思想展開了翅膀，神奇的仙女棒，便能化腐朽為神奇，化平淡為讚嘆。美國作家海明威說：「藝術孕育於想像，沒有想像，就沒有藝術。」所以，當一件作品產生，其想像力的多少，決定藝術效果的強弱；而想像力的深淺，和藝術感染力也成正比。看山是山，看水是水的人，是無法成為詩人；看山如錦繡屏風，看水如緩緩衣帶，是凡眼；看青青山脈如智者的不惑，看滾滾長江東逝水，想到浪花淘盡古今多少英雄豪傑！才是具備詩人的條件。所以要詩寫得好，一定要像《封神榜》裡的楊戩，像《七俠五義》裡的包拯，因為他們比凡人多了一隻眼睛，而「想像力」就是那「第三隻眼睛」，第三隻眼睛可以看到凡人所不能見的事物，可以將一粒沙想像一個世界，可以捕捉剎那將它化作永恆。因此想像力的訓練是寫作新詩的主要利器！

(1)接近聯想

對於所要描寫的事物找出和它最接近的物件來進行聯想。例：寶劍——英雄、愛情——玫瑰等是第一層次的聯想，也是最簡單的聯想。

試作習題：母親——□□、佳人——□□、落葉——□□、夏夜——□□□。

母親——白髮、佳人——才子、落葉——深秋、夏夜——螢火蟲。

（非對偶題，所以字數不限，配對的詞句也不限一個答案，以下皆是。）

(2)類似聯想

對所想要描寫的事物，找出和它形象、性質酷似或略似的事物加以想像。這是比「接近聯想」較高層次的訓練。

試作習題：蘆葦——□□、舞台——□□、玫瑰——□□、眼睛——□□□□。

蘆葦——白浪、舞台——人生、玫瑰——愛情、眼睛——靈魂之窗。

(3)對比聯想

對於想要描寫的事物，故意找出和它性質不同、形象迥異的事物，作恰如其反的表達。

試作習題：星光——□□、峻嶺——□□、永恆——□□、海角——□□。

星光——豔陽、峻嶺——深谷、永恆——剎那、海角——天涯。

(4)歷史聯想

將主題事物和歷史中的人、事、物相結合。

試作習題：菊花——□□□——□□□、李白——□——□、橋——□□。

菊花——陶淵明——桃花源、李白——酒——月、橋——送別。

(5)象徵聯想

將主題的人、事、物和本身的代表事物作一聯想。

試作習題：鴿子——□□、沙漠——□□、旭日東昇——□□。

鴿子——和平、沙漠——乾枯、旭日東昇——希望。

(二)新詩習作

請任選一種台灣所產的水果寫一首新詩，行數不限。

1、《吮柚》／之琦

更加秀色可餐，白露過後的你
渾厚的心
被青澀的外表重重包圍
一瓣瓣　一瓣瓣　一瓣瓣又一瓣瓣
沁出母親孕育的乳汁，從雙手
撕　裂

2、《孤梨》／之琦

沈甸甸
水噹噹
像一條鬥魚
不能分享　甜美
暗自消沈　乾**癟**

四、新詩朗誦比賽——以聲傳情

詩是需要朗誦出來的音樂文學，而不只是如圖畫、雕塑只是視覺藝術，所以它不僅僅是「詩」，也是「詩歌」。古代詩人每完成一首詩，常會搖頭晃腦地頌讀一番，用聲音來感受詩的節奏、韻律是否自然流暢？有時交由歌伎來作精湛的表演，或者文人雅士聚會時，也常是彼此觀摩、娛樂的活動。因此如何運用聲音的美學，來傳達詩的韻律感，便是值得大家一起來研究、揣摩。

㈠朗誦詩的由來

1、我國

朗誦詩的由來已久，早在文字發明以前，人們便以口頭傳頌，這是口頭詩歌，而《詩經》裡的《國風》是日後以文字記載的最早朗誦詩。至於朗動的樂譜，可能年久失傳，可能就是焚於秦火的《樂》這部經書。在古代人們生活中的音樂，除了世代相傳的民歌之外，最流行的歌曲便是當時人們的作品，所謂「凡有井水處便歌柳永詞」。直至抗戰時期因爲時勢所趨，「朗誦詩」才正式啓用掛名。

2、外國

在西洋，最早的朗誦詩是古羅馬盲詩人荷馬的《依里亞特》和《奧賽德》兩部史詩，而朗誦詩的高手是哲學家柏拉圖。在巴黎的法蘭西歌劇院，每週日早上會有「詩之晨」的節目，是由劇院的名角來朗誦法國最著名的詩篇。

㈡朗誦詩的效果

有人認爲聽朗誦詩會頭皮發麻、雞皮疙瘩掉滿地；其實是錯誤的說法。因爲當頭皮發麻時，是因爲詩的震撼力和感染力已湧上聽者的耳朵；而雞皮疙瘩掉滿地，是因爲欣賞的心理還未來得及準備和不習慣所致。據說民國三十四年昆明西南聯大紀念「五四」的晚會上，當代詩人聞一多現場朗誦艾青的名詩《大堰河》，讓全場上千的聽衆，感動得淚流滿面，包括一向懷疑朗誦詩的朱自清，終於肯定聽的詩歌也是詩，它和看的詩歌確有動人之處。

㈢朗誦詩注意事項

朗誦詩是一種提供大衆欣賞的詩，所以選擇表演的詩，必須是要能打動人心，或引起情緒的詩。用聲音表演詩歌，詩隨聲音稍縱即逝，而無法在腦海思索太久的時間，所以選擇的朗誦詩必須是能用淺白的語言，使欣賞者容易理解，最好帶一點戲劇效果，更有助會意。聲音業隨情感起伏，作抑揚頓挫的表現，但不宜一味作誇張的情緒性吶喊，那是會造成反效果。

㈣朗誦詩的示範

詩，它原本就是一種生命的表達，但，若是經由人們充滿感情、具有表情的聲音來詮釋，這一首首詩，便將展現不同於平攤在紙上的躍動感、節奏分明的層次感，於是，詩，變得多采多姿了！

人類的聲音是具多變性的，世界上不會有不同的兩個人卻擁有相同聲音的可能性，可能像極了！卻只是「像」，而不是「一樣」，兩個人的音質上、音域上，必定有相當程度的差別，然而，朗誦的第一個重心，便是落在聲音的變化、層次的遞增、遞減及朗誦者灌注在聲音裡的感情上！

那麼，朗誦的另一個重心是什麼？舞台設計。

舞台設計包括的層面太多，不論是肢體語言（Body Language）、布幕、道具、服裝、造型、配樂、音效、舞台上的走位、定位，都可以爲整首詩添上多變的戲劇色彩，使之更能突顯出詩的主題及精神，也可以爲詩表現出趣味性。

當我們在朗誦詩時，很重要的一點——注意每一句的最後一字的發音。例如：「長途車駛過青青的平原」（本課《車過枋寮》）最後一個「原」字，是一個平聲字，在唸時，便要將尾音拉長。若是上聲字，例如：「雨落在屏東的甘蔗田裡」（本課《車過枋寮》）的「裡」字，聲音的轉折點一定要唸出來、唸完。仄聲字，例如：「多少甘蔗，多少甘美的希冀！」中的「冀」字，便要簡短有力地讀出來。這樣的話，朗誦的基本韻味便抓到了！

在一般的朗誦表演或比賽時，通常會把朗誦者依照男、女及音質音高的差別將其大略分成四個聲部，包括了男高、男低、女高、女低，而在整個表演或比賽中，又會聽到男獨誦、女獨誦、男合誦、女合誦，及大合誦的部分。

我們常利用男女聲音的高低差異來製造聲音的層次感：或者以人數多寡來形成聲音的微弱氣息及磅礡氣勢，更可以利用疊誦的方式强調主題及呈現詩的鮮明節奏；輪誦的效果在於令人低迴吟詠、欲罷不能；輕而清楚的襯底可將主題以「綠葉配紅花」的形式來彰顯！其他還有許許多多的朗誦技巧，在這裡僅列舉數種來做簡略的說明。

朗誦的技巧固然在表演或比賽中佔了相當重要的地位，但整首詩的呈現，最具生命的，卻是聲音中的感情。在朗誦詩時，若只注重技巧，而不去付出感情，即使那技巧多麼精采，契合度多高，整首詩卻已失去它的生命，僅僅是文字，胡亂拼湊在紙上的文字罷了！把自己融入詩的意境裡，假設自己是詩中的主角，用最富感情的聲音去「演」這首詩，讓聲音不再只是一種波，而是一種能用心去體會箇中酸甜的藝術品。

現在便以《車過枋寮》爲例，做一個範例。

第一節

女獨 雨落在屏東的甘蔗田裡，

女低 甜甜的甘蔗 甜甜的雨，女高

男低 肥肥的甘蔗 肥肥的田，男高

男獨→雨落在屏東肥肥的田裡。 男合 合誦

女合分解→雨雨落在落在屏東肥肥的田裡

男獨 從此地到山麓，

（將右手由胸前擺動到右上側）

男高 一大幅平原舉起 男合 合誦

分解→一大幅平原舉起舉起舉起

（唸到「舉起」時可用雙手做抬舉的動作）

女獨 多少甘蔗，多少甘美的希冀！女獨

男低 長途車 駛過青青的平原，男高

男獨 檢閱牧神 青青的儀隊。女高（全體做踏步的動作）

女低 想牧神，多毛又多鬚，女合

女獨 在那一株甘蔗下午睡？ 女合

女獨 女獨分解→在那一株那一株那一株甘蔗下午睡

（唸到「那一株」時可用手指做點物的動作）

第二節

男獨 雨落在屏東的西瓜田裡，

女低分解→甜甜的甜甜的西瓜甜甜的雨

女獨 甜甜的西瓜 甜甜的雨，女高

男低分解→肥肥的肥肥的西瓜肥肥的田

男獨 肥肥的西瓜 肥肥的田，男高

女合／合誦：雨落在屏東肥肥的田裡。
女獨 ← 男合分解 → 雨雨落在落在屏東肥肥的田裡

女獨從此地到海岸，（將在手由胸前擺動至左下側）

女高一大張河牀孵出（↑女合　↓合誦）
分解↓一大張河牀孵出孵出孵出

男獨多少西瓜，多少渾圓的希望！男獨

女低長途車駛過纍纍的河牀，女高

女獨檢閱牧神纍纍的寶庫。男高

男低想牧神，多血又多子，男合

男獨　究竟坐在那一隻瓜上？（男獨）
男獨 ← 合誦分解 → 究竟坐在那一隻那一隻那一隻瓜上
（唸到「哪一隻」時用手指做點物的動作）

第三節

男獨雨落在屏東的香蕉田裡，
女獨雨落在屏東的香蕉田裡（疊誦）

女獨 ← 女低 → 甜甜的香蕉甜甜的雨，女合
女高分解 ↓ 甜甜的甜甜的甜甜的香蕉甜甜的雨

男獨 ← 男低 → 肥肥的香蕉肥肥的雨。男合
男高

合誦雨落在屏東肥肥的田裡。

女獨雨是一首溼溼的牧歌，
女高是一首溼溼的牧歌（疊誦）

男獨路是一把瘦瘦的牧笛，
女低是一把瘦瘦的牧笛

男合（男生用右手划至右側，女生用左手划至左側）

女獨吹十里五里的阡阡陌陌。合誦
女低 →
女合分解 ↓ 吹吹吹十里五里的阡阡陌陌

合誦雨落在屏東的香蕉田裡，

女低→胖胖的香蕉←男低

女低←肥肥的雨，→男高

男高→胖胖的胖胖的香蕉肥肥的肥肥的雨

男、女低長途車駛不出牧神的轄區，男女高

合誦路是一把長長的牧笛。

第四節

男高❖甜甜的甘蔗女高

甜甜的西瓜女低

甜甜的的香蕉女高

（襯底）

正說←男高 屏東是最甜的縣，→男獨 男合

分解→正說正說屏東是最甜的縣

男合分解→屏東屏東是方糖砌成的城

屏東是方糖砌成的城，←男獨

❖甜甜的甘蔗女高

甜甜的西瓜女低

甜甜的香蕉女高

（疊誦）

男獨忽然一個右轉，最鹹最鹹，女獨

（身體轉向右邊且向後傾做驚嚇狀）

合誦劈面撲過來（身體轉回來並做出撲向自己的動作）

合誦那海。（全體左右手攤開，顯示海的寬闊）

以上便是對詩的大略處理，其他的舞台效果也視空間、時間的限制做適度的變化，呈現詩的方法有很多種，況且人的創意空間是無限的，隨時隨地便有令人拍案叫絕的創意，將之運用在詩的演繹上，一定能收到極好的效果！

另外，整體的肢體動作不宜過多，會令人看得眼花撩亂，而造成反效果；在唸詩時，身體要自然的律動，才不

會顯得太僵硬！

四、新詩閱讀書籍介紹

不盡長江滾滾來——中國新詩選注　陳義芝　幼獅

從徐志摩到余光中　羅青　爾雅

新詩五十問　向明　爾雅

現代詩入門　蕭蕭　故鄉

中學白話詩選　蕭蕭　故鄉

一首詩的完成　楊牧　洪範

中國新詩研究　瘂弦　洪範

新詩賞析　楊昌年　文史哲

（林嫺雅、黃思宜、南飛）

五、律詩選

／孟浩然
／王維
／杜甫

壹、作者參考資料

一、迷花不事君的孟浩然

孟浩然，本名浩，字浩然，後以字行，名遂不傳。唐朝襄州襄陽（今湖北省襄陽縣）人，世稱孟襄陽。生於武后永昌（載初）元年己丑（西元六八九年），卒於玄宗開元二十八年庚辰（西元七四〇年），享年五十二歲。是盛唐有名的詩人，著有孟浩然集。

他非常喜歡陶淵明的詩，曾說：「我愛陶家趣，林園無俗情。」受陶淵明的影響很大，作品常常呈現出一種閒淡曠遠的心境，他也擅長於描寫山水風光和田園景色等自然界的靜趣。

孟浩然年輕時好節義，重交游，喜歡為人救患解紛。三十歲以前，一直在家過著耕讀生活，三十歲以後想出來做事，曾到過長安和洛陽，希望找到仕進的機會，以展抱負。可惜的是，他在外面雖然結交了一些名公巨卿，文人墨客，如張說、王維、崔宗之等，他們都很推崇他並極力替他延譽，但始終是懷才不遇，不能見用，只好回到鹿門山隱居。

在他到長安時，曾發生了兩件韻事，就是有一天，他和京師裡的朋友們在祕書省雅集作詩，大家輪流聯句。那時秋月新霽，該孟浩然吟對時，他即景生情，唸道：「微雲淡河漢，疏雨滴梧桐。」朋友們聽了，個個讚美不已，自認再也寫不出更好的句子了，都為之擱筆停吟。

還有就是有天王維在宮中待詔，請他一道去那裡談論詩文，正談得高興時，沒想到唐玄宗忽然駕到。孟浩然是一位平民，不適宜見駕，便急急忙忙地躲進牀下，但還是被玄宗發覺了。王維不敢隱瞞，照實奏明。玄宗聽了非常高興，說：「我久聞孟浩然詩名，只是沒有見過他。為什麼看到我竟害怕得躲了起來呢？」就命孟浩然出來，並問他近來有沒有什麼新作品，可朗誦來聽聽。孟浩然大概是太過緊張，一時想不出別的詩，惶急中想到不久前作的一首《歲暮歸南山》詩，便脫口朗誦出來：「北闕休上書，南山歸敝廬；不才明主棄，多病故人疏。白髮催年老，青陽逼歲除；永懷愁不寐，松月夜窗虛。」玄宗聽了很不高興地說：「是你自己不出來做官，我那曾拋棄過你，為什麼要這樣誣賴我呢？」孟浩然得罪了皇帝，當然巴望不到一官半職，只好回歸故鄉，過他的隱士生活。（見新唐書本傳）這個故事，宋朝人孫光憲撰著的《北夢瑣言》所記載的，內容上則稍有不同。就是李白任職翰林時，孟浩然到京城找他。有一天，玄宗召李白入宮談話，提到孟浩然，李白上奏說，孟浩然是他的好朋友，正在他家裡。玄宗便立即下旨召見孟浩然。孟浩然面謁時，玄宗叫他朗誦近來佳作，孟浩然隨即誦出那首《歲暮歸南山》詩作，玄宗聽了心裡甚為不悅：「從沒有看到浩然你進書、朝廷不採用、黜退你。你為什麼不誦『氣蒸雲夢澤，波撼岳陽城』那首詩呢？」因此不授給官職。按玄宗所念的那兩句詩，是孟浩然《臨洞庭上張丞相》詩中的句子，有請求援引出仕之意。原詩如下：

八月湖水平，涵虛混太清，氣蒸雲夢澤，波撼岳陽城。欲濟無舟楫，端居恥聖明，坐觀垂釣者，徒有羨魚情。

從古以來，酒和詩人作家似乎是分不開的，孟浩然自不例外，為了喝酒，有時連正事都不管，生命也不愛惜。如玄宗開元二十二年，朝廷設十道採訪使，襄州刺史兼山南東道採訪使韓朝宗，想把孟浩然推薦給朝廷，邀他一同進京，並約好見面日期。到了約定那天，孟浩然好像忘了似地和朋友們聚會飲酒，吟詩作樂，雖然朋友一再提醒他和韓朝宗的約會，但孟浩然卻很不耐煩的說：「算了吧！我酒正喝得開心，管他什麼事。」結果沒去赴約，坐失了一次做官的機會。韓朝宗為此很生氣，但他並不後悔。後來李白寫了一首《贈孟浩然》詩：「吾愛孟夫子，風流天下聞。紅顏棄軒冕，白首臥松雲。醉月頻中聖，迷花不事君。高山安可仰，徒此揖清芬！」當中的「醉月頻中聖，迷花不事君」，就是隱指此事。（見《唐書．孟浩然傳》）同時開元二十八年時，王昌齡到襄陽拜訪孟浩然，那時他背上正長了一個毒瘡，不可以喝酒或吃鮮魚。因為看到王昌齡，心裡太高興了，忘記了顧忌，陪著他吃喝談笑，還吃了鮮魚，病毒因此加深，終於病發而死。王維聞訊後非常傷心，寫了一首《哭孟浩然》詩說：「故人不可見，漢水日東流，借問襄陽老，江山空蔡州！」

終孟浩然一生，雖然沒做過什麼高官，但由於他的詩名，倒很受當世人的尊崇。如王維經過郢州時，曾在刺史亭上為他畫像，那亭因此稱做「浩然亭」。以後的刺史卻認為不可犯賢者的名諱，故改稱為「孟亭」。讀書人能有

此殊榮，眞可以無憾了。（見《中國文學家小傳》）

二、全才的藝術家王維

王維，字摩詰，世稱王右丞。唐朝太原祁（今山西省祁縣）人。生於武后大足元年辛丑（西元七〇一年），卒於肅宗上元二年辛丑（西元七六一年），享年六十一歲。玄宗開元九年辛酉（西元七二一年）考中進士，任大樂丞。不久因事受累，被貶爲濟州司倉參軍，張九齡爲中書令時，才擢他爲右拾遺。歷官監察御史、左補闕、庫部郎中、給事中、太子中允、中庶子、尚書右丞等職。著有《王右丞集》。

自小聰慧，九歲時就能寫文章，幾首有名的詩，像《洛陽女兒行》、《九月九日憶山東兄弟》、《桃源行》、《李陵詠》等，都是他少年時期的作品。他的詩使他出了名，中了舉，最後更因它而逃過一劫。那就是在他十九歲這年，到長安參加京兆府試時，和他交情不錯的岐王李範對他說：「你的詩作得很好，可再寫幾篇，配上新曲子，我帶你去見見九公主。」在岐王的安排下，王維扮作樂人，在公主的宴會上用琵琶伴唱了一曲《鬱輪袍》，博得了公主的讚賞後，便獻上平日所作詩文。公主看了非常訝異，對王維說：「這些都是我平日最喜歡誦讀的啊！原以爲是古人的作品，想不到竟是你寫的。年紀輕輕，實在難得。」就請他上座，並告訴他，會授意主考官，在京兆府試時取他爲解頭。結果王維果眞考了第一名。（見《集異記》）還有當安祿山叛亂，進佔長安時，玄宗倉皇出奔到四川，王維來不及逃出，被賊兵捉住。爲了不願腆顏事敵，他故意服食下痢的藥，假裝瘖啞來逃避僞職。但是安祿山一向仰慕他的才華，派人把他接到洛陽，軟禁在菩提寺，强迫他擔任「給事中」的官職。有一天，安祿山在凝碧池大開筵席，被召來演奏助興的梨園樂工，個個悲傷落淚，王維更是痛心萬分，便偷偷地寫了一首《凝碧詩》：「萬戶傷心生野煙，百官何日再朝天？秋槐花落空宮裡，凝碧池頭奏管絃。」安祿山平定，肅宗回鑾後，凡任僞職的官員都按律定罪。肅宗由凝碧詩中了解了王維陷身賊中的無奈和痛苦，加上他任官刑部侍郎的弟弟王縉，請求削去自己的官職替他贖罪，肅宗便赦免了他，並任命他爲太子中允，不久又遷爲中庶子和尚書右丞。（見《舊唐書》和《新唐書》）

在從前，詩和音樂的關係是非常密切的，善於寫詩的王維，對於音律當然也很精通，他那具有音樂美的詩，有許多成爲當時的流行歌詞，如知名的《渭城曲》，被譜成「陽關三疊」後，便成爲專用作送別通用的歌。因爲這個原因，所以傳說他能從畫中看出彈奏的曲子。有一次，有位客人拿了一幅上面什麼提示也沒有的《奏樂圖》給王維看，王維看了後告訴客人說：「這張圖畫描繪的是演奏《霓裳羽衣曲》第三疊第一拍的情景。」客人當然不會相信，畫師畫奏樂只能畫一聲，那一種曲沒有此聲，怎麼能斷定它畫的就是霓裳第三疊第一拍呢？於是找來一些樂師演奏此曲，果然一點也不錯，正是畫的那一拍。（見《國史補》）

除了詩和音律外，王維的畫也畫得很好，他的畫以水墨寫山水平遠雲勢石色，清潤精妙，是南宋文人畫之祖，影響後代很大。宋朝的董源、米芾，元朝的倪瓚、黃公望，明朝的董其昌等，都繼承了他的畫風。因爲這樣，所以有關他的傳說也很多，如說他曾送給提拔過他的岐王一幅畫，畫中繪有一塊大石頭。岐王非常珍惜，沒事時常獨自坐著觀賞。幾年後的某天，忽然雷電大作，風雨交加，岐王府藏畫室的屋頂無緣無故地被打壞了。等到風雨過後，岐王發現王維送他的那幅畫中所畫的石頭竟然消失不見了，覺得非常納悶，心想難道那畫中的石頭是被剛才那陣風吹走，而屋頂是被那石頭弄壞的嗎？這猜想一點也沒錯，不過謎底在幾十年後才揭曉。就是到唐憲宗時，高麗（今韓國）派了一個使臣送來一塊石頭，說某年某月的某一個大風雨的日子，一塊奇石飛到他們境內的神嵩山上，那石上有王維的字印，知道是中國東西，不敢擅留，所以特派使臣來呈還。憲宗覺得不可思議，就命令臣下去拿王維的筆跡來比對，想不到眞的脗合。再翻閱長安的紀錄，使臣所說高麗大風雨的日子，竟然也和中國一樣，憲宗至此才相信。這雖是一則形容王維繪畫作品生動逼眞的虛構故事，但它卻也讓我們知道了王維可眞是一位全才的藝術家啊！（見《瑯嬛記》）

三、憂國憂民的杜甫

杜甫，字子美，祖籍杜陵（今陝西省長安縣東南），後遷居湖北襄陽，再遷居河南鞏縣。生於唐玄宗先天元年（西元七一二年），卒於唐代宗大曆五年（西元七七〇年），享年五十九歲。

幼年寄居在洛陽二姑母萬年縣君家，六歲上隨家人寄居郾城（河南許州），十四歲時開始出遊於翰墨之場，和岐王範、崔尚、魏啓心、李龜年等同遊。二十歲時出遊吳越，四年後才回歸東都。這年舉進士，不第。又再出遊齊趙（今山東與河北南部一帶），快意了四、五年，在三十歲那年才又回歸東都，築陸渾莊於偃師縣西北的首陽山下，此後三年就住在東京。三十三歲時和李白相識。翌年又再出遊齊魯，和李邕日宴遊於歷下亭和鵲山湖亭。三十五歲以後到四十四歲這段時間，大部分都住在長安，生活過得很不如意，潦倒到無以自活，不得不去市肆賣藥，賺取微小的生活費用。尤其是四十歲那年，不但肺部受陰濕之氣侵襲，且又染上瘧疾，眞是狼狽不堪。當時他的慘狀竟是：「瘧癘三秋孰可忍？寒熱百日交相戰。頭白眼暗坐有胝，肉黃皮皺命如線。」（病後過王倚飲贈歌）此後二、三年，生活仍然一貧如洗，而長安又因久雨米貴，所以他不得不去領取每人每日五升的減價糶與貧人的太倉米。到四十四歲時，任職右衛率府胄曹參軍，生活才稍稍有點改善。但好景不常，第二年，也就是他四十五歲時，安祿山起兵叛變，爲避安史之亂，他到處流浪，過的都是流亡的凶險生活，飽受著戰亂的苦痛剌戟。四十九歲時在成都闢建草堂落居，一直到他逝世的前兩年才離開。（見杜甫年譜）

草堂在成都浣花溪畔，是一低矮的茅草屋。據說杜甫初來到此處時，屋外是雜草叢生，怪石壘壘；屋內是環堵蕭然，四壁空空。他不禁傷感萬分地坐在一個樹墩上發呆。因爲又餓又累，竟迷迷糊糊的睡著了。等他一覺醒來，只見面前放著一碗黃澄澄的小米飯，一碟白生生的鹹菜，便狼吞虎嚥地把它吃了精光。吃完後才想到，在這人煙罕見的山野裡，怎麼會有這些飯菜出現呢？越想越不對勁，正困惑間，忽聽到一陣陣「吃吃」笑聲，抬頭一看，只見門口站著一位年輕的姑娘，正掩口在笑著。杜甫以爲遇到了神仙，連忙趨前向她道謝：「多謝仙姑賜飯之恩。」那位姑娘一聽，笑得更厲害。這時從外面不斷地擁進來一大羣人，他們手裡拿著鍋、碗、瓢、勺、桌、椅等，一會兒就把杜甫的家布置好了。原來他們都是住在後邊山凹裡的村農，聽說杜甫流落在此，特地趕來幫助他的。（見《藝林詩話》）

在草堂暫住的這個時期，杜甫除了稍微得到一小段平靜的日子外，處境仍不甚好，生活依然要靠友人的救濟。因此傳言在大曆三年（西元七六八年），他搬到了沙頭鎮的大街上開了一家「百草堂」中藥店，以賣藥維生，據說還發生了一件趣事呢！那就是藥鋪開張後，生意很興隆，因為搶走了其他藥店的生意，引起了同業的不滿，他們買通了荊南節度使衞伯玉衙門裡的一個書吏，乘機在衞伯玉面前說了杜甫一些不是的話，說他店名「百草堂」，誇口天下藥材無所不有，其實是想把人家都壓垮啦！衞伯玉於是開了一張藥單叫那位書吏去配藥，說如果沒有單上的藥，就砸掉杜甫草藥店的招牌。

那位書吏到了百草堂，拿出衞伯玉開的藥單，伙計一看，上面寫著：「行運早，行運遲，正行運，不行運」四味藥名。因為不懂，便趕忙去請教杜甫。杜甫知道是衞伯玉故意在刁難他，只是笑笑，就照單拿出一片蘿蔔乾，一塊生姜芽，一粒鮮李子，一顆乾桃僵。書吏一看，眞的有這四味藥，不禁傻了眼。但心裡有點不明白，便問杜甫為什麼藥單上的藥是這四種東西。杜甫解釋說：「蘿蔔乾是『甘羅』之意，甘羅十二歲就當了丞相，這是行運早。生姜芽是『姜子牙』之意，姜子牙八十三歲遇文王，這是行運遲。紅皮李子雖說酸不溜丟的，卻正是目前市場上的俏貨，可說是正行運。乾桃子是隔年的東西，經過雪凍霜打，算不得鮮果，只能入藥，所以說不行運了。」書吏聽他說的有理，連連點頭，無話可說，只得悻悻然地回去了。（見《藝林詩話》）

四、杜詩淺談

《詩・大序》說：「詩者，志之所之也。在心為志，發言為詩。」詩是詩人發抒個人情感的產品，小自個人的詠懷，大至整個社會的寫實，內容包含之廣之多，眞是難以計數。所以歷史上的許多有名詩人，後人就按他們的作品內涵來予以分類，說他們是山水詩人、田園詩人、邊塞詩人、浪漫詩人、寫實詩人等，這是由於他們詩風不同的緣故。而造成這種不同風格的原因，除了個人的志趣、際遇外，可說受社會環境的影響最大。蘇軾曾有一首詠琴詩說：「若言琴上有琴聲，放在匣中何不鳴？若言聲在指尖上，何不於君指上聽。」如果拿此詩句來打個比喻，那麼琴絃就是人的情懷，撥弄琴絃的手指，就是人類生活環境中的事事物物；彈弄的指法不同，發出的聲響當然有異。換句話說，社會給予每個人的是不同的遭遇，所以就有各種不同的喜怒哀樂，出現在各個不同時代不同環境的詩頁裡。杜甫的詩就是這樣鑄造出來的。他的詩是他個人一生的自述，也是他生活的那個時代的實錄。他含著血淚，用他那枝如椽之筆，寫下了當時社會眞實的一面，所以他的詩才有「詩史」之稱（見唐孟棨的《本事詩・高逸第三》）；又因爲他的文筆豪勁沈雄，氣象旁魄，遣詞用字處處是功力，所以明朝人楊慎，不禁發出由衷的讚美，說他「聖於詩」，詩聖又是後人給予這位苦難詩人的尊稱。要知道，「聖」是我國對於最完美的人的一種尊稱，連孔子都不輕易的許人，可見那是多麼難得到的一種尊銜。從歷史上的人物夠格被稱爲「聖」的來看，眞是寥若晨星，屈指可數。而在詩的王國中，杜甫竟被視爲詩聖，可見他在詩學上的造詣，及在一般人心目中的地位是如何的了。現在就來看看他是怎樣的大放異彩。

㈠杜詩的背景

1、家學淵源

杜甫的十三世祖杜預，世稱「杜武庫」，不但是有晋一代的名將，而且也以學術著名，曾替《左傳》做過注解（《左傳集解》）。他的祖父杜審言，也是發展五言律詩的一大家，和李嶠、崔融、蘇味道合稱「文章四友」，詩作和宋之問、沈佺期齊名。在這樣一個具有文學傳統的家學淵源根基上，自然能培養出他的文學興趣，及給予一種典範。如他的《曲江》詩中有這樣兩句：「傳語風光共流轉，暫時相賞莫相違。」王彥輔《麈史・卷中》就說：「杜審言，子美之祖也，其詩有『寄語洛陽風月道，明年春色倍還人。』子美『傳語風光』云云，雖不襲取其意，而語脈蓋有家法矣。」這一點也正提供了他「讀書破萬卷」的物質條件，使他能博覽羣書。又他在七歲時就能作詩，（《壯遊》詩：「七齡思即壯，開口詠鳳凰。」《進鵰賦表》：「臣自七歲所綴詩筆，向四十載矣，約千有餘篇。」）家學淵源也是一大助力。

2、身世遭遇

杜甫生於唐睿宗先天元年（西元七一二年），卒於代宗大曆五年（西元七七〇年），享年五十有九。在他短短的五十九年生命當中，大部分的時間都過著窮愁潦倒及流離失所的生活，經歷到很多人生上最痛苦的事。因爲他活著的那個年代，正是唐朝最多事之秋。種種的遭遇，很自然地在他的詩中，注入了一股迴腸蕩氣的氣勢，所以他的詩，不論近體、古體，五言、七言，長篇、短章，信手寫來，都是氣象磅礴，筆力萬鈞，且含有一種沈鬱蒼涼的味道。

3、博覽好學

杜甫之所以能有那麼大的成就，大部分是靠他的功力。因爲他「爲人性僻耽佳句」，所以常是「語不驚人死不休」（《江上値水如海勢聊短述》），這雖是他的自豪語，但從此語中也可看出他寫詩的用心之深。「新詩改罷自長吟」又是他寫詩的自白，這句話也道出了他作詩的用功之勤。但光靠苦思是不夠的，還必須要有其他條件來配合才成。那麼，杜甫的其他條件是什麼呢？那就是《中國文學史初稿》所講的這一段話：

杜甫認為要想把詩寫好，先得博覽羣書，下筆才能筆開生面。從他的詩中，知道他是怎樣地勤學。他喜愛宋玉的辭賦，並謂「風流儒雅亦吾師」；他喜愛徐陵、庾信的文章，取其清新、老成的特色；他喜愛鮑照的作品，取其俊逸縱橫的筆力；他陶冶在六朝人的詩篇中，勸勉他的兒子宗武，要「熟精文選理」，將《昭明文選》視為精讀的要籍。這些都說明了杜甫寫詩，是從傳統的作品中，吸取精華，從前人的寫作技巧中，攝取經驗。所以黃庭堅《答洪駒父書》稱杜甫的詩「無一字無來處。」

黃庭堅《答洪駒父書》稱杜甫的詩「無一字無來處」，《焦氏筆乘》（焦竑作）曾替這句話做了一段註腳：「山谷謂杜詩無一字無來處，今試拈一二。如『驂尾蕭蕭朔風起』，用漢《天馬曲》。『眼有紫焰雙瞳方』，用《馬經》語。『儒術於我何有哉』，用崔祥語。『孔邱盜跖俱塵埃』，用阮兢語。『詩卷長留天地間』，用劉楨語。『深山大澤龍蛇遠』，用左氏語。『遠山卻略羅峻屏』，用孫綽語。『十日不一見顏色』，用江淹語。『青蛙布襪從此始』，用謝元暉語。『青袍白馬更何有』，用庾信語。『舟人漁子入淵潋』，用海賦語。『關中小兒壞紀綱』，用梁到溉語。『十年厭見旌旗紅』，用甪里先生語。『文采風流今尚存』，用羊祜語。『丈夫蓋棺事始定』，用劉毅語。『明年此會知誰健』，用阮瞻語。『不分桃花紅勝錦』，用漢李夫人語。『即今耆舊無新語』，用張湛語。『陶冶性靈存底物』，用鍾嶸語。『一談一笑俗相看』，用王遇元語。『鄰雞野哭如昨日』，用張禹語。聊擧一隅，不可殫述。」

㈡杜詩的特色

1、文筆奔放沈雄、奇偉豪壯

方東樹批評杜甫的詩說：「大抵飛揚峍兀之氣，崎嶸飛動之勢，一氣噴薄，其味盎然，沈鬱頓挫，蒼涼悲壯，隨意下筆，而皆具元氣，讀之而無不感動心脾者，杜公也。」王世貞也說：「五言選體及七言歌行，太白以氣爲主，以自然爲宗，以俊逸高暢爲貴。子美以意爲主，以獨造爲宗，以奇拔沈雄爲貴。其歌行之妙，詠之，使人飄飄欲仙者太白也；使人慷慨激烈歔欷欲絕者子美也。」方王二人之言，不是溢美之辭，觀之杜詩，確可當之而無愧。短章如《秋興八首》、《望嶽》、《登高》，長篇如《奉先詠懷》、《北征》等詩，不但雄渾豐麗，沈著痛快，而且是鋪陳排比，渾涵汪茫，筆勢如排山倒海，直逼人來。尤其是那些長篇，所表現的更是悲壯淋漓，豪岩絕倫，滿紙充滿著鬱律縱蕩之氣，令人讀來，迴腸盪氣，低徊不已。

2、境界壯闊

杜甫生逢亂世，一生到處飄泊流浪，看的事物多，走過的地方也不少，浩浩江山，重重劫難，在他心中所激起的是故國之思，憂時之懷；所發出來的，自然是正義之聲，不平之鳴，以及對山川的浩歌。所以他的詩境極爲壯闊。茲舉一例，以見其一鱗半爪。

《苕溪漁隱叢話前集》（卷九）引《西清詩話》說：

洞庭天下壯觀，自昔騷人墨客，題之者衆矣。如「水涵天影闊，山拔地形高。」（僧可明）「四顧疑無地，中流忽有山。鳥飛應畏墮，帆遠卻如閑。」（許文化）皆見稱於世。然未若孟浩然「氣蒸雲夢澤，波撼岳陽城」，則洞庭空曠無際，氣象雄張，如在目前。至讀子美詩，則又不然。「吳楚東南坼，乾坤日夜浮。」不知少陵胸中吞幾雲夢也。

又如上面所提到的《秋興八首》、《奉先詠懷》、《北征》、《望嶽》，以及《古柏行》、《泊岳陽城下》等詩，在雄渾奇偉中所呈現的，就是一片壯闊的境界。

㈢杜詩的長處

1、筆法變化多

《東皋雜錄》記載說，有一次，有人問王安石，杜甫詩爲什麼妙絕古今。王安石回答說：「老杜固嘗言之：讀書破萬卷，下筆如有神。」杜詩的妙絕古今在此。因爲他能「讀書破萬卷」，所以能成就其詩的「大」；因爲他「下筆如有神」，所以詩的「變化」多。《峴傭說詩》說：「少陵五言古，千變萬化。」高步瀛說：「杜公五十六言，橫縱變化，直欲涵蓋宇宙，包括古今。」又說：「杜老五言長律，開闔跌蕩，縱橫變化，遠非他家所及。」杜甫的詩，在長篇方面，筆法變化之妙，確實如龍蛇之穿貫飛騰，縱橫錯綜，不可方物；鋪陳排比，渾涵汪茫，更是神來之筆。就拿「秋日夔府」這首詩來說吧！盧德水說它是

「起伏轉折，頓挫承遞，若斷若續，乍離乍合，波瀾層疊，無絲毫痕跡，眞絕作也。」杜詩筆法之妙，於此可見一斑。

2、用字高妙

詩有所謂「詩眼」，《中國文學史初稿》說：「詩眼的所在，即在詩句中以一字爲工巧的，如『星垂平野闊，月湧大江流』（旅夜書懷）中的垂和湧字，便是詩眼。」凡是「詩眼」，用字都很高妙，它能使整句詩顯得氣勢非凡，韻味無窮。杜詩中這種情形的用字很多，如「身輕一鳥過，這是句描寫一位驍將鞭馬向陣前飛馳而去的情形，「過」字不但用得輕快，而且表現出一種神氣活現的氣概。從底下《六一詩話》的這段記載，可看出這字用得非常好。

陳舍人從易……偶得杜集舊本，文多脫誤。至《送蔡都尉》詩云：「身輕一鳥□。」其下脫一字，陳公因與數客各用一字補之：或云「疾」，或云「落」，或云「起」，或云「下」，或云「度」，莫能定。其後得一善本，乃是「身輕一鳥過」。陳公歎服，以為雖一字，諸君亦不能到也。

他如「穿花蛺蝶深深見，點水蜻蜓款款飛。」（《曲江》二首之二）的「穿」和「點」字，葉夢得《石林詩話》說：「深深字若無穿字，款款字若無點字，無以見其精微如此。」還有如「映階碧草自春色」（蜀相）和「虛閣自松聲」的「自」字。這個「自」字爲什麼用的好呢？趙子常替它說出個原因，他說：「天地間景物非有厚薄於人，惟人當適意時則情與景會，而物之美若爲我設；一有不慊，則景物與我漠不相干。故公詩多用一自字，如『寒城菊自花』（遣懷）『故園花自發』『風月自淸夜』之類甚多。」又如《客夜》中的「客睡何曾著，秋天不肯明。」金聖嘆說：「何曾曾字妙，若有人寃其曾著者；不肯肯字妙，便似天有心與客作寃。」

3、下筆含蓄

任何文學作品，都是貴在含蓄，如果一覽無遺或言盡意窮，未免會使人覺得乏味。但要達到這種地步，文筆非要有很深的涵養工夫不可。杜甫的詩，這方面做的很好，也獲得很好的讚譽。如《韻語陽秋》說：「《客夜》詩云『客睡何曾著，秋天不肯明』，《陪王使君泛江》詩云：『山豁何時斷，江平不肯流』，不肯二字，含蓄甚佳，與陶淵明所云『日月不肯遲，四時相催迫』同意。」還有《客亭》詩的「聖朝無棄物，衰病已成翁」，顧修遠說：「孟浩然詩

『不才明主棄，多病故人疏』，此云『聖朝無棄物，衰病已成翁』，語相似而意更含蓄。」《江上》詩的「勳業頻看鏡，行藏獨倚樓」，《冷齋夜話》說：「詩句有含蓄者，如老杜勳業頻看鏡，行藏獨倚樓。」

4、用經入妙

前人有所謂作詩戒用經語，這是怕流於陳腐。但杜甫使用起來，非常自然巧妙，嵌合的天衣無縫，使人感覺到他用的不是經文或其他書文，如果功力不到家，是絕對辦不到的。茲舉數例如下：

⑴丹青不知老將至，富貴於我如浮雲。（《丹青引贈曹將軍霸》）用的是《論語》文句。《論語．述而篇》：「其爲人也，發憤忘食，樂以忘憂，不知老之將至云爾。」又「不義而富且貴，於我如浮雲。」

⑵孰云網恢恢，將老身反累。（《夢李白》）用的是《老子》語。《老子》：「天網恢恢，疏而不漏。」

⑶谷神如不死，養拙更何鄉。（《冬日洛城北謁玄元皇帝廟》）用的是《老子》語。《老子》：「谷神不死，是謂玄牝。」

5、善用重言（疊字）

詩章篇幅有限，最忌重言，用的不好，會令人生厭。但如用的好，不但能使詩句生動而顯得出色，而且描寫形象帶有情調，可使視覺與聽覺同時感受相應的刺激。如他用「恰恰」來形容黃鶯的啼聲，《中國文學史初稿》說它「新鮮而傳神」（《江畔獨步尋花》：留連戲蝶時時舞，自在嬌鶯恰恰啼。）又如寫初夏用「野日荒荒白」，寫秋夜用「涼月白紛紛」，寫遠水用「風動水茫茫」，那句中有力的重言，在在能給人深刻的感受。杜甫正像一個善於役用文字的魔術師，任何字只要讓他稍微改變方式使用，就有「點石成金」的功效。如「白露」「明月」是眼前常見的東西，但經他說成「露從今夜白，月是故鄉明」，就變成了一層新鮮的意思。如漠、娟、皎、淒、蕭、滾、深、款等字，非常平常，但讓他調配使用起來，說成「兵戈塵漠漠，江漢月娟娟。」「客子入門月皎皎，誰家擣練風淒淒。」「無邊落木蕭蕭下，不盡長江滾滾來。」「穿花蛺蝶深深見，點水蜻蜓款款飛。」卻給人一番不同的氣象、一種不同的感覺。

6、善用聯綿字

把平常的句子，用聯綿字使它變得有聲有色，這也是杜詩的特點。如「種竹交加翠，栽桃爛漫紅。」種翠竹和栽紅桃，都是庸俗無奇的字句，經他在適當的位置上加以適當的形容，就煥然改觀了。

杜甫生長在唐代多事之秋的動亂之際，一生過的都是貧窮困苦，顛沛流離的生活，雖然日後享有千古不朽的盛名，（韓愈《調張籍》詩：李杜文章在，光燄萬丈長。）但那畢竟只是身後的殊榮，正如他《夢李白二首》詩中所說的「千秋萬歲名，寂寞身後事。」所謂「文窮而益工」，難道眞是那一代詩聖杜甫的寫照嗎？（李炳傑作，錄自《民族少年》）

貳、課文參考資料

一、《過故人莊》賞析

本詩所描述的是作者到友人家去拜訪的經過情形，完全採用白描的手法，既不用典，也不雕琢，字字自然眞實，句句溫馨感人。開頭兩句說老朋友準備了雞黍，邀請他去田莊，道出了「過故人莊」的緣由，也點明了主人慇懃邀約的情意。接著第三、四句說，故人村莊的四周被茂密的綠樹團團地圍繞著，城郭外的青山依然斜斜地伸展著，這是描寫他應邀到田莊，在快到達前所看到的田園景象，其中綠樹村邊合描述的是近景，青山郭外斜描述的是遠景，以遠景來襯托近景，不但擴大了空間，增添了氣勢，而且更凸顯出此田莊周遭環境的秀美宜人。第五、六句說，到了朋友家後，主人把酒席擺在面對場圃的地方，視線所及，盡都是綠油油的作物，於是一邊喝酒，一邊談論起農家的一些閒話。「開筵」舊版國中國文一向都作「開軒」，軒，窗的意思。新版國文把「開軒」改用別種版本的「開筵」，可能是要和第一句「故人具雞黍」、第六句「把酒話桑麻」相呼應。不過《唐詩三百首》、《新譯唐詩三百首》（邱燮友教授註釋．三民書局印行）、《唐詩三百首鑑賞》（黃永武、張高評教授合著．尚友出版社印行）等都作「開軒」，個人認爲用「開軒」似乎也很妥當。理由是「雞黍」指的是酒菜，它和「把酒話桑麻」已構成呼應，無須再說明「開筵」，用「開筵」反而不自然，並和意思重複。還有就是如果用「開軒」，這更可以顯現出朋友的熱誠而周到的招待。就是當作者到達朋友家時，他的朋友請他入坐，把屋子的窗戶通通打開，這樣不但屋內的空氣流通，光線明亮，而且由屋外吹進的涼風，也帶來了陣陣清爽，讓在大熱天遠道而來的客人消去暑熱，同時還可以欣賞窗外的美景。這就像現代人，在暑天裡，見客人來訪，便打開電燈及電風扇或冷氣機來接待的方式是一樣的。這一句最主要的就是在強調這一點，是描述作者已到朋友家的情形。至於「把酒話桑麻」則是描寫另一件事情——宴飲的情形。兩句說的是兩回事。如果用「開筵」，則上下兩句對舉，說的就只是一件事，而且還會減損主人待客慇勤的一面。本詩最後兩句說，「等到重陽節的時候，再來這裡欣賞菊花。」則在說明由於主人的情意深摯，今日的相會賓主盡歡，但興猶未盡，他還要再續今日之情，所以想再訂後約。這兩句充分表露了兩人間濃厚的情誼，使本詩更餘韻蕩漾。

再就整體結構來說，這首詩前後有序，層次分明，第一聯（首聯，一、二句）是起，第二聯（頷聯，三、四句）是承，第三聯（頸聯，五、六句）是轉，第四聯（尾聯，七、八句）是合。當中頷聯寫的是景物，頸聯寫的是人事，兩聯都依照律詩的格律，採用對仗方式，除了詞性平仄相對外，在意義上頷聯用的是遠近相對，頸聯用的是情景相對。

另在用字方面，有些字用的非常傳神。張高評先生評論此談說：「再就鍊字來說，『合』字，『斜』字，都能曲盡其神。尤其『就』字，更是精鍊十足的詩眼。」（見唐詩三百首鑑賞）又明楊慎《升庵詩話》說：「孟集有『待到重陽日，還來就菊花』之句，刻本脫一就字，有擬補者，或作醉，或作賞，或作泛，或作對，皆不安。後得善本是『就』字，蓋出于漢樂府『就我求清酒』就字也，乃益知其妙。」所謂「鍊字」，就是用字嚴加推敲，務必使它能恰到好處，十分妥貼。五言律詩的鍊字，據簡明勇先生著《律詩研究》（五洲出版社印行）所述，有三種方式：⑴鍊第二字。⑵鍊第三字。⑶鍊第五字。本詩中的「合」、「斜」屬於第三式，「就」屬於第二式。從張、楊的評論中，本詩用字之神妙，可窺見一斑。

國中國文教師手册說，喜愛寫五言詩（尤其是五言律詩），擅長描寫田園景色和山水風光，是孟浩然詩的兩大特色，這兩個特色配合起來，造成了孟浩然經緯綿密、閒淡曠遠的風格。又說：「這篇《過故人莊》，描寫農村閒適的風光和老朋友眞摯的情誼，悠悠起筆，淡淡作結，造句自然，不見刻削，就是一首典型的代表作。」讀了這首詩，孟浩然的詩風，當可略知一、二了。

❖本詩的格律

本詩的格律是平起式首句不入韻。茲將其平仄和此格式的平仄譜列表對照如下：

句序	平仄譜	過故人莊
第一句	平平平仄仄	仄平仄平仄
第二句	仄仄仄平平(韻)	平仄仄平平(韻)
第三句	仄仄平平仄	仄仄平平仄
第四句	平平仄仄平(韻)	平平仄仄平(韻)
第五句	平平平仄仄	平平仄平仄
第六句	仄仄仄平平(韻)	仄仄仄平平(韻)
第七句	仄仄平平仄	仄仄平平仄
第八句	平平仄仄平(韻)	仄平仄仄平(韻)

本詩的第一句和第五句的平仄沒有依照平仄譜的規定，這叫做拗體。國中國文教師手册對此有特別的說明。茲錄列其說如下：

「第一句和第五句的平仄，按照格律應作『平平平仄仄』。這兒卻作『平平仄平仄』，雖然每句第一個字和第三個字的平仄是可以不論的，但這二句第四個字的平仄也變了，這叫做拗，但也有人認為它是一種特別的格式，並不犯律。除此之外，這首詩的平仄都是合乎格律的，首句不押韻，也是五律的正格。第三句和第四句（稱為頷聯），第五句和第六句（稱為頸聯），詞性相對，是作者必須刻意講求的地方。」

至於押韻方面，本詩押的是下平聲六麻韻，韻腳是家、斜、麻、花。另本詩有幾個入聲字，就是綠、合、郭、日、菊。因為國語沒有入聲，入聲字都分散在國語的四聲中，所以本為仄聲的合（ㄏㄜˊ）、郭（ㄍㄨㄛ）、菊（ㄐㄩˊ）在國語中竟變成了平聲。

二、過故人莊淺說

◆俞陛雲

詩寫田家閒適之境，誦之覺九衢車馬，塵起汙人矣。舊雨相招，雞黍即田家之盛饌。通首皆紀實事，以韻語寫其眞趣。三四句言近樹則四面合圍，遠岫則一行斜抱，乃莊外之景。余昔年行役數千里，每於平疇浩莽中，遙見綠樹成叢，其中必有村屋，知三句合字之妙。五六句言場圃即在門前，桑麻皆資談助，乃莊中之事。更留後約，同賞菊花，益見雅人深致，縧盡塵襟也。（錄自《詩境淺說》）

三、有關「律詩」的解說

(一)唐興，詩人承隋風流，浮靡相矜，至宋之問、沈佺期研揚聲音，浮切不差，而號律詩。（《新唐書・杜甫傳》）

(二)聲勢沿順，屬對穩切者，爲律詩。（《元稹敍詩寄樂天書》）

(三)律詩始自初唐，至沈宋，其格始備。律者六律也。謂其聲之協律也。如用兵之紀律，嚴不可犯也。（錢木庵《唐音審體》）

(四)五言律，六朝陰鏗、何遜、庾信已開其體，但至沈宋，始可稱律。律爲音律、法律，天下無嚴於是者。（王世貞《藝苑卮言》）

(五)律詩起於初唐，而實胚胎於齊梁之世。南史陸厥傳所謂「五字之中，音韻悉異，兩句之中，角徵不同者。」此聲病之所自始，而即律之所本也。至沈宋兩家，加以平仄相儷，聲律益嚴，遂名之曰律詩。所謂律者，六律也。蓋指宮商輕重清濁而言，不持平而平，仄而仄也，即平之聲，有輕有重，有清有濁；而仄之聲，亦有輕有重，有清有濁。少陵詩云：「晚節漸於詩律細」，意必於此辨之至精耳。（王應奎《柳南隨筆》）

四、《山居秋暝》賞析

「秋暝」是這首詩的命意所在，一、二句說，空山裡剛剛下過一陣新雨，到傍晚時，天氣轉涼，讓人感覺到有些秋意。這兩句把題旨「山居秋暝」點明了出來。（第一句拈出「山居」，第二句拈出「秋暝」。）三、四句說，明亮的月光灑在松樹林裡，清澈的泉水潺潺地從岩石上流過。這是承第一句「新雨後」來描述的雨後景象。五、六句說，洗衣服的女孩子收工了，正結伴要回家，一路說說笑笑的，竹林裡一片人聲喧鬧。出去打魚的漁船回航了，擦碰到水中的蓮株，蓮葉頻頻地搖動。因爲夜已來臨，所以他們都急著回家。這兩句和三、四句一樣，都在描述「暝」字。七、八句說，任隨春草去凋零吧！這裡的秋景很美，在外閒遊的王孫們自是可以在此逗留啊！這兩句總括上述，說明在這種美好的情調中，這可愛的山居，處處宜人，實在是叫人不忍離去。至於本詩所描述的可愛山居，它的可愛處在那裡呢？張高評先生在《唐詩三百首鑑賞》本詩的「鑑賞」中很清楚的指出：「山居本空寂恬靜，在一陣新雨後，秋氣盎然的暮色中，明月、清泉、浣女、漁舟，點綴著畫面，使得寂靜的氣氛，轉化成有聲音、有色彩、跳動鼓舞，極富於生命喜悅感的啓示。情境如此生機蓬勃，欣欣向榮，難怪詩人要說：任隨春芳去消歇吧！這裡的秋景很美，閒遊的王孫自可逗留在此啊！」

張高評先生又說：「王維山水詩有點特色，就是字面熱鬧，而境界恬靜，這就是一般人所謂的『禪趣』。所謂『等閒拈出便超然』，也算是王維詩的另一特色。」的確如此。本詩從天上的明月寫到地上的松石，從陸上的浣女寫到水上的漁舟，字面上的確很熱鬧，但整首詩給人的印象卻是恬靜淡遠，有如世外桃源，讓人有悠閒自在，毫無塵囂的感覺。

❖本詩的格律

本詩的格律是平起式首句不入韻，茲將其平仄和此格式的平仄譜列表對照如下：

句序	平仄譜	山居秋暝
第一句	平平平仄仄	平平平仄仄
第二句	仄仄仄平平(韻)	平仄仄平平(韻)
第三句	仄仄平平仄	平仄平平仄
第四句	平平仄仄平(韻)	平平仄仄平(韻)
第五句	平平平仄仄	仄平平仄仄
第六句	仄仄仄平平(韻)	平仄仄平平(韻)
第七句	仄仄平平仄	平仄平平仄
第八句	平平仄仄平(韻)	平平仄仄平(韻)

在押韻方面，本詩押的是下平聲十一尤韻，韻腳是秋、流、舟、留。另本詩有四個入聲字，就是月、石、竹、歇。

在結構方面，本詩第一、二句是起，三、四句是承，五、六句是轉，七、八句是合。簡明勇《律詩研究》《第五篇律詩之修辭研究．第二節起承轉合法》舉此詩爲「五律例」，並解釋說：「此詩首聯點起題目『山居』、『秋暝』二語。頷聯緊承首聯描寫的秋山景色。頸聯由頷聯描寫自然轉爲敍說人事。尾聯以說明作者依戀山居之情思作結。」從這段話中，可看出本詩章法的中規中矩和層次分明了。

五、《聞官軍收河南河北》賞析

這首詩是杜甫描述他聽到官軍收復薊北失地的捷報

後，歡欣鼓舞的心情。第一、二句說，在四川，忽然傳來了官軍收復薊北的消息，剛剛聽到這消息時，他驚喜得熱淚直流，把衣裳都沾濕了。這兩句除了點明題旨，並道出了他的驚喜心情。三、四句說，回頭去看看妻子，她的臉上已沒有了愁容，這時書也看不下去了，便順手收拾好書籍，因為他已高興得快要發狂了，已沒有心情去做別的事情了。這兩句是用來承接第一句的「忽傳」的，藉此兩件事來表現他內心的狂喜。五、六句說，在這大好的日子裡，要好好地痛快地高聲歌唱，盡情喝酒，趁著這春光明媚的時候，正好和妻兒結伴回到故鄉去。這兩句上承三、四句，說出了他滿懷鬱悶已一掃而空，心裡高興萬分。其中「放歌須縱酒」是上承「喜欲狂」，「作伴好還鄉」是上承「妻子」來說的。七、八句說，即刻啓程吧！從巴峽穿過巫峽，到達襄陽後，再繼續往洛陽出發。這兩句除了說出還鄉必須經過的路程，也就是他擬定中的返鄉路線，同時更道出了他的歸心似箭，是上承「還鄉」來說的。

本詩音調輕快，雖然連用了六個地名，但從頭到尾，一氣呵成，並不讓人感到累滯，最主要的是本詩的虛字用得很好。黃永武教授在《唐詩三百首鑑賞》中說：「本詩的另一特色是：虛字像連珠一樣滑動著，吳瞻泰曾分析本詩說：『曰忽傳、曰初聞、曰卻看、曰漫卷、曰即從、曰便下，皆倉卒驚喜，信筆直書，語不暇停，使人如聞其聲，如見其狀，此全以氣勝，非徒以虛字取巧也。』（杜詩提要卷十一）虛字穿插得十分靈巧，有助於速率的加快，吳氏所說的『氣勝』，其實就是快速的詩調。前人曾說這是杜甫『生平第一首快詩』，又說本詩『一氣旋折，八句如一句』，都在說明詩調的快速，使讀者也隨著產生手舞足蹈的酣暢情緒了。」

因為這首詩的音調是這樣順暢，對於內在情懷的描述又是那樣地具體和實在，不管是心理上還是神態上，都刻畫得那麼入微，讓人讀後，不但能深深地感受到他那歡欣氣息，也彷彿看到了他那欣喜若狂的樣子。清人李調元的詩話說：「杜詩之妙，有以意勝者，有以篇法勝者，有以俚質勝者，有以倉卒造狀勝者，如劍外忽傳收薊北一首，倉卒間寫出欲歌欲哭之狀，使人千載如見。」的確這樣。

❖本詩的格律

本詩的格律是仄起式首句不入韻，茲將其平仄和此格式的平仄譜列表對照如下：

句序	平仄譜	聞官軍收河南河北

第一句	仄仄平平平仄仄	仄仄仄平平仄仄
第二句	平平仄仄仄平平(韻)	平平仄仄仄平平(韻)
第三句	平平仄仄平平仄	仄平平仄平平仄
第四句	仄仄平平仄仄平(韻)	仄仄平平仄仄平(韻)
第五句	仄仄平平平仄仄	仄仄仄平平仄仄
第六句	平平仄仄仄平平(韻)	平平仄仄仄平平(韻)
第七句	平平仄仄平平仄	仄平平仄平平仄
第八句	仄仄平平仄仄平(韻)	仄仄平平仄仄平(韻)

在押韻方面，本詩押的是下平聲七陽韻，韻腳是裳、狂、鄉、陽。另本詩有十一個入聲字，就是忽、北、卻、欲、白、日、作、即、峽、峽、洛。

作詩有所謂「一三五不論，二四六分明」的說法，就是說七律中，二、四、六字一定要依照平仄譜的規定，該平的要平，該仄的要仄。至於一、三、五字則平仄可以不論，平聲可以作仄聲，仄聲可以作平聲。本詩每句的二、四、六字都依照平仄譜，只有第一句第三字，第三句第一字，第三句第三字，第五句第三字，第七句第一字，第七句第三字的平仄不符平仄譜，不過因爲這些字可以不論平仄，所以本詩算是合於格律的。

至於對仗，律詩大都三、四兩句對仗，五、六兩句對仗，七、八兩句是不對仗的，本詩這兩句也對仗，這在律詩中是很少見的。又律詩中對仗的兩聯（頷聯——三、四句，頸聯——五、六句），如果一聯寫景物，另一聯則寫人事，本詩這兩聯都是寫的人事，整首詩也沒有景物的描述，應該也算是一種特色吧！

六、杜甫詩中的巴峽在那裡

中央日報《中學國語文版》曾刊載蕭秋蕙老師的《神遊大陸，飽覽三峽》一文，介紹杜甫《聞官軍收河南河北》詩中的地理風光及其他，並附有「長江三峽示意圖」與「杜甫返鄉路程簡圖」，但只說明及標示出瞿塘峽、巫峽和西陵峽的位置，並沒有言及巴峽。「即從巴峽穿巫峽」，杜甫詩中的「巴峽」究竟在那裡呢？

現在一般所稱的巴峽，在湖北省巴東縣西，位於巫峽的東面，夷陵的西面，因巴山臨江而峙，所以才叫做巴峽。杜甫說他離開四川還鄉，是順著長江而下，先過巴峽，再過巫峽，如果這樣，那豈不是要從湖北省倒著走回四川省嗎（巫峽在四川邊境）？這絕不可能。或許有人會認爲這句詩是倒裝句（「即從巫峽穿巴峽」的倒裝），但從語氣上看來並不像。那麼杜詩中的巴峽該怎樣解釋呢？莊嚴出版社印行的《文學研究論叢》裡有一篇文章《杜詩巴峽在那裡》，對這個問題作了很詳盡的考證，根據《巴縣志》的《山脈、水道》篇所云，杜詩中的巴峽就是重慶東面的銅鑼峽以下到巴縣木洞以上的明月峽（在魚嘴沱下五里）。明月峽在四川省巴縣東北，它的得名，李膺益州記是這樣說的：「明月峽在巴縣東，……峽前南岸壁高四十丈，其壁有圓孔，形如滿月，因以爲名。」

該文認爲杜詩的巴峽就是明月峽，理由證據有二：

⑴杜甫《渝州侯嚴六侍御不到先下峽》一詩，仇注引唐《元和郡國志》說：「渝州，古之巴國，……峽，明月峽也，在巴縣東八十里。」指這裡所說的方向位置，和《巴縣志》所記的相符合。

⑵王維有首《曉行巴峽》詩：「際曉投巴峽，餘春憶帝京。晴江一女浣，朝日衆雞鳴；水國舟中市，山橋樹杪行，登高萬井出，望迥二流明；人作殊方語，鶯爲故國聲。賴諳山水趣，稍解別離情。」《巴縣志》認爲這是歌詠在明月峽一帶登山遠望重慶這個大城市朝天門外嘉陵江與長江合流的景象。《杜詩巴峽在那裡》的作者認爲這論斷不錯，說他研究王維當時遊蜀的路線，在《王右丞集》卷六有《自大散關（在寶雞）至黃牛嶺）和《贈燕子龕禪師》兩首詩（燕子龕在四川萬縣雲陽之間），王維的行蹤，從這兩首詩中可看出，很顯然是從漢中入川西，過川東而出夔門的，他的曉行巴峽詩，確是在歌詠重慶的，這點正可證明重慶下游的明月峽，就是杜詩所特稱的巴峽。

這說法很合理，很明確，也只有這樣，「即從巴峽穿巫峽」才有可能了。因爲它對杜甫《聞官軍收河南河北》這首詩的了解有所幫助，所以特提出供大家作爲教學上的參考。（錄自李炳傑著《國文教學漫談》．學生出版社印行）

叁、思考與練習

一、詩的格律有所謂平起仄起，請問從什麼地方可以看出？爲什麼？

答 第一句第二字，如果此字是平就是平起，此字是仄就是仄起。所以以第二字爲準，因爲做詩有所謂一、三、五不論，第一個字可平可仄，因此以第二字爲準。

二、請問五言律詩每句有幾個字？一首五律總共有多少字？

答 五言律詩每句五個字。一首五律是四十個字。

三、律詩的那兩聯必須對仗？

答 頷聯（第三、四句）、頸聯（第五、六句）

四、《過故人莊》這首詩中，最能表現孟浩然和朋友間不生分，很執稔的句子是什麼？

答 待到重陽日，還來就菊花。

五、蘇軾說王維「詩中有畫」，《山居秋暝》這首詩中有那幾句最能表現出這種情況？

答 明月松間照，清泉石上流。竹喧歸浣女，蓮動下漁舟。

六、《聞官軍收河南河北》這首詩在格律上有什麼特色？

答 律詩的對仗，通常只有頷聯和頸聯，本詩除了這兩聯外，尾聯也對仗，這是它與衆不同的特色。

（李炳傑）

六、背影

／朱自清

壹、作者參考資料

一、永遠簡單的人朱自清

㈠生平

朱自清祖籍浙江紹興，出生於江蘇東海縣，四歲的時候，舉家遷到高郵的邵伯鎮，六歲時，再遷揚州（今江蘇省江都縣）。之後朱家便定居於此，朱自清的父親鴻鈞先生，母周太夫人，都是在揚州過世的，所以他在作品中自稱「我是揚州人」。

朱自清的祖父菊坡公本姓余，是過繼給朱家才改姓朱的。朱自清的父親小坡公是獨生子，生在朱自清之前的兩個兒子都夭折了，因此朱自清是菊坡公這一系朱姓人家唯一的嫡長子孫，所以朱自清自小就特別受重視。

朱自清民國前十四年十一月二十二日（清光緒二十四年，戊戌，西元一八九八年舊曆十月初九）生於江蘇省東海縣，後在揚州長大，在揚州讀書，就入籍爲江蘇江都人。原名自華，號實秋。民國六年（西元一九一七年），因跳班投考北京大學本科哲學系，改名自清，字佩弦。（語出《韓非子．觀行》：「西門豹性急，常佩韋以自緩；董安于性緩，常佩弦以自急。」）因爲他自知個性太柔和，拘謹克己的性格，有時甚至到害羞靦腆的地步。故自字「佩弦」，以期在個性上能有所改變吧！

㈡求學時期

朱自清五歲時，由父親小坡公啓蒙課讀。時當清朝末年，科舉廢除，學校紛紛成立，小坡公對兒子寄託了極大的希望，卻不信任新式教育，特地把朱自清送到中過舉的老師那兒讀書。小坡公常在晚飯後，一面吃著花生、豆腐干下燒酒，一面逐篇細讀兒子的作文。如果先生批有好評，就高興點頭稱是，並賞花生米或豆干；若寫得不理想，不但得挨罵，有時一動氣，甚至把作文投入火爐燒掉。年紀還小的朱自清，多半是忍不住哭出來，但卻因此奠下了良好的文章基礎。

朱自清十五歲自安徽旅揚公學高小畢業，考入揚州兩淮中學（後改爲江蘇省立第八中學，今揚州中學），成績優異，民國五年（西元一九一六年）十九歲畢業，即考入北京大學預科。是年，爲了給年老的父母有個人服侍，他答應了由母親一手安排的婚姻，與揚州名醫武威三之女武鍾謙小姐結婚，婚後隻身北上讀書。不料祖母病逝，父親賦閑，他擔心讀書年限過長，會影響家計，便改名自清，跳班考入北京大學本科哲學系。次年，長子邁先誕生於揚州，他加速用功，以三年的時間修完四年課程，於民國九年（西元一九二〇年），提前畢業。

當時胡適是北大哲學系系主任，正領導著新文化運動，倡導文學革命，朱自清適逢其會，他參加了偉大的「五四運動」，在北大學生辦的《新潮》雜誌作編輯工作，開始了他的文學創作。最先嘗試新詩，處女作是《睡罷，小小的人》。民國十二年（西元一九二三年）三月十日，他在《小說月報》上發表了成名的長詩《毀滅》。而後致力於散文，寫了《槳聲燈影裡的秦淮河》，當時的文壇把《毀滅》譽爲新文學中的《離騷》，《七發》，評《槳聲燈影裡的秦淮河》爲白話美術文的模範。這時，他被公認爲新文學運動中，卓著優秀的第一流散文作家。

㈢教學生涯

畢業後，他在江浙的多所中學任教了五年：杭州第一師範、吳淞中國公學、臺州浙江省立第六師範、溫州浙江省立第十中學、第十師範、第四師範、私立春暉中學等的國文教師，及他的母校——江蘇第八中學的教務主任兼教員。

民國九年，他初到杭州第一師範，首嘗粉筆生涯的滋味，一方面是剛畢業，不清楚人情世故，另方面是守舊人物的排擠，斷然決定離去，但因學生的苦苦哀求而留下。並書寫了一首長詩《轉眼》，表示了留下來的決心。同來杭一師教學的，還有北大同學俞平伯。

民國十年，應聘揚州中學教務主任。很想有所爲，卻因校長對待同事不禮貌，不能尊重同事的地位，而毅然離去。走投無路之下經人介紹入吳淞公學中學部任教，卻碰上教職員爲要求加薪所發生的停課風潮。工作雖然得來不易，但他分析了風潮的原因，認爲教職員的要求是合理的，因而甘冒失職的危險而主動幫忙出主意。民國十三年應夏丏尊之請，就教於白馬湖春暉中學。次年清華學校加辦大學部，成立中國文學系，經俞平伯推薦，應聘爲教授，是他一生服務清華大學的開始，也是學習、研究中國古典文學的開始。

朱自清從事教育近三十年，總是眞心地愛護學生，處處爲學生著想，但絕不討好學生，尤其對課業的要求一點也不馬虎。另一方面，他樂於發掘學生的才華，對有天分的學生，他會特意加以指導，並多方面給予鼓勵。

前中央社社長馬星野先生回憶起學生時代，總是津津樂道朱自清對他的愛護與提攜。——馬星野十四歲，就讀溫州第十中學二年級時，朱自清由寧波白馬湖春暉中學來到十中，發現馬星野的作文很出色，就不顧自己生活的艱苦，買了許多課外書贈予，並鼓勵寫作投稿。

民國十四年，馬星野到廈門大學讀書，正值北伐，而共黨又乘機在廈門暴亂，馬星野家庭的接濟就中斷了。在將近斷炊之際，北平的朱自清知道了，便義不容辭地借了四十塊大洋的稿費寄去。也虧了有這筆錢，馬星野才能買一張船票逃出廈門。

清華設有研究所，梁啓超、王國維等爲導師，系中各老前輩，有古文學家、前清的翰林學人等，那時朱自清才二十八歲，但學生中喜歡新文藝的，卻願意轉到他班上來。

次年，朱自清接眷到校，住在清華園西院。《荷塘月色》、《兒女》兩篇就是寫他在園內的生活。「由於生活定型了，熱情也減退了些，日常生活的感觸和思想都是用散文寫比較方便；五四期的高亢情緒潛伏下去，詩就少了。」（王瑤：《念朱自清先生》）。

民國十七年十月，他把散文零篇，繼《蹤迹》之後，集成《背影》一集付印；由開明書店出版，這是朱自清前期散文的代表作，也是他的第一本散文集。（民國十三年十二月出版的《蹤迹》，是詩文集，內收詩三十首、散文七篇。）

六個孩子相繼出世後，家務繁重，身體不甚壯健的夫人武鍾謙因而積勞成疾，民國十八年，因肺病逝世於揚州家中，年僅三十二。

當民國十五年國民政府積極準備北伐的時候，朱自清隨同清華學生參加了天安門的國民會議，及遊行請願的行列，親自經歷了軍閥的殘暴。在「三一八事件」後，他不顧危險地把軍閥慘殺學生的暴行寫了出來。

民國十七年，國民政府北伐成功，國內統一，定都南京。清華學校改國立清華大學，由羅家倫長校、楊振聲長文學院兼中國文學系主任。楊振聲離校，馮友蘭接長文學院，朱自清繼任爲中文學系主任。在清華，朱自清雖然是新文學作家，而且又擔任行政工作，但是由於他爲人謙和不爭，工作認眞負責，系中老一輩的教授雖多，都能和諧共處。

喜愛新文學，寫新文學的朱自清，並不自立門戶，也不排斥舊文學。他專門研究詩歌和文學批評，講授「中國新文學研究」的課程；孜孜研究陶詩、謝詩、宋詞；古文學考據的著作有《陶淵明》、《李長吉》兩篇論文，先後發表於《清華學報》。他更鼓勵學生在經典方面下工夫，爲了讓青年學子能「航向經典的大海，他以淺顯的文句和易懂的道理寫下了《經典常談》。

民國二十年，朱自清休假出國，前往歐洲遊歷及留學，在倫敦大學讀語言學及英國文學。次年九月返抵清大，時梅貽琦長校，朱自清復任中國文學系主任。此後數年，清華大學中文系均由朱自清主持，名教授有陳寅恪、楊樹達、黃節、劉文典、俞平伯、聞一多、王力等，一時稱盛。

有人說朱自清在晚年捨創作而就研究，這是不錯的，然而他的研究從不曾和現實脫節。他腳踏實地以語言作研究文學的出發點，致力在啓蒙和普及上，融合創造與研究爲一體，學院與民間不再保存對立的分野。有此景象，朱自清功不可沒。

民國二十年八月，與陳竹隱在上海結婚。民國二十六年七月七日，日本帝國主義在河北宛平縣的蘆溝橋發動進攻，我軍奮起抗戰，中國抗日戰爭爆發，打破了朱自清安居治學的生活。七月二十八日，北平淪陷；八月五日，日寇佔領清華園。十月，清華、北大、南開三校在湖南長沙聯合組成「長沙臨時大學」，他留眷在北平，獨赴長沙，臨大中文系仍由朱自清主持。這年，他四十歲。

翌年春天，長沙臨時大學遷往昆明，改名爲西南聯合大學，文學院在蒙自，暑假後遷到昆明。他把妻小接了來，他的生活一向淡泊清苦，早年讀大學的學費，是他的夫人賣了鐲子補貼的；在中學教書，他布衣簡著，「完全像個鄉巴土佬」；到大學任教後，情況有所改善，但食指浩繁，開銷重，生活平平而已。抗戰以後，生活一下子陷入了困境，而胃病又時常發作。生活的不安定和昔日的學術研究暫時擱起，使他深感苦惱，在《感年》一文中清楚地反映了這種心情：「感年今已盡蹉跎，游騎不歸可奈何！轉眼行看四十至，無聞還畏後生多。」雖則如此，他仍然十分注意通俗教育的重要，爲使學術通俗化，乃續寫《經典常談》，與葉紹鈞合作《精讀指導舉隅》，與浦江清等創辦《國文月刊》。在這種最艱苦的歲月，他仍孜孜研究語文學，不爲各種環境所動，用黃霉的紙編寫《國文月刊》。其目的只是爲了促進國文教學。

民國二十八年冬天，西南聯大新校舍完成，開始安定下來，一些無聊人物打算杯葛朱自清所擔任的中文系主任，特立獨行的他深感厭惡，既不願意去爭，也懶得參加那些會議，二十九年春，他辭去西南聯大中文系主任，由北大教授羅常培繼任。是年夏天休假，攜眷赴成都，住東門外宋公橋報恩寺，其地清幽，又與老友葉紹相會，合作《略讀指導舉隅》、《國文教學》兩書。民國三十年秋返昆明，眷留成都。

回昆明後，住北門街宿舍，爲專任教授。他目睹烽火離亂，百姓窮困，以及個人的貧病交加，使他痛心疾首。當時他在昆明度嚴冬，僅存的一件破皮袍不足以禦寒，就一件趕馬人用的毛氈披風裹身；沒錢回成都與家人團聚，就拿行軍牀到寄賣行出售，託人代賣心愛的硯台、碑帖過日子。

抗戰前母親周太夫人逝世於揚州，享年六十五歲；三十三年八月，二十二歲的次女逖生暴病死於揚州老家；翌年四月，抗戰勝利前半年，父小坡公歿於揚州，年七十七。貧病中的朱自清聞訊哀慟，胃疾更趨嚴重。吳相湘回憶朱自清在三十四年六月底的情形說：「他忽然變得那樣憔悴和萎弱，皮膚蒼白鬆弛，眼光也失了光彩，穿著白色的西褲和襯衫，格外顯出了瘦削勞倦之態。」

朱自清具有傳統讀書人的風骨，能吃苦，能守窮，儘管生活已陷入困境，他仍然堅守著不攀附，不阿諛，不虛僞的處世原則。達官貴人請他吃飯，他把自己反鎖在屋裡，拒不出席；某名流要他寫壽序，出價三千元，他拒而不寫。

有朋友爲他著急，有朋友爲他鳴不平，而朱自清對自己的境遇卻淡然視之，曾有詩曰：「漫郎四海漫爲家，看盡春風百種花。已了向平兒女願，襟懷淡似雨前茶。」詩中略有些許無奈，但執著認眞的他從不悲觀，他把李商隱那「夕陽無限好，只是近黃昏」的詩句，修改爲「但得夕陽無限好，何須惆悵近黃昏」。充分表明了他自策自勵，兢兢業業，鍥而不捨的精神。

民國三十四年八月，日本投降，民國三十五年四月四日，朱自清復任爲清大中國文學系主任。同月，西南聯大奉命結束，朱自清偕夫人及子女三人，自重慶飛返北平。八年的流徙生活終告結束，心情寬鬆，健康便略見改善。

抗戰勝利的歡悅不久便被復起的內戰打破，共黨氣焰益盛，國內統一無望，生活的艱難同於抗戰時期。民國三十年朱自清曾在成都醫院照過X光，發現有胃潰瘍病狀，奈何經濟不允許作進一步的治療。這時，身體的不適加上戰亂的壓力使得精神備感苦悶，朱自清有感老之已至，因而寫作益勤，出版了《語文零拾》、《語文影》、《論雅俗共賞》、《標準與尺度》數書；還與呂叔湘、葉紹鈞編中學國文教本。由於歷經抗戰，復員等動盪不安的局勢，他的思想有了明顯的變化，作品所談的多是現實的問題：在《動亂時代》文中寫出了知識份子對時局的困惑與建言。

在《文學的標準與尺度》中，他主張文學的標準和尺度，不是一成不變，而是不斷地在變換著，而且都與生活相配合。五四時代的標準和尺度是「用歐化的語言表現個人主義，順帶著人道主義」走向現代化的路；五卅運動時，「反帝國主義」成了文的一種尺度；抗戰暴發時，「抗戰」立即成了一切的標準，文學自然也在其中；抗戰勝利後帶來了一個動亂時代，民主運動發展，「民主」成了廣大應用的尺度，要使這新尺度成爲文學的新標準，還有待大家自覺的努力。——這篇文章在《大公報》發表後，立即引起廣大讀者的敬意讚揚。

民國三十七年五月，身體終於支持不住，從不請假的他，也破了例，但仍强忍著痛苦，直到課程結束。暑期中，稍得休息，但爲時已晚。八月五日，胃病大發作，臥牀嘔吐。六日晨，劇痛不可耐，由清華校醫室送往北大附屬醫院，知是十二指腸潰瘍，立即開刀治療。起初兩三天經過良好，但因大量出血，轉爲他症，突趨嚴重，體力不支。民國三十七年八月十二日上午十一點四十分，新文學運動中重要作家，著名的學者及教育家朱自清，在貧病交加中溘然長逝了，享年五十一歲。遺體於廣濟寺下院火化後，葬於北平西郊萬安公墓。

在不算長的生命時段中，朱自清積極勤奮地掌握了每一分鐘，認眞執著地肩負起每一項責任，淡泊達觀地面對各種挫折，不卑不亢地展現出中國傳統讀書人的風骨。

二、離間父子關係的姨娘

朱家在紹興是相當富裕的，可是人丁單薄。而江浙一帶有「打抽豐」的習俗，許多來索求接濟的，來吃白食的，甚而賴著不走的窮親戚，使得朱家備受侵擾，於是便遷離紹興，最後在揚州定居，住在江蘇省第八中學（即揚州中學）附近的一所大宅第，共有七進房子，這年朱自清六歲。

民國元年，朱自清十五歲，這一年家運十分不好，被假革命的軍閥徐寶山勒索得幾乎傾家蕩產，祖父被逼死，父親得了傷寒，只好賣去老宅，搬到東關街仁豐里。

小坡公於徐州任所生了病，需要人照顧，於是討了一房姨太太。這便埋下了一家失和的種子。其時小坡公任榷運局長，負責稅務工作，在軍閥時代，這是十分優渥的好差使，可惜卻因娶姨太太弄得滿城風雨，不但丟了官，還虧欠了大筆公款。

姨太太是淮陰人，比朱自清的母親大三歲，個性兇悍又工心計。和小坡公回到揚州老家後，表面上說是不過問家務，實際上卻掌握了一切。她規定家中傭人稱呼她「乾太太」，要孩子們稱她「乾娘」。

由於姨娘的挑撥，婆媳處得不好。朱自清夾在母親、姨娘和妻子之間，精神十分痛苦。個性善良溫厚的他，爲了家庭著想，總抱著息事寧人的態度而忍耐著。但是在民國十年，朱自清任揚州八中教務主任時，父親受了姨娘的唆使，竟然去學校代領薪水，使得父子失和，朱自清離開了八中。妻兒也被逼離家，在岳父家待了好幾個月。次年，把妻兒接到杭州另組小家庭。這一年暑假，朱自清希望時過境遷，帶著妻兒回揚州探望雙親，首先是不准進門，後來是不加理睬。過了幾天沒趣的日子，朱自清頹然離去。從此除了每月錢回家外，連信也不大寫了。

姨娘的態度並未因朱自清的表態而有所改變。兩年後，朱自清的母親受不了姨娘的跋扈，無法再住家裡，朱自清便把母親和妹妹給接了出來。這時錢仍舊是寄，但和父親則幾乎斷絕了關係。民國十四年北上清華教書，母親、妻兒暫留在浙江白馬湖。到民國十六年，接了夫人、長女、次子去北京，長子和次女由母親帶回揚州老家。父子的感情並未改善，只不過因著長子邁先跟著祖母回去，可以藉題常寫信回家。

由於姨娘沒有生育，也沒有經濟能力，她唯一的依靠是丈夫。也唯有掌握住丈夫，她才有安全感。這是舊時代女性慣有的心態。只是她的方法頗具殺傷力，讓人難以體諒。但是朱自清眞是彬彬君子，他不喜歡議論他人是非，無論受了多少委屈，對尊長的過失，更是絕口不提。不過在心裡他是深爲警惕的，在《論無話可說》一文中寫到：「我的女人永遠是那麼一個」，也曾要求兩個弟弟，除了自己的女人外，不可以對其他異性有太多交往。而且在作品中從不曾批評或諷刺過姨太太。他實在是宅心仁厚的中國傳統讀書人。

三、和諧的婚姻生活

朱自清生長在一個舊式的家庭，母親周太夫人極爲保守迷信。由於前面兩個兒子早夭，怕朱自清也長不大，自小就給穿了耳孔，掛一隻金耳環，直到去北平上大學了還不曾取下來。

因是嫡長孫，在朱自清十一歲的時候，就由祖母作主訂下了親。過去老一輩的觀念，總希望媳婦的歲數大些，好早點兒娶過門來。但這一個比朱自清大四歲，「個兒高，小腳」的徐州鄉下女孩，還沒過門就因肺病而死了。

朱家在揚州算是新戶，親友少，環境人事都不熟悉。朱自清的母親心急兒子的婚事，就四處託媒。民國二十三年，朱自清寫過一篇《擇偶記》，其中有關託媒說親的經過，記述得非常清楚：「父親其時在外省作官，母親頗爲我親事著急，便託了常來做衣服的裁縫做媒。爲的是裁縫走的人家多，而且可以看見太太小姐。」

其中有兩次不錯的機會，但都沒有成功。一次是朱自清的母親嫌小姐的個頭比朱自清高大，一次是嫌對方是收養的，恐怕血統會影響到未來的傳宗接代。朱自清的婚事可說是他母親一手包辦的。

後來她聽人說來給小坡公治病的醫生家有位小姐，便在病榻前，當著朱自清的面，託舅舅把婚事談好了，然後才派老媽子去女家相親，回來報告說：「不，就是腳大些。」朱太太就叫人帶話過去：「讓小姐裹上點兒腳。」兩家親事，就這樣定下了。

醫生武威三，本籍杭州，雖是名醫，但在揚州人地生疏，對這門親事倒也滿意。武家只有一個女兒，自幼嬌生慣養，不曾讀過書，思想比較保守，是把一切都託付給命運，聽命於父母的傳統女性。

民國五年的暑假，朱自清考上北大預科，寒假奉父母之命，回揚州和同是十九歲的武鍾謙完婚。朱玉華說：「結婚那天，大哥被扮成一付怪相，長袍馬褂，瓜皮小帽，斜披著彩帶，還要像遊街似地去女家迎娶。大哥做得一點都不馬虎，好些親戚覺得奇怪，——去北京讀了『洋學堂』的人，居然還這樣聽話！」

這時朱自清在北大預科才讀了一學期，還不算是正式的大學生，是不敢馬虎的。本來家中的經濟就不理想，結了婚，負擔更重，他便改名跳班投考本科。雖然考取了，但顧慮著家計，便發憤苦讀，以三年的時間畢業。

一般人或是由戀愛而結婚，或是結婚後戀愛，朱自清卻都不是。他在婚前沒見過武鍾謙的面，婚後忙著讀書。把新婚妻子給留在複雜的大家庭中，這讓嬌生慣養的武家獨生女如何能捱？於是她便常回娘家，當然引起不滿，朱自清在《給亡婦》中回憶到：「還記得第一年我在北京，你在家裡。家裡來信說你待不住，常回娘家去，我動氣了，馬上寫信責備你，你叫人寫了一封覆信，說家裡有事，不能不回去。這是你第一次，也可以說是第末次的抗議，我從此就沒給你寫信。」

民國六年之後，小坡公就沒有過像樣的差事，家境日下，小夫妻的感情卻與日俱增，在《給亡婦》中朱自清寫著：「你漸漸從你父親的懷裡跑到我這兒，你換了金鐲子幫助我的學費，叫我以後還你。」這種經得起考驗的感情，大概是如今還有人懷念舊式婚姻的緣故吧！

夫妻的感情生活，到民國十年底，即婚後五年才眞正建立起來。那時，因父親再娶的姨娘作祟，在杭州師範任教的朱自清便接出了夫人和孩子，另組小家庭。作家魏金枝憶起當年就讀杭州師範的情形：「朱先生那時候是矮矮的身體，方方正正的臉，配上一件青布大褂，一個平頂頭，完全像個鄉下土佬……至於我們的朱師母呢？也正和朱先生是一對，樸素羞澀外，也是沈默，幽靜，除開招呼以外，不大和我們搭腔，我們談著，她便坐牀沿上做活。」

從朱自清的許多作品中，不難發現小夫妻倆感情生活的甜美快樂。

民國十一年二月寫的一首小詩《燈光》：

「那決決的黑暗中熠耀著的，
一顆黃黃的燈光呵，
我將由你的熠耀裡，
凝視她明媚的雙眼。」

眼看著家道中落所遭受到的各種困境，以及父親討姨太太，使得家庭失和；喜愛新文學，寫新文學的朱自清卻是拘謹沈默，缺少浪漫氣息的，也因著他的平實誠樸，顯得感情更是眞摯。民國二十年，他在《論無話可說》中，對自己作了一個分析：

——我永遠不曾有過驚心動魄的生活，即使在別人想來最風華的少年時代；
——我的顏色永遠是灰的；
——我的職業是三個教書；

——我的朋友永遠是那麼幾個；
——我的女人永遠是那麼一個；
——有些人生活太豐富了，太複雜了，會忘記自己，看不清楚自己；
我是什麼時候都「了了玲玲地」知道，記住，自己是怎樣簡單的一個人。

這麼清楚的自我分析，讓我們知道朱自清是簡單、平實的；所謂「文如其人」，也就不難了解朱自清的作品爲什麼總是溫柔敦厚，少有奔放豪邁的氣概了。

朱自清夫婦三十一歲時已生了六個孩子，其中三子「六兒」幼年夭折。這一對夫妻婚後不到一年，就開始在逼迫、艱困的逆境中掙扎。他們與封建家庭爭鬥，與惡劣的環境爭鬥，與貧窮爭鬥，還要爲五個孩子的起居操心。原本就不壯碩的夫人得了肺病，長期和病魔奮鬥，民國十八年十月，「一個肺爛了一個大窟窿」。夫人的病已到了無可治療的地步，只好讓她帶著孩子回揚州老家，算是一種落葉歸根的作法。

十一月二十六日夫人去世，朱自清不在身邊，也沒有趕回揚州辦理喪事。因爲家人怕朱自清過於傷慟，拖延了些日子，才把噩耗與已經塋葬的消息一起通知他。而且依照蘇北人的習慣，媳婦去世，如果公婆還在，喪事不可以鋪張，通常是很快就下葬的。

第二年暑假，朱自清代理清大中文系主任，工作的煩忙並沒有沖淡他的哀傷情緒。夫人去世的第三年，這時朱自清已經續弦，他寫了《給亡婦》這一篇不到三千字的短文，不含文字以外的任何目的，只是純粹表達出朱自清對患難妻子的悼念，情眞意摯，感人至深。

民國二十年，經葉公超教授等友人介紹，結識了畢業於北平藝專的陳竹隱。陳竹隱，四川成都人，爲齊白石、溥西園弟子，工書畫，善度曲。少朱自清七歲，敬佩先生的學問和爲人，不顧他家孩子多，負擔重，毅然和他訂婚。其時朱自清正準備赴歐，一個月後便啓程了。翌年七月，朱自清自歐返國，考慮到若在揚州或北平結婚，必不可免許多繁文縟節，因而八月四日在上海舉行了簡單的婚禮，僅邀請文藝界幾個朋友一敍而已。

婚後去普陀渡蜜月，再回揚州老家拜謁父母。朱自清也對她父母磕頭跪拜。一句玩笑話，朱自清牢記在心中。要求陳竹隱行跪拜禮，她欣然答應，但開玩笑地要朱自清抗戰期間，在昆明西南聯大時，全家去成都探望陳竹隱家人，朱自清立刻給陳家祖先牌位磕頭，這一諾十年不忘，足見朱自清嚴謹不苟的君子風範。

婚後偕返清華園，出任中國文學系主任，卜居北院。朱自清是個極為惜時勤奮的人，婚後全副精力用在讀書寫作及工作上，少有空出去玩玩走走。初婚時，陳竹隱過不慣這種生活，曾為此苦惱過，後來逐漸了解到朱自清對事業的熱愛，對時間的珍惜；又看到他不斷發表作品，想到他對學生、對文學的貢獻，於是由埋怨轉為支持，全力擔負起家務的重擔，讓朱自清有更多的精力去研究學問，去從事所喜歡的事業。這期間，朱自清寫作益勤，成散文集《你我》，及《歐遊雜記》、《倫敦雜記》等書。

陳竹隱能曲能畫，是藝術學院畢業的才女，選擇了家境窘困，身不强體不健，且有五個孩子的朱自清作終身伴侶，在離婚率日高的今天來看，可能有許多人難以了解她的抉擇。正因如此，我們對朱自清的才華與人品，才得以有更肯定的認知。

貳、課文參考資料

一、《背影》賞析

(一)背影的寫作背景

全文只有一千五百多字的《背影》，是朱自清散文的扛鼎之作。於民國十六年十月間寫成，後來收在散文集《背影》裡。是描述親情文章的經典作，長期以來，深深感染和影響著一代代讀者。

文中所寫，是朱自清二十歲，民國六年冬天的事——父親一生中最好的差事（徐州榷運局長）丟了，祖母去世，朱自清從北平到徐州，和父親一起回揚州奔喪。父親典質家當，變賣田地，還了虧空，辦完喪事，去南京謀事；朱自清則回北京大學哲學系念書。父子從揚州同行至蒲口車站分別。背影寫的就是當時父子於車站分別的情形。

由於姨娘的挑撥與作祟，朱自清父子間的關係受到極大的影響。民國九年，朱自清開始工作賺錢，每月寄一半薪金回家，家裡並不滿意。翌年，姨娘唆使父親去學校領薪水事件，造成更大的隔閡。在兩年間，朱自清把妻兒及母親妹妹接到任教處另組小家庭，和父親之間則靠著寄錢回去而維持著僅有的一點聯繫。

民國十五年，父親爲了長孫寫過一封信，向朱自清提出「我沒有耽誤你，你也不要耽誤他才好」。朱自清不願和孩子分離，但純良至孝的他，了解父親重視煙火的想法，於是在十六年的一月請母親把長子和次女帶回揚州。自己和夫人及另外兩個孩子去北平清大任教，生活是安定了，精神上卻更加苦悶。因爲孩子分隔兩地，父親的態度始終不曾改變，除了寄錢，寫信也得不到回音；加上「寧漢分裂」，局勢更爲混亂。

忍受壓抑著的落寞與痛苦，使得朱自清在這一年的七月著筆寫成《荷塘月色》一文。文中的荷塘就在清華園內，清大爲了誌勝和紀念，還在塘側建了一座「荷塘月色亭」。朱自清因了「這幾天心裡頗不寧靜」，而想起「日日走過的荷塘」，雖然一個人享受了「無邊的荷香月色」，可是當接觸到競鳴的蟬聲與蛙聲後，卻發現「熱鬧是牠們的」，自己則「什麼也沒有」。文章中的荷塘和月色都寫得美極了，可是卻缺少了一份活潑，即源於朱自清那時的心情是「頗不寧靜」的。

這份不寧靜的心情達於頂點的時候，朱自清決定自己認錯，請求原諒。在不爭曲直也不求回音的動機之下，他寫信給父親。當情緒有了解脫，心情得到了平靜，對父親產生了強烈的懷念，回憶起十年前父親對他的關愛，而寫下了《背影》一文。

(二)背影的結構與內容

全文分七段，脈絡非常清楚：

第一段，開門見山指出最不能忘記的是父親的背影，清楚地提供了全文線索。

第二段，回憶那年冬天，於徐州見著失業的父親，同行回家奔喪。

第三段，喪事辦完，父子同去南京。

第四段，記父親的不放心，與親自送過江。

第五段，記父親的仔細叮嚀。

第六段，記父親過月台買橘子，父親的背影鏡頭出現。

第七段，寫接到父親來信，勾起十年前在蒲口車站，看見父親「背影」的回憶。

全文重心在第六段，其餘各段都是輔助。

有些人看《背影》，喜歡從「孝順」的觀點著眼，認爲朱自清是朝著父慈子孝的方向去抒懷。若了解了朱自清寫此文的背景，就知道其實是與宣揚「孝道」無關的。

依照文中所述，朱自清一路上對父親處理事情的手法，應對的技巧及叮嚀囑咐，都認爲是「不漂亮」和「迂」。這是一般孩子慣有的反應，是極符合人情的，尤其朱自清那年已二十歲，是大學生，又結了婚，於是出現了「我這樣大年紀的人，難道還不能料理自己麼？」的反問。事實上，不論孩子多大，在父母眼中永遠是不會放心的，但又有多少個孩子能體會出父母的心意？在這裡，「漂亮」和「迂」，便簡單而眞實地烘托出父親的值得懷念。

文中共四次談到「背影」。第一次在首段：「我與父親不相見已兩年餘了，我最不能忘記的是他的背影。」第二次在第六段，是父親費力去買橘子時的背影；第三次仍在第六段，是父親安頓好兒子後，離去時的背影；第四次在末段：「在晶瑩的淚光中，又看見那肥胖的青布棉袍，黑布馬褂的背影。」

這四次的背影，其實都出現在第六段，也就是全文最精彩處。朱自清把鏡頭瞄準在父親買橘子那部分，他不厭其煩地敘述父親怎樣走到鐵道邊，怎樣跳下去，怎樣爬上那邊的月台，以及買了橘子之後又是如何艱苦地爬回來……。從文字表面看來是有些拉雜，但也就是這些細微動作的描述，讓人感受到了偉大的父愛。而十年後，讓朱自清最爲懷念的就是父親爲他買橘子時的背影。

最後，朱自清以一句輕輕的慨嘆「唉，我現在想想，那時眞是太聰明了！」，把心中的無限悔意與感激全數表達了出來。有人認爲，如果朱自清當時去幫助了父親，他就不會有所遺憾了。若了解朱自清當時的心境，必然不會有這種想法。

朱自清秉性忠厚善良，他極力忍受父親對家庭的不甚負責，及姨娘的無理挑撥，但裂痕已然存在，保守拘謹的他，對父親是很難積極表達感情的。何況《背影》所要寫出的是父親的慈愛，是作者對父親的感懷，並不是要藉機把自己塑造成一個孝子。

《背影》的成功，是在它於短小的篇幅中，以眞實的筆觸寫出了複雜的心理。雖然在用字技巧方面略有瑕疵，夏志清先生評說：「《背影》連標點在內只一千四百二十一字，全文用了二十八個『了』字，詞尾多顯得鬆散。」不錯，現代散文的技巧比起三十年代的確進步了，《背影》是「白話散文」萌芽期的作品，但今天，有多少篇文章能比得上背影感人？

叁、課外補充資料

一、袍掛

㈠袍的沿革

有人說，袍創制於周公，姑不論是否正確，但可知袍的歷史久矣。

秦漢以前，袍是「常服」，不可外穿。若要作禮服，袍外須加上短衣和裳。後漢永平二年（AD59），升格爲次級禮服，唐貞觀後，袍的價位愈高，用途愈廣。清代取爲唯一的禮服形制，民初作爲禮服之一。民國十八年起，成爲現時法定的國民禮服。

袍是「有著」的長衣，就是縫有夾裡，內鋪棉絮的長衣。《禮記．玉藻》：「纊爲繭，縕爲袍。」纊是新綿，縕是舊綿。也就是說，袍的內裡鋪的是舊綿。

袍是寬大的衣。《後漢書．輿服志》：「周公抱成王宴居，故施袍。」《禮記》：「孔子衣逢掖之衣，縫掖其袖，合而縫大之，近令袍者。」《禮記．儒行》：「孔子在魯，衣逢掖之衣。」注：「逢，猶大也；大掖之衣，大袂襌衣也。」袍和大袂襌衣相近似，應該是寬腋大袖的了。

袍有多長呢？《急就篇》：「袍襦表裡曲給裙」，顏注：「長衣曰袍，下至足跗；短衣曰襦，自膝以上。」這樣看來，袍的長度是該到「足跗」的。但出土的漢陶俑所著的袍也有連足跗一併遮掩起來的。

袍是從肩到腳踝，上下直通，一剪到底的長身衣，古人稱之爲「通裁」。

並非長身衣都可以稱爲「袍」。因著單、夾、綿等實質上的差異而各有專名，是不可混稱的：

有裡有襯有絮的長衣，其名有二：絮襯是新綿者，稱爲「繭」；絮襯是舊綿者，稱爲「袍」。

無裡無襯的單長衣稱爲「襌」。

在袍與襌之間，另有一型曰「袷」（或作裌），是有裡無絮的夾衣，也就是今世俗稱的「夾袍」。

明亡，清建國。在服飾方面清制全然改革，另創新規。凡弁服、深衣、襌衣等俱廢，只留下「袍」作爲新制的唯一禮服。「袍」的地位至尊至高，也沒有了襌袂之別，凡長衣都可稱爲袍了。

清官服袍有「龍袍」及「蟒袍」之別。龍飾蟒飾是官品身分之誌。袍袖俗稱「馬蹄袖」，袖頭作上長下短的斜削形，此式本名「箭袖」，原爲北方民族射手冬令護手所用。清人尚武，特別拿箭袖用於禮服。

清官服袍有「龍袍」及「蟒袍」之別，龍飾蟒飾是官品身分之誌。袍袖俗稱「馬蹄袖」，袖頭作上長下短的斜削形，此式本名「箭袖」，原爲北方民族射手冬令護手所用，清人尚武，特別拿箭袖用於禮服。

士紳或平民的常（便）服袍，其袖不斜削，平口；文飾可有可無，各隨己意，這是平民的禮服。

(二)褂的沿革

褂，原作「袿」，袿是婦人的上衣，周代就有這種服式。宋玉《神女賦》：「被裳。」《釋名》：「婦上服曰袖，其下垂者，上廣下狹，如刀圭也。」清畢沅疏證補：「上服，上等之服也。」因爲這種上衣的下垂部分，是上廣而下狹的，像刀圭狀，故稱爲「袿」，《廣韻》引《廣雅》：「袿，長襦也」，《急就篇》顏注：「短衣曰襦，自膝以上」，可知「袿」的長度應當是「及膝」的，是介乎襦和袍之間的上衣了。

漢朝有褂袍，是以素紗爲裡的連衣裳。清入關之後，有「馬褂」之名，這種褂和如刀圭的婦女上衣是完全無關了。

「馬褂」顧名思義即騎馬的短衣，據傳原是馬伕之服，後來官民通用，等到演爲被皇帝用作封賞和壯儀的「黃馬褂」時，其精神意義便遠甚於實質作用了。

馬褂原是營兵制服，康熙末期，富家子弟喜愛新奇，把馬褂當作時髦衣服，雍正時，已成爲通行服裝，可以作爲會客，上街外出的常服了。

馬褂是長袖寬腰不束帶的，清馬褂的形制有三種：對襟，大襟，缺襟，三式都是四面開衩，對襟馬褂作爲禮服；大襟馬褂多作便服用，所謂大襟，即是右衽，因俗以右手爲大手，故名大襟，缺襟馬褂又叫琵琶襟馬褂多用於行裝。

(三)「黑布馬褂青布棉袍」

民國十八年四月十六日，國民政府公布服制條例，民國十七年北伐勝利，定鼎南京，國民政府成立，百廢待舉，卻在短暫時間內便公布了服制條例，不可謂不速。實際是爲了即將舉行的 國父奉安大典所需而促成的。條例中對「禮服」規定如下：（只列舉袍褂，餘省）

褂：齊領，對襟，長至腹；袖長至手脈；右左及後下開端，質用絲、麻、棉、毛織品，色黑，鈕扣五。

袍：齊領，前襟右掩；長至踝上二寸，袖與褂袖齊；左右下端開，質用絲、麻、棉、毛織品，色藍，鈕扣六。（藍、青色同）

小坡公在《背影》一文中讓朱自清不能忘懷的「黑市馬褂青布棉袍」，即是民國十八年制定的「藍袍，黑褂」禮服。

㈣褂袍為何選「藍與黑」？

袍「藍」褂「黑」，一方面是順應民情，另一方面是具有歷史文化淵源。

早在西周初年，即以「玄衣」最尊，秦漢魏晉及明代，也都用玄色作爲最高禮服——冕服的專色，其間唐代改用青色，宋朝、元朝襲之。

無論是玄色或青色，都有「法天」、「象天」的涵意，清代皇帝後來祭天，祈年，求雨，龍袍都用藍，其用意是一樣的。

肆、思考與練習

一、試著想出什麼事情令你最感動，且久久不能忘懷。

答

㈠看到一個年輕人，冒著被打的危險，斥逐那些虐待流浪狗的頑皮小孩。

㈡在細雨紛飛的日子裡，看到一位年紀很大的老人家，正在翻撿巷口拉圾筒裡的食物，不禁讓人想到，這位老人背後有著什麼樣的故事，讓他在人生即將終了之際，還要過著連狗都不如的生活。

㈢在家的路口上，看見一位小女孩，正迅速的跑到馬路中央，牽起一位步履蹣跚的老人家過馬路。

㈣在一位路倒的老人的身邊，圍著一大堆人，卻沒有人去確認老人的生死。此時一位少女氣急敗壞，撥開人羣說：「消防隊說不知道這個地方，該怎麼辦？」這個著急的臉龐與現場冷漠的人羣，形成一個多麼强烈的對比。

二、由朱自清的傳紀可知，朱自清的父親是個嚴父，可是在《背影》一文中所流露出的是汨汨不斷、溫暖人心的父愛。可否能解釋其中的關連性。

三、試著由一件小事，撰寫出一篇感人的文章。

答 如《那天下午的巧遇》、《一朵小花的回憶》等。

四、在朱自清的文章中的主要場景是在火車站，能否收集一些資料，介紹一下當時的火車站，與今日火車站，尤其是與台灣的火車站不同之處。

答 相關的書籍可參考目前書市中介紹火車的書籍及歷史書中去看當時的社會背景及照片。

五、試將同學分組，以話劇的方式，將《背影》一文演過一遍，讓同學深刻的了解作者當時寫作時的心情。

六、試著分析爲什麼寫父愛的文章如此之多，而朱自清的《背影》卻是典型中的典型。

答 可從文章的取材、寫作的方式、文章的鋪陳中去分析。

七、可請同學談談自己與父親的相處情形。

（區櫻）

七、你自己決定吧

／劉墉

壹、作者參考資料

一、畫花鳥寫人生的劉墉

㈠生平

一張看似沒有經過歲月刻痕的臉，坎坷的前半生，現在擁有幸福的家庭，畫家、學者及作家身分於一身，這些奇妙的組合，共同組合成這位雙魚座AB型，具有浪漫性格及能實踐理性生活的作家——劉墉。

劉墉，祖籍北平，民國三十八年生於台北。他認為人生「不過是夢」，所以為自己取了個「夢然」為號。

在劉墉的成長過程中，無論寫作及畫畫都是佔了同樣的比重。我們細細流覽劉墉的生平，便可體會的出。

劉墉的母親管教劉墉很嚴格，但劉墉仍能在母親的管轄範圍之外，另覓一個只屬於自己的天地裡遨遊，如到河邊去抓魚，或是找個小地方，自己種菜種花草，這種喜好為他日後走上花鳥繪畫的創作，有很大的影響。我們細細流覽劉墉的生平，便可體會的出。

但他認為自己愛畫畫的啓蒙者是他的父親，雖然劉墉的父親不是畫家，但他以開明的態度鼓勵劉墉畫畫。不是帶劉墉去參加各種繪畫比賽，要不是就拿到辦公室給同事看。但劉墉這個知音在他九歲那年因癌症去世。

父親的去世後，不幸的事一件接著一件來臨。劉墉初一時，因舅舅的無心的疏失，導致一場無情火，將他和母親安身的家，夷為平地，劉墉卻如旁觀者，欣賞火焰之美，絲毫對於即將來臨的苦難，沒有任何感覺。後來家中的財物又遭偸兒的光顧，母親無力重建新屋，便在廢墟間築一草房，供兩人棲身。每每入夜後，看著別人家透過來溫暖的燈光時，他開始感受到人情的冷暖。

民國五十三年，劉墉就讀於台北成功高中。在這段期間，他在很多方面都有突出的表現，常在演講比賽中囊括前三名，在繪畫的領域中，不僅有大突破，並獲得全省學生美展教育廳長獎。

劉墉因病休學一年之後，於民國五十七年以第一志願就讀於師大美術系。劉墉將大學生活揮灑的淋漓盡致，過的多姿多彩。他曾代表學校和其他大學的同學一起公演，由劉鳳學執導姚一葦的劇作《快樂的人》（原名《紅鼻子》），劉墉所飾演的小丑，榮獲男演員金鼎獎。也因這齣劇的因素，認識在電視台工作的趙琦彬，「他知道我這個人很會背劇本，當時我有個外號叫『電腦演員』。因爲他有齣配合政策的戲，裡頭有很長的（一下子就是幾百字）獨白式的台詞，而馬上要錄製，所以只好找我這『電腦演員』去演。」（《我的第一次》）也是因爲這齣戲的原故，讓他接觸到現代舞，後來跟著林懷民學舞，表演《武陵人》中那個誤入桃花源的漁夫。

在劉墉大學的生活中最爲人津津樂道的，就是和同學畢薇薇戲劇性結婚一事，這件事轟動了整個師大，爲人津津樂道。原來在當時保守的風氣下，劉墉的岳父希望自己的女兒，能夠好好念書，談戀愛那是畢業之後的事。但這些話對於正在熱戀中的人是沒有用的，一待戀愛成熟了，結婚的念頭就越來越強烈。一天，劉墉跑到美術系的教室說：「喂，有誰帶圖章？有的話跟我到法院去蓋章，我跟我的女朋友要公證結婚了，你們當我的公證人。」語畢，在同學歡喜的促擁下，劉墉在法院和畢薇薇結婚了，當然事後在岳父的首肯下，重新補辦婚禮。

劉墉大學畢業後，在電視台主持「分秒必爭」的節目時，在開場白他總會說一段很短的話，這些話感動了觀衆的心，在觀衆的要求下，劉墉想出自己生平的第一本書：《螢窗小語》，但許多出版商對這本書的寫作方式有意見，當然對於出版更是興趣缺缺。劉墉有份執拗的個性，只要認定是對的、是要做的，他無論如何都要實現的。因此，他憑藉著在大學編《文苑》的經驗，自己動手做出版。結果這本書竟出乎意料之外的大賣，而後一再的再版，出到第七集。也因這本書的稿費，讓劉墉養其他的冷門書，開畫展，甚至讓劉墉在財源無後顧之憂的情形下，民國六十六年獲《綜合電視週刊》選爲「最受歡迎電視記者」後，旋即辭去薪水優渥的記者工作，到美國去繼續發展他的理想抱負。

民國八十一年《肯定自己》爲《聯合文學》讀者選爲民國八十年文學好書第一名。《愛，就注定了一生的漂泊》爲時報廣場選爲民國八十年暢銷好書第一名，從此以後劉墉便與暢銷排行榜結下不解之緣。而後爲回饋社會，便成立「水雲齋」青少年諮商中心，爲青少年們解惑。

劉墉認爲人立志要趁早，就像爬山一樣，在努力往高峯前進時，沿路的風景也值得駐足觀賞。所以他參加舞台劇，當記者，當作家，都是爲了體驗人生，做爲他做畫家的前置準備。並且在人生的態度上，他認爲「只是認認眞眞世界上好好活著，雖九死其猶無悔，很壯闊，也很慷慨。」這些對於正處於徬徨少年時的青少年，是否有啓發的作用呢？

㈡著作

- 顫抖的大地（劉軒原著）～61
- 螢窗小語1～62
- 螢窗小語2～63
- 螢窗小語3～64
- 螢窗小語4～65
- 螢窗隨筆（詩畫散文集）～66
- 螢窗小語5～67
- 螢窗小語6～68
- 螢窗小語7～71
- 眞正的寧靜（詩畫散文小說集）～71
- 小生大蓋（幽默文集）～73
- 點一盞心燈、薑花～75
- 超越自己、四情～78
- 創造自己、紐約客談～79
- 肯定自己、愛就注定了一生的漂泊～80
- 人生的眞相、生死愛恨一念間～81
- 冷眼看人生、屬於那個叛逆的年代（改寫劉軒原著）、離合悲歡總是緣～82
- 衝破人生的冰河、作個飛翔的美夢、把握我們有限的今生～83
- 我不是教你詐、迎向開闊的人生、在生命中追尋的愛～84
- 生生世世未了緣、抓住心靈的震顫、我不是教你詐2～85
- 尋找一個有苦難的天堂、殺手正傳、在靈魂居住的地方、創造雙贏的溝通（與劉軒合著）～86
- 攀上心中的巔峯、我不是教你詐3、對錯都是爲了愛～87

二、劉墉文學特色

民國八十五年金石堂的統計，劉墉列名爲十年來臺灣最暢銷的作家，由《螢窗小語》造成轟動開始，到近年的《我不是教你詐》，都能擁有廣大的讀者羣，是什麼因素讓讀者對他的作品愛不釋手呢？大概是因爲劉墉始終能堅持「在感動別人之前，先感動自己。」他說：「要想文章寫得好，你必須平時收集材料，不但看萬卷書，也行萬里路，使自己下筆能眞實而生動。」所以他的文章段落分明，由淺近生活處談起，用自己的語言，寫自己的生活，說自己的道理，而且經常探觸到每個人都會遇到的問題，述說人們共有的故事及社會的基本缺點，結合時代脈動，這種取材方式，仍是讀者最容易接受的。

劉墉的成功在於他的多變，他的作品常是一本理性，一本感性，交互的呈現，譬如：他在寫《人生的眞相》之前，便出版了《生死愛恨一念間》，在寫《冷眼看人生》之後，又出了《衝破人生的冰河》……，而由一系列的作品中，又可發現他的統一性。當我們細細觀察，就會發現他的筆觸是相近的，封面設計是系列的。由早期的「修身」，到後期的「處世」，由「娓娓道來」到「嚴詞批判」，讓讀者一步一步進入他所營造的世界。

三、劉墉二三事

(一)以精簡規律的生活為要

劉墉雖然是個藝術家，從他的身上你絕對看不到，時下所謂藝術家荒誕不羈的行徑，反倒會爲他的生活超乎常人的「規律」而吃驚，因爲劉墉認爲：「盡量簡化生活，因爲唯有讓生活規則死板，才能將活絡的心思全盤用於創作。」（呂幼綸：《劉墉簡化生活　活絡心思》）。他是如何將這種規律散見在他生活的各各層面上呢？

在吃東西方面劉墉很隨意，一切以健康爲前提，不過食，不過量。喝咖啡時自己會帶「代糖」，到時時樂用餐時一定點烤雞腿，據聞他曾經以「同種口味，相同數量」的水餃，連續食用月餘而不膩。

在生活程序上：每天起牀後，先吃完「早午餐」，讀讀當天的報紙，再到院子裡做一些蒔花植草的工作，活動一下筋骨，好讓腦子清醒一下，蘊釀工作的情緒。而後就座，啜飲自己調製的「劉記」咖啡後，開始一天的創作活動，到了下午五點鐘，運動休息，吃過晚飯後，再繼續他尚未結束的思緒活動。但在工作的過程中絕不能有任何的干擾，首先他不會以音樂爲伴，以免讓音樂的弦律擾亂了自己文字的節奏性。除此之外，爲了維持一個無干擾的工作環境，他會以房門為警訊：開著是歡迎進入，關著是切勿打擾。

(二)只有一件事

劉墉自小就喜歡文學，高中開始研究古詩詞段句。照理來說，在文學的園地裡耕耘了那麼久，劉墉的寫作成績應該是不錯才對。事實上不然，高三以前的劉墉，作文成績總是與乙上為伴。一直到他高三時，他才開竅。

究竟這之間的癥結點在那裡？在於劉墉過於執著的個性。原來他每每寫作文只寫一段，即便這段文字寫的是如何精美，老師也無法給予高分。對此劉墉卻不以為然，他說：「我想要講的只有一件事啊！」而他這種想法延伸到日後的多數作品中。

四、劉墉的父親

劉墉的爸爸帶領劉墉的歲月不過九年，卻給他留下許多溫馨的記憶。在劉墉的心目中，學藥劑的爸爸是大畫家。雖然他只會畫兔子，但是只要用七筆，就能畫出個大耳朵、圓尾巴，還有紅顏色的大眼睛，襯上天藍色的背景，就是一幅美麗的圖畫。不但如此，他還是個魔術畫家，他只要用蠟筆寫字，再將紙對折，放到燈上烤，然後打開，一個字變成兩個字，叫劉墉佩服的無體投地。

他對兒子劉墉的畫作，也是充滿信心的，劉墉喜歡畫花，每一朵都能畫得一模一樣，辦公室的叔叔、阿姨都說他的畫可以賣許多錢，於是有天他突發奇想，拿著他爸的畫和他的花，到處兜售，錢是沒賺到，倒是挨了媽媽一頓毒打，爸爸見了，摟在懷抱中，直說：「人家不識貨，咱們還不賣呢！」就是這句話，讓劉墉始終不放棄對畫畫的喜愛。

劉墉爸爸的生命力也是靈動的，狂熱的，他養魚，從小魚缸到水族館的規模，從臭水溝撈魚蟲，只為看小魚搶著吃的一種成就感，幾夜不睡，蹲在魚缸前，只為檢查水的溫度，讓「神仙魚」孵化順利。自從迷上釣魚後，他從小溪釣上急流，由河裡釣到大海，魚也愈釣愈大。可是有一回他曬得通紅回來，渾身起水泡，整夜疼得無法入睡，媽媽為爸爸擦藥，水泡破了，流出的都是黑水，後來就一病不起，留給劉墉的只是「躺在爸爸懷中，嗅到的薑花，聽到魚鈴、水聲、鐘聲，張開眼，看到一輪明月，點點寒星……」的回憶。這些回憶影響了劉墉一生的作品。

五、劉墉與劉軒

劉墉的兒子劉軒民國六十一年生於臺北，演講、鋼琴屢獲殊榮，紐約茱麗葉音樂院預科及史岱文桑高中畢業，美國哈佛大學主修心理學，著有《顫抖的大地》、《屬於那個叛逆的年代》等。

劉墉始終堅信：教育是先教他思考的方法、求知的途徑，再放他出去，讓他自己闖，小孩有小孩的世界，必須自己決定自己的前途。由以下幾件事情，可以看出劉墉的教育態度：

劉軒六歲時，移居美國時，劉墉在出境處接他們，走了幾步，見劉軒腳一瘸一瘸地，便說：「這小鬼，平常總是被大人牽著手走，所以兩條腿輕重不一樣，以後能不牽，就不牽，讓他自己走路。」

劉軒十幾歲，開始追女生，奶奶和老媽都不准，可是劉墉卻說：「年輕人，到了青春期，自然會愛慕女性，不尋偶，怎麼成家、生孩子？沒有孩子，生命怎麼延續？這是天性，也是天道，用圍堵，不如引導。」（《屬於叛逆的年代》）

劉墉在美國十幾年，對劉軒的中文教育從不輕忽，他教劉軒識字，從象形文字開始——畫一棵大樹，除了中間的主幹，上面左右伸出兩根枝子，下面長出兩條根是「木」字。再用打賭的方式，誘導劉軒的興趣，例如：「ㄔㄜˇ ㄉㄢˋ」，會寫國字贏一百塊，不會寫輸一百塊，學中文可贏錢，劉軒自然學得快樂。

劉墉用心的和劉軒交心，無怪乎劉軒能如此海闊天空的發展自己，劉軒能接受引導，無怪乎劉墉能以子而自豪。

六、大三娶妻

劉墉的母親對劉墉交女朋友一事管得很嚴，劉墉高中時，她常在大門旁夾竹桃下放掃帚，說是專打壞女生。

而劉墉卻像《紅樓夢》中的賈寶玉，時時有女生圍繞著。直到大學二年級時，認識了畢薇薇。她常幫「採花大盜」的劉墉做「墊背」——讓劉墉踩在她的背上偷採花（作畫寫生用），只因她比較壯，劉墉個兒比較小。她也常在晚上陪劉墉作畫，一邊研墨，說些話兒解悶，劉墉是她最好的聽眾，而她則是劉墉的最佳觀眾。

師大的「噴泉詩社」的一次詩歌朗誦比賽，就是這份情緣的開始，劉墉請畢薇薇到家中一起聽錄音帶，一起研究詩稿，從此畢薇薇每隔二、三日，家教完畢後，總會到劉墉的「蓬門」小坐一會兒，而當她造訪時，總還沒吃飯，劉墉只得為她去買餃子，劉墉常笑說：是「餃子緣」，讓他們成為夫妻，而畢薇薇卻說：是劉墉求婚時用的畫卡——一天一張，除了畫，還有一首首的小詩——感動了她。

但是，能在大學三年級下學期就結婚，恐怕不是「愛情」偉大力量使然，而是劉墉的母親慧眼識「媳婦」。劉墉母親第一次見到畢薇薇就說：「個兒不錯，長得挺細長的。」第二次見面，便道：「這個女孩子能省。」看來，如果不是這樣的因素，母親嚴厲的防守何時可撤下防線，如果不是「欣賞」，如何能在深夜，留下畢薇薇過夜，而讓劉墉睡在樓下不滿五尺的木牀上，也難怪劉墉慨嘆，也許伴著他一生的「氣喘病」就是當時讓牀的結果，但從畢薇薇大三就嫁給他的前衛作風，和如今將劉墉的一家照顧得如此周全，劉墉母親和劉墉的眼光，比他在畫作上的成就，可要高明多多。

貳、課文參考資料

一、《你自己決定吧》賞析

本文是一篇說喻類的論說文，說明凡事要自己作主，卻也要負起全責。寫作方式屬夾敍夾議、因事起興法，從作者搬家前夕收拾家當時，兒子一再詢問怎麼辦開始。這是以第一人稱父親的立場，向孩子說明作主和負責的重要性。

第一段使用冒題法，記敍作者為搬家收拾東西忙得團團轉時，兒子卻悠哉悠哉，等到迫近眉睫時，才緊張地問東問西，作者只說了一句：你自己決定吧，這句話也就是主旨所在。

第二段用追憶方式，提到自己能自由運用「壓歲錢」那種自己作主的興奮心情，筆墨難書，強調作主的確是一件很棒的事，也是青少年成長過程中必須學得的一種能力。

第三段先讚嘆作主是非常美好的事，再用四句話分別說明「自己作主」的四項好處，「但記住」是轉折語氣，說明作主固然很棒，卻也必須對自己、對別人負全責。作者舉「一家之主」、「入學部主任」爲例，說明作主並不輕鬆，有些人愛誇耀自己的能力，一旦遇上挫折、失意，便撒手不管，要別人爲他承擔後果，這樣最要不得的。這段一正一反的論說，兼顧全面性的觀察與申論，是論說文寫作很重要的技巧。

第四段又回到現在所面臨的問題上——要兒子自己收拾自己的東西，認淸自己已到該對自己負責的年齡，不能再倚賴父母，人要長大，要成熟，作主、負責正是考驗。要兒子體察爲人父的用心，畢竟做父親的無法替兒子作一輩子的主。

第五段舉例說明，舉作者在成功嶺服役時，長官所說的一段話，指出打仗時，爲了達成上級交付的任務，必須自行解決各種困難，負起完全的責任。第二小節總結上面的例子，說明責任是無法逃避的，而且一環扣著一環。只要一環沒達成，直接影響其他環節的運作，甚至危及整個國家的安全。強調成熟的人是從頭到腳負責的。

最後一段回歸主題，先用反詰語氣告訴兒子，若是他沒有及時完成任務，會耽誤到全家人的行動，強調責任的環環相扣，並以「你自己決定吧！」作結，簡單俐落，不但呼應了第一段，也凸顯了主題。這種「前後呼應」的結尾法，再度提醒，並勉勵了兒子。

這篇文章分段方式要特別予以說明，採六段法最佳，因爲論說文中六段式（俗稱烏龜法），也就是——合、分、分、合、總論，結論最爲周延，故依文意區分爲六段。作者透過「搬家」、「處理壓歲錢」、「打仗」這三件事，把作主和負責的關係，充分闡述出來。把處事的道理寄託在裡頭，十分口語化，也沒有絲毫的敎訓意味，讀者很容易接受他所要傳達的旨意。

現在的青少年，在父母、師長呵護下成長，逐漸養成依賴的習慣，凡事要人張羅，甚至有的失去生活自理的能力；又有些過於叛逆，不肯受約束，喜歡作主，卻又不肯承擔後果，更有些遇到挫折、不如意，即萌輕生念頭，不僅傷害了自己，更傷害了愛護他們的人。所以，青少年在使用「自主權」時，必須知道有支配的權利，也必須了解自主並非「只要我喜歡，有什麼不可以。」，而是要負責——對自己負責，也對他人負責。

人生旅途中，舉凡擇友、升學、就業、結婚……等大大小小的事，都需要自己作主，審愼的判斷、規畫步驟，持之以恆的實踐，並負擔所有的成敗，才能爲自己爭取最多的幸福。

二、《肯定自己》一書

在年少時生活的磨鍊，劉墉用一套嚴格的標準來衡量自己做過的事，因而十五歲時他獲得全省學生美展教育廳長獎，二十八歲時獲選爲「最受歡迎電視記者」，目前是長駐暢銷排行榜的知名作家，這些都是他自己在肯定自己後超越自己的明證。文質彬彬的劉墉，卻是個嚴格的父親，在教育自己的獨子劉軒，他都是以己身爲範例，並以同樣的標準來要求他，爲了檢討劉軒的得與失，父子倆常爭辯到臉紅脖子粗，甚至氣得拍桌子。爲此，某次劉軒對父親劉墉開玩笑說：「每天費那麼多唇舌，乾脆寫成書好了。」做事認眞的劉墉，果眞把每次對劉軒的訓辭寫成書：《肯定自己》與《超越自己》、《創造自己》。令人吃驚的是，這三本喻子書，竟長據暢銷書排行榜，並塑造出模範的親子典範，這可是劉墉及劉軒所始料未及的。

《肯定自己》的寫作時間正好是其子劉軒由史岱文森高中進入哈佛大學就讀的時期，他透過書信的寫作方式和兒子說話，並教導他如何戰勝自己，因爲「每個人都應當從小就看重自己，在別人肯定你之前，你先要肯定自己。」書中探討吸毒、愛滋病、同性戀及道德觀等問題，在西方以民主放任爲主，東方標榜教條約束的衝突，再輔以快速變化的社會價值觀爲觸媒下，對當今的青少年，所造成的矛盾與徬徨失措，提出自己的看法及建言。

叁、課文補充資料

一、昏天黑地

《嘻談續錄》有一段：「一官好酒怠政，貪財酷民。臨卸任，公送德政碑，上書：『五大天地。』官曰：『此四字是何用意？』衆紳民齊聲答曰：『官一到任時，金天銀地；官在內署時，花天酒地；坐堂聽斷時，昏天黑地；百姓含寃的，是恨天怨地；如今交卸了，謝天謝地。』」

二、壓歲錢的由來

舊時除夕有守歲、辭歲的習俗。是夜，祭祀祖先，闔家團聚歡宴娛樂，最後辭歲時，長者上坐，受下輩禮拜，禮拜完，由長者散給小輩財物。這就是所謂的「壓歲錢」。

舊時對壓歲錢重視程度甚過今天，不但給錢，而且很講究。錢要分大錢、新錢，必須用新大紅線串穿起來，或用紅線將錢穿成鯉魚形、如意形……《燕都雜詠》：「油花紙窗換，舊捨又新年，戶寫宜春字，囊分壓歲錢。」

壓歲錢的習俗起於何時，不詳。從古代小說記載情況看，以清代最盛——清代宮廷，每至元旦，凡內廷行走之王公大臣以及御前侍衞，均賞八寶荷包，置於胸前；富豪之家，也散金銀錠。明代也有壓歲錢的形式——《金瓶梅》第七十八回詳細寫了除夕情形：除夕之日，窗梅痕日，竹爆千門萬戶，家家貼春聯，處處掛桃符，西門慶置酒於後堂，闔家團拜，西門慶與吳月娘俱有手帕汗巾銀錢賞賜。《紅樓夢》第五十三回寫除夕事最詳細，而且兩次提及壓歲錢。先是除夕來到，上下內外均忙忙碌碌，府中尤氏早晨起來正收拾榮府、賈母的針錢禮物，個頭捧一茶盃壓歲錢子說：「前頭一包碎金子，共是一百五十三兩六錢七分。」尤氏看了一看，只見有梅花式的，有海棠式的，也有如意八寶聯春的。除夕未到，壓歲錢卻已備妥，可見壓歲錢在除夕的主要性。祭祖罷，賈母笑道：「一年家難為你們……，」俱行禮後，左右設椅，然後按長幼挨次就座受禮，男女小廝，兩府丫環，亦按差役上、中、下行、行禮畢，然後散了壓歲錢、荷包、金銀等物。

現在除夕發「壓歲錢習俗」仍在，錢財數量有日漸增多趨勢，小孩支配錢財的能力尚差，但若全數由父母代管，又顯得威權，不如教教孩子「理財」的觀念、方法，一則杜絕「浪費」、「亂花錢」的習慣，二則早日學會「量入為出」、「勤儉致富」的理財觀，也是二十一世紀未來主人翁必備的知能。

三、桑維翰——鐵硯勵志

我國在五代時期，以後梁立國十七年最久，後唐立國十四年次之，再次就是後晉高祖石敬瑭在位七年，出帝石重貴在位五年，二君共立國不過十二年。

在此期間，對朝廷具有影響力的大臣就是桑維翰，他是河南人，生得面長身短，不成比例，雖然非常醜怪，他卻不自卑，時常照著鏡子自語說：「七尺之身，不如一尺之面，難道我就不能出人頭地嗎？」

當他參加科舉考試時，主考大人認為他的姓「桑」與「喪」同音，太不吉利，看他的長相，有點怪怪的，就沒有錄取他。有人勸他說：「你要出仕，何必參加考試，最好另尋門路吧！」言下，有點諷刺的意味，桑維翰卻不以為忤，他鑄造了一台鐵硯出示給友人說：「等我將鐵硯磨穿，就會改業了。」從此以後，他更為奮發向學，並著了一篇〈日出扶桑賦〉，以表明他的意志，果然，皇天不負有心人，他終於進士及第。

四、立志學醫的華陀

華陀，後漢名醫，字元化，沛國譙（今安徽亳縣）人。

當華陀還很小的時候，有一天，他的母親正在繡花，卻忽然暈倒了，從此以後，便一直躺在牀上，請了許多醫生都束手無策。華陀的母親就在病情一拖再拖的狀況下去世了。

華陀是個非常孝順的人，母親的去世使他非常難過，因此，就在這一天，他在心裡立下了一個志願，希望自己長大後，能成為一位醫術高超的醫生，為病人消除疾病的痛苦。

當時，有一座名叫「瓊林寺」的廟宇，傳說裡面的長老醫術高明，所以華陀在葬好母親後，便啓程前往瓊林寺去向長老學習醫術。

當時的交通不方便，前往瓊林寺的路途又遙遠，只能步行；費盡千辛萬苦，終於走到了瓊林寺。由於他的不畏艱難，感動了寺裡的長老，就答應了他拜師學醫的請求。

剛開始的時候，長老只叫華陀做一些雜活兒，然而，無論這些活兒有多麼髒、多麼累，華陀總是默默地做完，從不抱怨、也不叫苦。雖然如此，華陀並沒有忘記自己立下的志願，他在做完手邊的工作之後，常細心地觀察長老是如何為病人看病配藥的，然後，自己再反覆思考，並且牢記在心裡。

有一天，長老忽然告訴華陀：「從今天起，我要正式教授你治病的法子了，你不但有志氣，又願意吃苦學習，以後一定會是個好醫生。」華陀聽了非常高興，他恭恭敬敬的對長老說：「我會專心學習，絕不辜負您的期望！」

接著，長老便把華陀帶進一間屋子裡，屋裡有許多大書櫥，書櫥裡排列著琳瑯滿目的醫學書籍。長老對華陀說：「這裡可是一座裝滿醫學知識的寶庫，你要努力去挖掘這些寶藏，別白白地浪費了。」華陀不斷地點著頭說：「謝謝師父的教誨，我一定會認眞地讀這些書的。」

從此，華陀便一面努力讀書，一面虛心地向長老學習醫術，醫術也就慢慢地有了進步。後來華陀漸漸長大成人，終於在學成之後四處行醫救人，完成他當年立下的志願，成爲我國古代最傑出的名醫。

五、負責任、不取巧的晏殊

晏殊，字同叔，宋臨川（今江西臨川縣）人。爲宋仁宗朝宰相，性剛峻，雖處富貴，卻自奉如貧士。喜獎拔人才，名士多出其門下，如范仲淹、韓琦、歐陽修、王安石等都是。

晏殊從小就非常聰明，七歲便能寫文章，是個很用功的小孩。十四歲時，張文節帶他晉見仁宗，到了朝廷，正好仁宗在爲新進士們進行考試，張文節向仁宗介紹晏殊，仁宗聽說他非常聰明，於是將考進士的題目拿給晏殊試試看。

晏殊一見試題，發現正好是他最近才做過的題目，便說：「這個題目我在十天前就做過了，草稿都還在呢！請皇上另外出題目吧！」

仁宗聽到晏殊這麼說，覺得他非常誠實，因此對他留下了深刻的印象。儘管晏殊年紀還小，還是把他安排到專門寫文章的翰林院工作。

當時，天下太平，人們生活安定，每逢假日，京城裡所有的官員便常到郊外遊玩，或在城裡的酒樓、茶館舉行大小宴會。晏殊家裡很窮，沒有錢出去吃喝玩樂，所以只好留在家裡和兄弟們讀書、寫文章。

一天，仁宗想爲太子挑選官員，他並沒有叫大臣推薦，自己就直接指名要晏殊擔任。大臣們覺得非常吃驚，不知道這是怎麼回事，就連宰相也表示反對。

仁宗解釋說：「我聽說官員們時常吃喝玩樂，只有晏殊一直閉門苦讀，可見他是一個非常勤學負責的人，將他安排在太子身邊是最合適的。」

晏殊先謝過恩，然後說：「我並不是不喜歡出去遊玩，也並不是不喜歡吃美味的食物，只是因爲我家很窮，如果我有錢的話，當然也會去呀！」仁宗見他對自己的言行負責，不會藉機取巧，就更欣賞他了。也因爲這個緣故，仁宗一直很信任晏殊，最後晏殊更成爲宋朝的宰相，幫助仁宗處理天下大事。

六、清操勵節的管寧

管寧，字幼安，漢時北海朱虛人，他是齊相管仲的後代。十六歲時，他的父親去世，中表親憐恤他的孤貧，都願意資助他父親的喪葬費用，他皆謙辭不受，以自家的財力來料理他父親的喪事。在守孝三年期間，與他的母親相依爲命，曲盡人子之道。家境雖然不太寬裕，由於人口簡單，生活倒也無憂無慮。平日以讀書爲樂，不喜歡做無謂的遊樂，常常以清高自許。

管寧自幼就與平原華歆、同縣邴原兩人相友好，一起從師讀書，他和邴原二人的操行，更是名望重於一時。

黃巾賊起，天下大亂，公孫度爲遼東太守，頗有賢名。管寧與邴原及平原王烈等，同往遼東投靠，公孫度特別虛館以待之。在山北結廬而居，所談論的都是經典之學，從來不及世事。後來，越海避難的人，愈來愈多，大家都來與他結鄰而居，只有十個月的時間，就成爲一個市鎮。管寧遂設館講學，陳列著俎和豆兩種盛牲禮的器具，舉止狀貌，皆以法度爲準，態度謙虛，不是讀書人，不願輕易接見。由是，不但公孫度很欣賞他的賢德，連居民也被他感化了。

皇甫謐《高士傳》裡記載說：「管寧所居村落，居民到井中取水，男男女女，很是混雜，爭井鬥鬩，時常發生，管寧深以爲苦，於是就多買汲器，分置井旁，以供汲水的人取用，紛爭之事就再也沒有發生了。後來，居民知道是管寧所購置，大家都覺得慚愧，都被他所感化。鄰人有牛到管寧的田中踐踏，管寧將牛牽到蔭涼的地方，供給牛食料，比牛主所飼的還要精美。後來牛的主人非常慚愧的將牛牽回，感覺有如犯了嚴刑一般。」

管寧和華新二人，在園中種菜，忽然在泥土中挖出了一塊金子，這時，管寧無動於衷地將金子視同瓦礫一般的撥開，華歆見到這塊金子，卻將它撿起來，欣賞一番後，才有點捨不得的將它擲了出去。

有一天，管寧與華歆二人共席讀書，有一位達官貴人坐著轎子，從門前經過，華歆放下書本，就趕到門外去觀看，管寧則毫不動心，聽而不聞，仍然照舊讀書。經過這兩件事之後，管寧發現華歆不是他理想的朋友，再也不願與他同席讀書，從此也就絕交了。

七、垓下之圍

秦朝滅亡之後，西楚霸王項羽和漢王劉邦互爭天下。兩國各有勝負，久久相持不下。而後，漢王得到韓信和彭越的兵力相助，將楚軍圍困在垓下。項羽的軍隊駐紮在垓下，兵少，糧食也剩下不多，再加上漢軍又包圍了好幾層圍兵，根本無法突圍。

漢軍爲了減低楚軍的士氣，特別安排了許多懂得楚歌的人，在漢營裡唱起楚歌，引發楚軍的思鄉情緒，使得軍心煥散。項羽在夜裡聽到四面漢營中，唱的都是楚歌，大爲震驚：「難道漢軍已經攻取楚地了嗎？否則漢營裡怎麼會有那麼多楚人呢？」

項羽身邊有一個美人，名叫虞姬，經常跟隨在項羽身邊；而項羽最心愛的馬，名叫騅，等於是他的戰友。這時，項羽聽著四面楚歌，面對著美人虞姬和駿馬騅，不禁百感交集，一個人悲傷的飲酒，作詩唱道：「力拔山兮氣蓋世，時不利兮騅不逝。騅不逝兮可奈何，虞兮虞兮奈若何！」虞姬聽了，明白項羽的心情，便對他說：「大王既然已經心灰意冷，那我活著做什麼呢？」於是自刎而死。

虞姬的死，讓項羽感傷地流下淚來，決定要突破重圍。他騎上駿馬騅，一馬當先，衝出漢軍的重重包圍，跟隨的人有八百多人。漢軍一直到天大白，才發現突圍的人竟然是項羽，於是立刻派兵追趕。

項羽的兵馬經過一夜的奔逃，能夠追隨的人只剩下二十八騎，而追趕的漢軍卻有幾千個人。項羽心想，恐怕是脫不了身了，便決心應戰。他將二十八騎分爲四隊，對他們說：「我爲你們取下漢軍一個將領的頭！」他命令四隊騎士分別朝四個不同的方向奔逃，殺出重圍之後，在山的東邊集合。然後他大喝一聲，驅馬飛馳，漢軍在他的衝殺之下，就像風吹草倒一樣，紛紛散逃，項羽又迅雷不及掩耳地斬殺了一個漢軍的將領。

漢軍的赤泉侯楊喜由背後要追殺項羽，項羽發現了，回頭怒目大吼一聲，楊喜的馬嚇得一時控制不了，倒退了好幾里才停下來。

之後，漢軍又包圍項羽的兵馬，項羽再馳馬衝殺，斬殺了漢軍將近一百人，而他的兵馬只死了兩名。

於是，項羽帶著二十六名騎士，退到烏江西岸。烏江負責駕船的亭長仰慕項羽的英雄氣概，早已將船準備好，等候項羽上船，要帶他渡江回去。

項羽淒苦地笑著說：「我項羽原本帶著江東八千個子弟，渡江西進，攻取天下；如今江東子弟沒有一個人回去，只剩下我一人，就算江東的父老兄弟依然願意擁護我為王，我又哪裡有顏面再見江東父老呢？」

項羽於是將他的愛馬騅送給亭長，命令騎士們都下馬，準備和漢軍短兵相接；漢軍追到烏江邊，雙方衝殺，項羽最勇猛，一個人便殺了漢軍數百人。

在廝殺的當時，項羽發現漢軍司馬是他的舊友，問說：「你不是我的老朋友呂馬童嗎？」呂馬童被他認出，感到十分羞愧，不敢出聲。

「我知道漢王懸賞買我的人頭，取下我的頭就可以得賞千金，封萬邑戶，我們既然是老朋友，我就給你一點好處吧！」項羽說完，便拿起劍自刎而死。

至此，楚漢相爭的局面結束，漢王劉邦一統天下，建立了漢朝。而此次戰役，史稱「垓下之圍」。

肆、思考與練習

一、十三歲的你，目前擁有幾種「作主」的權利，感覺如何？

答 零用錢的花用、服飾的選擇、交友、補習……有時候感覺是自由的、是長大的，有時遇到困難，不知所措，有時做錯了，連累他人也受罰，心裡當然不舒服。作主是很棒的，但是一旦要承擔後果，就不再是輕鬆的、不再好玩的。

二、談談你是如何處理「壓歲錢」的？你的理財方式？不妨去查查資料，問問家人、好友，對基金、股票、銀行、郵局的定期活期存款利率，做個了解，小小投資，也許是大大收穫，未來主人翁要有理財的概念。

答 自由報告，可以圖示，也可以表格呈現。

三、面對環境，如何自我突破，增強「作主」的能力？

答 ㈠決定自我的價值，自己的成敗；㈡把自己看成和別人一樣重要，不自卑。㈢生活要有目標，每天努力做些想做或該做的事。㈣增加對周遭事物的敏感度，並準備作有效的反應。㈤打破刻板化的生活方式，改變習慣定向的工作態度和解決問題方法。

四、請利用下面的詞語造句：

㈠去蕪求菁：

㈡分身乏術：

㈢好整以暇：

㈣翻箱倒櫃：

㈤生殺大權：

五、作者用怎樣的態度教導孩子？請和胡適《母親的教誨》、吳晟《不驚田水冷霜霜》做個比較。

答

㈠天下父母心，沒有一個父母不疼愛自己的子女，但是作者鑑於現在孩子的嬌生慣養，養尊處優，溫室的花朵，恐不堪事，於是以比較嚴厲的方式，教導兒子怎樣面對艱難橫逆的環境，賦予他「作主」的權利，並要求他「負責」的態度。

㈡同：態度都是肯定、嚴厲的

七、作文：

㈠引導作文題目：小我與大我：請用「任重道遠」、「自私自利」、「息息相關」、「一日之所需，百日斯爲備」、「一念之間」，串成一篇短文（一百字內）

㈡看圖作文（八十六中山女中推薦甄試）

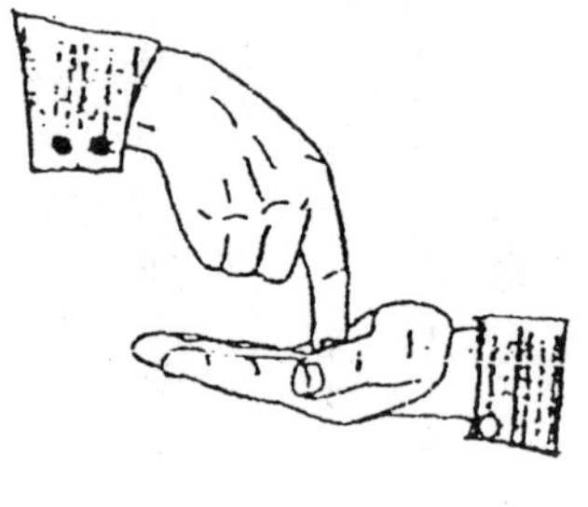

由這幅圖，你觸發了何種感想，請用一百字左右寫下你的體會。

㈢命題作文：

1、從心想起

2、一次負責的經驗

3、戰勝自己

4、活得漂亮

5、點亮的才是燈

6、成功以負責爲起點

7、做個有責任感的人（85省聯）

8、比讀書更重要的事（85北聯）

9、有所爲，有所不爲

10、小我與大我

（莊美英・黃淑媛・南飛）

第七課　你自己決定吧

八、最苦與最樂

／梁啓超

壹、作者參考資料

一、富魅力的一代鴻儒——梁啓超

(一)生平

梁啓超，字卓如，號任公，別號飲冰室主人。廣東省新會縣人。生於清同治十二年（西元一八七三年）正月二十六日，卒於民國十八年（西元一九二九年），享年五十七歲。

梁啓超本是十世務農的家族，後爲耕讀人家。自幼跟隨都是秀才出身的祖父維清、父親寶英讀書，尤其是受到祖父的啓蒙最多。因爲夜晚長與祖父同眠，又日常伴祖父身側，聽祖父講古代豪傑之士的嘉言懿行，對於宋明王國時可歌可泣的烈士事蹟，更是啓發梁啓超民族革命情操。

幼年時期，家貧無書可讀，只有《史記》、《綱鑑》而已。父親每日督課，因此都能成誦。曾經斥責他說：「汝自視乃如常兒乎？」因此梁啓超更加發憤向學，終身不敢忘。梁啓超體格魁偉，得天獨厚，豪氣縱橫，但從不與人爭吵，乃得之於父教。他的父親當了二、三十年的鄉紳，以排解鄉民的糾紛爲務，頗具協調精神，因此造成日後梁啓超成爲改革派的領導人物，有著深厚的影響。

至於他冒險犯難，不避艱危的剛强個性，以及做事腳踏實地，對人誠實不說謊，表裡如一的作風，實得之於母教。由下列〈我爲童子時〉之自述文可見一斑：「我家之教，凡百罪過，皆可饒恕，爲說謊話，斯不饒恕。我六歲時，不記因何事，忽說謊一句，……不久即爲我母發覺。……晚飯後，我母傳我至房，嚴加盤詰。……可憐我稚嫩溫澤之軀，自出娘胎以來，未嘗經一次苦楚。當時我被我母翻在膝前，力鞭十數。……但記有數語云：『汝若再說謊，汝將來變成竊盜，變成乞丐。』……」因此養成他日後無論在進德、修業方面，都是一個誠實不苟的人。

梁啓超自幼聰穎過人，六歲時讀完《四書》、《詩經》、《中國略史》，八歲時讀完《五經》，學爲文。九歲能綴千言，十二歲就考中了秀才，應試學士院，補博士弟子員，是八股時代破天荒的事，故時人以「神童」譽之。十三歲到廣州進了學海堂讀書，學海堂是兩廣總督阮元創設的。他在這裡學的是詞章訓詁、典章制度，受的是考據、辨僞、輯佚、補正等課程，這些課程比原先的八股文學習，自然是較符合梁啓超的興趣，經過四年的學習，奠定了國學基礎，也對日後的治學有了極大的影響。

十七歲那年（清光緒十五年，西元一八八九年），參加廣州舉行的鄉試，中了第八名舉人。主考官李端棻欣賞其才，將其妹婚配與梁啓超。少年得志，又是春風得意，豈不令人羨煞！

但好景不常，在十八歲那一年，他的父親帶他上北京參加會考（應進出版的士試），卻鎩羽而歸。在路經上海時，看到許多新出版的西學翻譯書，引起他的好奇心，買了一本《寰宇志略》，才知道天下之大是包含了五大洲，不是只有中國而已。眼界一開，便飢渴地吸收西方的科學與文化，但當時購買力，卻無法滿足他的求知慾，於是設法向人借閱，因此開始接觸到更多的新知識和新思潮，在這樣的影響下，對於他的思想、行動，有了莫大的變化。

回到廣東以後，梁啓超聽說知名學者康有爲上書於光緒皇帝，要求變法未果，剛從北京回來，便以陳千秋的引見，而登門求教。當時康有爲慷慨陳詞，闡論中國千百年的舊學無用的批駁與辯證，使年輕又充滿熱血的他，受到強烈的震撼。於是便拜康有爲爲師，正式在藏書甚多的廣州長興里「萬木草堂」下，執弟子之禮。其實康有爲雖比他年長十五歲，但卻是舉人拜秀才爲師，傳爲奇聞（康有爲直至光緒十九年才中舉）。薰陶三載，除了泛讀一般經史之外，對於先秦諸子、陸王理學、佛教經典以及西洋學術，恣意涉獵，也作深入的研究，學問也有了長足的進步，可以說一生學問得力之處，盡在此時。而在思想方面，全然傳承康有爲的改革主義。在此期間協助康有爲編寫了《新學僞經考》等書，是康有爲最得力的助手。

光緒二十年，再度和康有爲赴北京趕考，仍未被錄取。第二年，兩人再接再厲，梁啓超依然榜上無名，但在客居京師時，結識譚嗣同、夏曾佑二人，可謂一得。這一年他二十二歲，正是甲午戰敗之後，喪權辱國的〈馬關條約〉簽訂之時，全民激憤，有識之士，無不拊臂切齒。康有爲決心再上書聖上，在得意門生梁啓超協助下，聯合在京師準備應試的各省舉人一千二百多人，聯名上書，要求「拒和、遷都、變法」。這就是歷史上著名的「公車上書」。（公車，原是漢代官署名。臣民上書和徵召，都由公車接待；也曾用公家的車馬接送應試的人，後來便以「公車」做爲舉人入京應試的代稱。）雖然，當時清廷並沒有採納這些愛國學人的建言，但維新的思想已經開始在中國各地傳播開來。

雖然科舉失意，上書失敗，但仍不減其愛國赤誠，梁啓超便留在北京，協助康有爲組織「强學會」，並擔任書記員，創辦《中外紀聞報》。不久遭到清廷頑固派的壓制，學會、報館陸續遭到查封。但變法維新的思潮，卻有了迅速的發展；因爲，各地的學會、報館，如雨後春筍般蓬勃興起。

過了兩年（光緒二十二年，西元一八九六年），梁啓超到了上海，再創辦《時務報》，出任主筆，批評時政，極力倡導改革中國的政治，因立論激進，剖析甚當，故頗受歡迎，報紙的銷售，也創下佳績。隔年，應湖南巡撫陳寶箴之邀，到湖南的「南學會」演講，且接下「時務堂」的講師一職，而蔡鍔、范源濂也拜師於堂下。當此之時，維新派以湖南爲大本營，著名人物如譚嗣同、黃遵憲、唐才常、江標等，都是一時之選，所以梁啓超在湖南也正可以逞其辭辯，暢所欲言了。當年他所寫的論文，都是主張廢除科舉制度、興辦學校、變更官制、推行憲政，才能挽回在風雨飄搖的中國。因爲胸懷國家興亡，匹夫有責之心，所以在國事紛亂，民心沸騰的當時，他的筆鋒便常帶有濃厚的民族情感，非常具有鼓舞民心的作用。

到了戊戌那一年（光緒二十四年，西元一八九八年），光緒皇帝終於接受了康有爲的維新變法主張；以侍郎徐致靖之薦，也召見梁啓超，派他辦理大學堂譯書局的事務。當時年輕的德宗皇帝，銳意變法，康有爲深受知遇之恩，梁啓超也參與其事。怎奈這個維新運動只推行了一百天，便遭到慈禧太后以及朝廷上的保守派的反對，終於發動政變，將德宗皇帝幽禁於瀛台，同時下令逮捕主持新政的革新派份子。結果，當時號稱「六君子」的譚嗣同、林旭、劉光第、楊銳、楊深秀、康廣仁等人，均被捕而遇害。史稱「戊戌政變」。至於主腦人物「康梁」二人，因事先得到情報，得以乘大島兵艦倉皇逃遁，免於一死。而梁啓超先逃至日本，再轉往夏威夷、南洋、澳洲等地，以避清廷的追捕（慈禧曾懸賞白銀十萬兩緝拿），那一年他才二十九歲。

到了二十九歲（光緒二十七年，西元一九〇一年），梁啓超又回到日本，先後創辦《清議報》、《新民叢報》、《國風報》等雜誌形式的刊物，都由他執筆寫社論，主張君憲、介紹西洋學術思想，發表了一百多篇的文章和專論，又造成轟動。西元一八九九年，在他主持的《清議報》上，開始使用「飲冰室主人」的筆名。關於這個名字的由來，他在《自由書》的〈序言〉中作了說明，「莊生曰：『我朝受命而夕飲冰，我其內熱歟？』以名吾室。」後來又創辦《新小說》、《政論》等雜誌，均風行海內外。這時候梁啓超的文學鋒芒，已經在經驗的磨鍊之下，顯得更加耀眼了，彷彿是黑夜中的一顆彗星，劃過長空，使得滿清皇朝的統治者，無不咬牙切齒，直如芒刺在背，惴惴不安。

民國建立以後，梁啓超結束在日本亡命十四年的生涯，回到了祖國，擔任熊希齡內閣的司法總長和段祺瑞內閣的財務總長，但爲期都很短。也在天津主持《庸言報》和《大中華雜誌》，繼續抒發政論，以關心動盪不安的時事。

民國四年（西元一九一五年）袁世凱竊國稱帝，梁啓超便寫了一篇〈異哉所謂國體問題〉的評論，抨擊袁氏。據說，這篇文章完成之後，袁世凱曾託人以二十萬金賄賂，叫他不要發表，但他卻不爲所動，反而在遲疑之時，更堅定發表的意願。並且暗中策動學生蔡鍔，回到雲南，進行倒袁的工作，終於把袁世凱的皇帝夢給瓦解了。不過國事如麻，不久發生張勳的復辟事件，欲擁清廢帝溥儀復位，眼看好不容易建立起來的共和政體，卻又遭受打擊，於是東山再起，除通電表示極力反對外，並促請段祺瑞舉兵於馬廠，參加討伐。但國內的政局始終是一波未平，一波又起，此後北方軍閥相繼爲亂，在痛心疾首之餘，組織一個歐遊考察團，希望借他山之石，重新改造新中國。

梁啓超在歐洲遊歷、考察，並在巴黎近郊寫作，達兩年之久。返國之後，將其所感，寫成一部《歐遊心影錄》；也組織「共學社」，翻譯西洋名著，延請羅素等來講學。自從歐遊回來以後，似乎受到歐洲浪漫氣息的感染，整個人的思想、生活有了很大的轉變——從此脫離政治，專心從事於學術研究及著述、講學工作。他將一生所學，畢力於治學，不論詩、詞、戲曲、史學、佛學，以及諸子百家的哲學思想，均有所成。民國九年以後，先後在北京高等師範（國立北平師範大學前身）、清華大學、南開大學及在東南大學（國立中央大學前身）主講「中國政治思想史」；民國十四年任清華研究院導師，指導學生做史學的研究工作；也擔任北京圖書館館長、司法儲才館館長等職。在他晚年，曾經寫下不少學術性的文字，內容涉及到哲學、史學、文學、經濟、法律、道德、宗教、翻譯等多方面，計其一生著述，當不下一千四百萬言，且多爲不朽之作，所以號稱學術領域的「百科全書」。以《清代學術概論》爲最早，其他如《中國近三百年學術史》、《墨子學案》、《佛教研究十八篇》、《梁任公學術演講集》、《先秦政治思想史》、《中國歷史研究法》之正、續篇，都可說是近代學術研究的開山祖師。最可惜的是《中國文化史》，才擬定篇目，還來不及動筆，一代鴻儒就在民國十八年一月十九日午後，因便血症於北平協和醫院（也是國父病逝之處）與世長辭，享年五十六歲。

㈡為學歷程

梁啓超自幼至壯，未嘗一日廢學，即使在病榻之中，還寫作《辛棄疾年譜》不輟，每得新材料，往往爲之狂喜不已。爲文初學桐城古文，後改學魏晋駢文。爲自亡命日本以後，創辦刊物，即一變而爲自由之體，作品融合俗語、駢語、韻語及外國語法，文字平易暢達，筆鋒犀利，氣勢磅礴，他自謂「筆鋒常帶感情」，信筆揮灑有如長江大河，自成一格，一時競相仿效，成爲晚清流行的文體，當時號稱「新民叢報體」。他所創的這種文體，打破昔日的桐城義法，曾爲自命正統的古文學家所詬病；然而他的文章，條理清晰，而且力透紙被，在力論陳辭之間，自有一種魔力，緊緊扣住讀者的心弦。因此他終於能打倒稱霸文壇已久的桐城派古文，而獨領風騷地，開創文壇的另一種新風貌。對於梁啓超的文章，黃遵憲說：「驚心動魄，一字千金，人人筆下所無，卻爲人人意中所有，雖鐵石人亦應感動。從古至今文字之力之大，無過於此者矣。」可見當時在中國對知識份子產生的巨大影響力，是無人可望其項背。

梁啓超的文章，充滿著時代的創傷，卻帶著激越奔騰的一股熱情，擲地有聲；而他的詩也別有一種深沈與澎湃的力量。他常在激憤的情緒中，流露一種超逸不羣的奇氣，如他在壯年之時所作的〈志未酬〉一詩：「志未酬！志未酬！問君之志幾時酬？志亦無盡量，酬亦無盡量時。世界進步靡有止期，吾之希望亦靡有止期，衆生苦惱不斷如亂絲，吾之悲憫亦不斷如亂絲。」在這樣的愛國詩句裡，我們可以看出他不凡的胸襟，是何等的博大，何等磊落！

他畢生的志業只在政治和學術，朝野重視，無論文壇政界，是歷史上舉足輕重的人物。晚年亦用語體文寫作，故也是近代白話文學之先驅者。著作甚豐，他從西元一八九二年，十九歲開始，留下最早的《讀書分月課程》，至死神的召喚，三十六年間，每一年都有著作發表，平均每年寫作量爲四十萬字。故凡近代史之各種研究，無不以他的著作爲主，因爲他不但親身參與了整個中國的近代史，也是學術研究的泰斗。今有林志鈞所編《飲冰室合集》，共一百四十八卷，彙集他所有的專著散論，最爲完備。

二、梁啓超二三事

㈠桃色八卦——鐵漢柔情

梁啓超體格魁梧，豪氣縱橫，興趣廣博，平日以交友著述爲樂，處事則冒險犯難不避艱危，感情奔放，哀樂過人。但在個人的情感方面則是另一個鐵漢柔情的梁啓超。

1、河東獅吼的元配夫人

梁啓超的元配夫人原是當鄉試中式舉人時，主考官李端棻婚配其妹李蕙仙（京兆尹李朝儀之三女），李夫人相貌平凡，因出身名門，閱識雖廣，但不免有驕貴之氣，且其身材高大於梁啓超，故梁啓超有幾分的懼內之心。旅居日本橫濱時，李夫人的辱罵之聲，長達於里巷之中。

2、「來喜」有喜的侍妾

梁啓超爲推翻封建時期，一夫多妻的婚姻制度，於是和友人共同發起「一夫一妻世界會」，但他卻有一侍妾名叫王來喜。來喜本是李夫人的陪嫁婢女之一，因乖巧勤敏，深得女主人的寵信。在旅日的時候，家中財物鎖匙，都交付她來掌管，儼然是家中的總管。光緒三十年某月，梁啓超忽託人攜來喜至上海，友人均感詫異，後來得知是爲易地生產之故。過了很久，得李夫人的諒解，准將來喜母子送回橫濱。

3、美麗的「外遇」——薛小姐

在一次的機遇中，梁啓超在日本認識一位從上海前來留學的薛姓女子。梁啓超驚爲天人，心有所感，並在《清議報》發表詩文讚美、歌頌她。當時李夫人知道之後，尚未大發雷霆，只是常怒形於色，忍隱未發。

此時梁啓超住在夏町保皇會樓上，對門就是革命黨的中和堂。一天夜裡，他晚歸叩門，樓上李夫人應聲：「你回來幹嗎？去陪薛妹妹好了。」任他在寒風夜裡低聲下氣請求開門，怎奈夫人，怒從中來，斥責之聲，不絕於耳；使得平日是死對頭的革命黨人，在對面開窗拍手叫好。他顏面盡失，於是像喪家之犬，垂頭喪氣地離開。這一晚，他成了無家可歸的流浪漢。

4、紅粉知己——何小姐

戊戌政變後隔年冬天，梁啓超自日本之檀香山，應華僑之邀對外演講。當時的翻譯員是長於辭令的何蕙珍小姐。梁啓超賞識其才，頗爲傾倒，甚至透露求婚之意，何小姐雖心生愛慕之意，惟以使君有婦爲由，不願重婚。梁啓超於是又詠詩二十首於《清議報》上，這次不滿的不僅是李夫人，連老師康有爲也斥爲荒淫無道。詩云：

「青山紅粉講筵新，言語科中第一人。
含情慷慨謝嬋娟，江上芙蓉各自憐。
萬里海槎一知己，應無遺恨到天涯。
眼中既已無男子，獨有青睞到小生。
如此深恩安可負，當筵我幾欲卿卿。」

至此，何小姐守閨不嫁。民國二年，梁啓超任司法總長，何小姐飛越而來投奔，梁啓超只在辦公客廳接待，無法給予承諾，何小姐乃悵然而歸。民國十三年，李夫人病逝，何小姐又自檀香山來北京。此時梁啓超自認垂垂老矣，不宜再論兒女私情，竟「連一頓飯也不留她吃」，而讓何小姐再一次獨自傷心離開。任公對此癡情女子「發於情，止乎禮」，雖淸白自處，然教當事人情何以堪！

㈡麻將哲學

1、養身論

年輕時，梁啓超有如千里快馬，下筆常是洋洋灑灑數萬言，甚或坐談半天可以不倦。到了五十歲以後，忽患腰酸背痛之症，每寫一文，便痛楚難耐。他的親家林長民勸他打打衞生麻將，鍛鍊坐力。於是偶爾如法炮製，果眞不藥而癒，且成了寫作的熱身運動。他的《先秦政治思想史》等稿，大都是「雀戰」之後寫成的。有人不解，問其何已然？他笑答說：「大概因集中全神於四圍，所以不覺疲倦了。」

2、救國論

梁啓超住天津時，與市長住處後門相通，常在下午展開方城之戰，打至半夜方歇，開始寫稿。有人問他消磨這麼多的時間於麻將桌，豈不可惜？他說：「麻將不能不打，要救國一定要打麻將。打麻將不僅可以觀察一個人的品格，還可以鍛鍊一個人的堅忍精神。一坐下去，不論勝負，一定要打完四圈或八圈，不能有始無終，三圈不和牌，最後一圈和滿貫，還可以反敗爲勝，訓練人不要怕失敗，奮鬥到底的精神。」

當年針對袁世凱寫的〈異哉所謂國體者〉，便是因一時文思不敏，特和朋友打了三天的牌，之後關至房裡，下筆颼颼如有神助，果然成了倒袁的最佳文宣。

3、讀書論

梁啓超還有一句名言：「只有讀書可以忘記打牌，打牌可以忘記讀書。」蓋任公讀書興趣濃厚，可以廢寢忘食，哪還有閒工夫打牌？然而打牌是他的生活項目之一，一旦上了牌桌，便全神貫注，又怎會想到讀書？兩者的吸引力之大，由此可見。但書讀多了有益無害，頂多變成書呆子；可是終日沈溺在方城之戰，卻可叫人心智喪失，甚至家破人亡。所以說若無任公之學問、定力，豈可藉口打牌！

㈢學問文章

1、北大憨生

梁啓超曾在北大演講，一日正滔滔不絕時，忽然中斷演說，問了全國菁英一句話：「你們都是大學生，對算術必有研究，現在請問三加四等於若干？」衆人以爲名家之問，自當非簡易算術，其中必有玄妙之處，不敢貿然以對，以免貽笑大方。過了許久，梁啓超笑說：「此本不難，以其易而難之耳，因爲大家都能答，今日竟無人能答。余意研究學問一定要有勇氣，有毅力，有恆心。」

2、精神陽氣

梁啓超身材壯碩，一向豪氣干雲，深信「精神愈用則愈出，陽氣愈提則愈盛。」因此，他每興之所起，往往下筆數日而不休。尤其當他創辦《新民叢報》時常常數日不眠，作文多達十數萬字。有時拿出手中的稿件，對弟子說：「汝輩玩兩天，吾乃成書一本，吾睡覺去矣。」教人不由得佩服他的文章不但寫得好，也寫得快。

3、以序爲書

民國九年，與學生蔣百里同作歐洲遊，回國後任公寫成《歐遊心影錄》，蔣百里寫成《歐洲文藝復興時代史》，請老師作序。怎知任公一下筆，就一發不可收拾，竟大寫中國近代學術復興史，沒幾天變成六萬言，快與原書等量齊觀了，可說千古以來最長的序。最後乾脆出版爲《清代學術概論》（後擴充爲《中國近三百年學術史》），反而要學生爲他作序了。

4、藏書豐

梁啓超一生好學不倦，勤奮著述，自云：「平昔眼中無書，手中無筆之日絕少。」吾人從其藏書可見一斑。他不但愛看書，更愛購書，是個藏書家。家中藏書宋元善本之書不多，但各類書籍爲數甚多。在他爲病魔纏身之時，還對家人說：「我自己零用呢，很節儉，用不著什麼，除了有萬不得已的捐助借貸外，就只愛買書。我很想每月平均有二百元（銀元）的買書書費。」當他逝世之後，家人將他的藏書悉數捐贈於北平圖書館，計一百三十箱，共四萬兩千六百餘冊，都是歷年零星購買，才有汗牛充棟之成果。也唯有如此嗜書如命，任公故能成爲一代政治革命家，和學術界的鴻儒。

5、學問趣味

梁啓超自稱爲趣味主義者。他說：「倘若用化學化分『梁啓超』這件東西，把裡頭所含一種元素名叫『趣味』的抽出來，只怕剩下的只有零了。我以爲凡人必常常生活於趣味之中，生活才有價值。若哭喪著臉捱過幾十年，這麼，生活變成了沙漠，要來何用？中國人見面最喜歡用的一句話：『近來作何消遣？』這句話我聽著便討厭。話裡的意思，好像生活得不耐煩了。幾十年的日子沒辦法過，勉強找一些事情來消遣他。一個人若生活在這種狀態下，我勸他不如早日投海。我覺得天下萬事萬物都有趣味，我只嫌一天二十四點鐘不能擴充到四十八點鐘，不夠我享用。我一年到頭不肯歇息。問我忙些什麼？忙得是我的趣味。我以爲這便是人生最合理的生活。我常常運動別人也學我這樣的生活。」（〈學問之趣味〉）

㈣其他

1、胡適的恩人

康有爲是梁啓超的老師，胡適是他的好友，蔡鍔、徐志摩是他的學生。胡適曾在〈四十自述〉中說：「我個人受了梁先生無窮的恩惠。現在追想起來，有兩點最分明。第一是他的新民說，第二是他的中國學術思想變遷的大勢……新民說諸篇給我開闢了一個新世界，使我徹底相信中國之外，還有很高等的民族，很高等的文化，中國學術思想變遷之大勢也給我開闢了個新世界，使我知道四書五經之外，中國還有學術思想。」梁啓超對胡適的影響，成了胡適「日後思想的濫觴，平生所學的抉擇，終身興趣的所在」。

2、最「酷」的證婚詞

民國十五年，才子徐志摩與原配張幼儀離婚，欲與陸小曼結合，遭家人反對，除非恭請得到老師梁啓超，否則免談。後來經胡適出面情商，任公才勉强答應。但在婚禮上任公非但沒有祝福新人，還痛罵一番：「徐志摩，你這個人性情浮躁，所以在學問方面沒有成就；你這個人用情不專，以致離婚再娶。以後務必要痛改前非，重新做人，祝你們這是最後一次的結婚。」原本喜氣洋洋的婚禮，卻成了「批鬥會場」，使得在場觀禮者，皆面面相覷。

三、最低限度必讀之書

民國十二年，梁啓超應《清華週刊》記者之約，撰寫《國學必讀書及其讀法》一文，所列舉的書目約有一百多種，後來在擬定「最低限度之必讀書目」，所列之書目共二十五種，茲列舉如下：《四書》、《易經》、《書經》、《詩經》、《禮記》、《左傳》、《老子》、《墨子》、《莊子》、《荀子》、《韓非子》、《戰國策》、《史記》、《漢書》、《後漢書》、《三國志》、《資治通鑑》（或《通鑑記事本末》）、《宋元明史記事本末》、《楚辭》、《文選》、《李太白集》、《杜工部集》、《韓昌黎集》、《柳河東集》、《白香山集》。至於詞曲等書，可以隨所好選讀數種。他强調：「以上各書，無論學礦、學工程……皆須一讀，若並此未讀，眞不認爲中國學人矣。」

貳、課文補充資料

一、《最苦與最樂》賞析

本課是一篇對立型雙軌論證的論說文（又稱蝴蝶式論說文），從「最苦」與「最樂」兩個極端的觀點下筆結構謹嚴。梁啓超的文章特色，是常常借用自己的生活經驗談人生之道。他體會眞切，心思細密，摒除俗念，將生活所得，娓娓道來，而非紙上談兵，所以頗得讀者的信服。人生如戲，有悲苦、有喜樂，如何避「苦」趨「樂」，是每個人殷殷企求的。但這個夢想實在太高遠了，不容易寫好，梁啓超便從「責任」之盡與未盡，來談人生的苦樂，深入淺出，使年輕的讀者可以認眞且實際地看待「責任」問題，故是一篇不朽的佳作，值得再三玩味，甚至引申爲進德修業的座右銘。

我們除了欣賞梁啓超的眞知灼見外，還應注意到他的議論層次，段落的銜接，以及如何引經據典作爲論證的手法。本文的寫作特色是筆勢雄健，見解卓越，結構分明，引證貼切，深入淺出，情理交融。共分成五段，採循序漸進的方式進行，從最苦談到最樂，最後才總結，全文採先調分、後綜合的「歸納法」佈局而成，條理暢達，平易自然。

第一段提出身上背負一種未了的責任，是人生最痛苦不過的事了。開頭即以「設問法」中的「提問」，以自問自答的方式來引入討論的重點，直接破題。這種筆法的特色是引起讀者的興趣，再帶入作者的思考模式，其中如連珠砲般的一問一答，所造成的抑揚頓挫的效果，教人有酣暢淋漓，大呼痛快之意。作者先否定世俗所認定的「苦」，以爲人只要知足、安分，便可以脫離苦海。因爲貧窮、失意，只是一時的，只要肯化危機爲轉機，化轉機爲契機，便有可能達於成功之道。至於生老病死，那更是自然法則，不必强求，只要達觀以對，便可怡然自得。所以作者要强調眞正的苦乃在於「責任」——該做的事，而良心是責任的法官，若責任未了，就像被判了無期徒刑一樣，永遠也難逃法網（良心的責備）。本段也運用了一個非常貼切傳神的譬喻，那就是「該做的事情沒有做完，便像是有千斤重擔壓在肩頭，再苦是沒有的了。」能將抽象的「責任」，化作既具體又誇張的譬喻——千斤重擔，是令人深刻的修辭。

第二段延續首段的風格，又是以一大串的日常生活中切身的例證，來深入論述未盡責任的痛苦。一般而言，高談闊論的言辭，太過於生硬，而且生疏；生活化的言辭，將使人因經驗相同，而易使人產生共鳴感，讓作者的觀點，直接進入到讀者的思維之中而不知。因爲答應人、欠人錢、受人恩、得罪人，均每一個人必有的生活經驗，作者以反面論述，此等責任未了，難免會魂牽夢縈，不得安眠，或帶至棺材，死不瞑目。這種煎熬、這種痛苦別人無法代替，有時連金錢也無法解決，只有實際面對，才能釋然！本段在修辭方面除了大量採用排比、類疊、層遞，來闡論責任的範圍（自己、家庭、社會、國家），和責任的例子（受託、欠錢、受恩、得罪），以及責任未了（從一日到一生）；也運用最佳修辭——譬喻，就是以「契約」譬喻責任所在。

第三段筆鋒一轉，轉成正面論述，說明人生最快樂的事，莫過於責任完了。仍用「設問法」開頭，將痛苦從快樂翻轉起來。强調快樂之權，操在自己的手中，然後運用「引用法」，以古語、俗語、成語、論語來加强論證，是訴諸權威的寫法。這裡使用「如釋重負」、「石頭落地」、「海闊天空」等譬喻，揣摩責任完了的心情，是那般的輕鬆自在，簡直可以達到聖人「無入而不自得」的境地。其中「大抵天下是從苦中得來的樂才算眞樂」，這句洞悉人事的話使全文發展達於最高峯，可謂精闢獨到之言！得卻唯有苦盡甘來，才能嚐到永恆的快樂，而不是一時的快感。

第四段延續第三段的「引用法」，前一段是至聖之言作結，此段則以亞聖、宗聖之言展開議論，前後呼應聖人之言，氣魄之雄渾，不可小看。而這一段既是以聖人之言爲例證，乃是因爲聖賢豪傑、諸聖諸佛、仁人志士，不畏痛苦，且能苦中作樂，並將責任推至「捨己爲人」的最高境界。他們承擔著「以天下爲己任」的重責大任，卻體驗一般人所體驗不到的「眞樂」，因爲他們的付出，是不計較利害得失，只求責任完了，而這一份雖苦猶樂的責任非凡夫俗子所能及，所以說眞正的大快樂，是盡了最大的責任。

第五段作者改以「對辯法」立論，肯定責任是不容推卸，只有盡責任，才有快樂。先用假設法，提出反駁，再以勸喻的方式，說明人生來便有了責任，「推卸」得不到快樂，只會自投苦海；「解除」才能享受快樂。而快樂有大小的分別，這因解除責任的大小而異。如此正反對辯，可使自己的言論，不會遭受質疑，而更能加強全篇主旨的說服力量，是論說文寫作中最周全圓融的方式。

二、精句探索

㈠人若知足，雖貧不苦——意同「知足常樂」，因爲知足便可以安貧樂道，如孔子的「飯疏食，曲肱而枕之，樂亦在其中矣」，和復聖顏淵的「一簞食，一瓢飲，在陋巷，而不改其樂」。

㈡若能安分，雖失意不苦——意同「不戚戚於貧賤」，因爲君子可以常處約，如陶淵明不爲五斗米折腰，躬耕南山。

㈢老、死也不算苦——因爲「生死有命」，只有達觀以對生死，自然來去輕鬆。

㈣該做的事沒有做完，便像是有幾千斤重擔子壓在肩頭，再苦沒有的了——意同「如坐針氈」；相反意即「如釋重負」、「心上一塊石頭落了地」、「海闊天空」、「心安理得」。

㈤縱然不見他的面，睡在夢裡，都像有他的影子來纏我——日有所思，夜有所夢。

㈥凡屬我受過他好處的人，我對於他便有責任——意同「感恩圖報」，因爲受人點滴，必湧泉以報。

㈦凡屬我應該做的事，而且力量能夠做到的，我對這件事便有了責任——意同「當仁不讓」，也是「捨我其誰」的精神，因爲義之所在，爲所當爲。

㈧大抵天下事從苦中得來的樂，才算眞樂——意同「苦盡甘來」、「不經一番寒徹骨，焉得梅花撲鼻香」。

㈨君子有終身之憂——這種「憂」是出自於悲天憫人的胸懷，所以和范仲淹的「先天下之憂而憂」的精神相通，也是「聖言豪傑任重道遠，仁人志士的憂國憂民，諸聖諸佛的悲天憫人」。

㈩任重而道遠……死而後已，不亦遠乎？——原是「仁以爲己任」，所以責任重大；又必須做到鞠躬盡瘁、「死而後已」，所以，歷程是很長遠的。

三、《新民叢報體》的分析

梁啓超在《清代學術概論》中，回憶亡命於日本的時期說：「自是啓超復專以宣傳爲業，爲《新民叢報》、《新小說》等諸雜誌，暢其旨意，國人竟喜讀之。……二十年來學子之思想，頗蒙其影響。啓超素不喜桐城派古文，幼年爲文，學晚漢魏晉，頗尚矜煉，至是自解放，務爲平易暢達，時雜以俚語、韻語及外國語法，縱筆所至不檢束。學者競效之，號爲新文體，老被則痛恨，詆爲野狐。然其文條理明晰，筆鋒常帶感情，對於讀者，別有一種魔力焉。」試將本文以這種梁啓超獨創的「新民叢報體」分析其特色。

㈠俚語、諺語

本課用了一句俗語：「心上一塊石頭落了地」。

㈡駢語

本課運用很多「排偶」句法，如：「人若知足，雖貧不苦；若能安分，雖失意不苦」、「答應人做一件事沒有辦，欠了人家的錢沒有還，受了人家的恩惠沒有報答，得罪了人沒有賠禮」、「一日應盡的責任沒有盡，到夜裡頭便是過的苦痛的日子；一生應盡的日子沒有盡，便死也帶著苦痛往墳墓裡去」、「處處盡責任，便處處快樂；時時盡責任，便時時快樂」、「那仁人志士的憂國憂民，那諸聖諸佛的悲天憫人」、「他日日在那裡盡責任，便在那裡得苦中眞樂」、「盡得大責任，就得大快樂；盡得小責任，就得小快樂」。

㈢韻語

本課雖是十足的白話語體文，但仍可見任公之用韻之功力。如：「人若知足，雖貧不苦；若能安分，雖失意不苦」、「答應人做一件事沒有辦，欠了人家的錢沒有還」。

㈣外國語法

本課中之「我受過他好處的人」、「我應該做的事」、「從苦中得來的樂」等，都是以前面句子「我受過他好處」、「我應該做」、「從苦中得來」修飾後面的「人」、「事」、「樂」。這種外國語法是中國所沒有的，藉由這樣的語法，更能凸顯主題。

㈤筆鋒常帶感情

本課雖是一篇論說文，但言人人心中所想的，人人卻筆下所不能言者，作者都用人生百態爲論證，以流利清新、疏朗爽快的筆墨，很眞切的將它表現出來。讀了文章之後，不只能令人心領神會，而且能教人深入肺腑；加上修辭的靈活貼切運用，使情理交融而動人，不知不覺就被他潛移默化了，所以是值得細讀回味的作品。

㈥平易暢達

本課雖是民初的作品，但今日讀來，仍歷久而彌新，主要因爲人生苦樂，自古皆然。且本篇文字淺近，國一學生既能讀，想必老嫗皆能解，故其文「意深而詞淺，旨遠而語近」，由此可見。

㈦條理明晰

本課全文五段呈現「分」、「分」、「分」、「分」、「合」的結構，顯得層次分明、井井有條。雖是「大題」——苦、樂，但以「小作」——責任，來作立論中心，頗具創意。

參、課文補充資料

一、關於「責任」語錄

㈠孟子：故天將降大任於斯人也，必先苦其心志，勞其筋骨，餓其體膚，空乏其身，行拂亂其所爲；所以動心忍性，曾益其所不能。

(二)顧炎武：天下興亡，匹夫有責。

(三)梁啓超：我平生受用的有兩句話：一是「責任心」，一是「趣味」。我自己常常力求這兩句話之實踐與調和……敬業即責任心，樂業即趣味，我相信人類合理的生活應該如此。

(四)蔣中正：以國家興亡爲己任，置個人死生於度外。

(五)但丁：永遠要記住，你的第一項責任，是對你的良知負責。

(六)卡謬：人除了幸福之外，還有責任。

(七)甘迺迪：不要問國家爲你做了些什麼，先要問你爲國家做了些什麼？

二、聖賢豪傑之例證

(一)大禹治水，視天下有溺者，猶己溺之也，故三過家門而不入。

(二)孔子，周遊列國，欲推行仁政於天下，是知其不可爲而爲之的精神。

(三)諸葛亮願竭肱股之力，佐後主劉禪，鞠躬盡瘁，死而後已。

(四)岳飛盡忠報國，奮勇抗金，以身殉國，爲民族英雄。

(五)張巡、許遠以死守睢陽城，流芳百世。

(六)文天祥寧死不屈於元，爲浩然正氣的表現。

(七)黃花崗七十二烈士，爲民主國體建立基業，直可驚天地、泣鬼神。

(八)居禮夫人、愛迪生的科學成就，乃來自無數的失敗過程。

(九)釋迦牟尼捨一國之君，菩提樹下苦練，爲衆生修道，乃成佛陀。

(十)耶穌基督爲衆生解難，釘於十字架上，終成救世主。

肆、思考與練習

一、作文訓練教室

本課一篇非常精彩的論說文，無論在章法、修辭、句型，均是學習的好範本。所以以下三階段之練習，均按照課本的特色設計的，提供作文課之參考。

(一)造句練習

1、請用下列詞語造句

(1)如釋重負：替別人保守祕密是最辛苦的，直到祕密已經不是祕密時，便有如釋重負的感覺。

(2)海闊天空：只要行事端正，不做虧心事，自然每天會過著海闊天空的日子。

(3)操之在己：只要「吃得苦中苦」，會成爲「人上人」、或「人中人」，完全操之在己。

2、請依例仿造句子

例如：人若能知足，雖貧不苦。

提示：……若能……雖……不……

(1)孩子若能乖巧、上進，父母雖勞累工作，也不覺得辛苦。

(2)人若有心，雖踏破鐵鞋，也在所不惜。

(3)你若能及時醒悟，早日投案自首，雖有牢獄之災，也不會斷送生命和前途。

(二)譬喻修辭練習

愛因斯坦說：「想像比學識更重要」，而譬喻修辭是修辭格中的魔法師，它運用了人類極大的想像力，將看不到的用看得到的事物加以比方，或將困難的道理以簡單的比喻來說明，經由熟悉事物的譬喻，使讀者易於接受，進而產生深刻的印象，也加强作者的說服力。本課作者及大量運用這種修辭的魔力，如：「心上一塊石頭落了地」、「如釋重負」、「該做的事情沒有做完，便像是有幾千斤重擔子壓在肩頭」。因此我們將譬喻的四種不同的方式，作一練習。

1、譬喻的種類

(1)明喻　具備了譬喻的三個要素：「喻體」、「喻依」、「喻詞」。如：歲月如梭，「歲月」是喻體，所要說明的主體；「如」是喻詞，連接喻體和喻依的詞語；「梭」是喻依，用來比方的事物。

(2)隱喻　將喻詞由「如」、「像」、「似」、「若」等，改變爲「爲」、「是」等。如：他們是一羣可愛的小天使，以「是」代替喻詞。

(3)略喻　將喻詞省略。如：女人心，海底針。

(4)借喻　只借用喻依說明，喻體、喻詞都省略了。如：吃緊弄破碗（俗諺）。

2、譬喻的練習

(1)明喻　生命像一首歌，聰明的人善於將每一個高低音符，譜成一首完美的樂章。

(2)隱喻　藉口永遠是懶人的寄居殼。

(3)略喻　一段段的旅人回憶，一聲聲的杜鵑泣血。

(4)借喻　克服了種種困阨，便蛻變成美麗的蝶，飛向繁花叢中。

(三)雙軌論證練習

所謂的「雙軌論證」，是指命題作文同時含有兩種意念的論說題式。本課論人生的「最苦與最樂」是標準的「雙軌論證」形式，他常出現在人生課題，所以在命題作文上，更是常客。而雙軌式的論證依性質不同，論說方式各異，一般分爲四種，茲將作法，分述於後。

1、並重關係

這是必須兩者兼顧，因爲它們的重要性是不分軒輊，所以是屬於「水乳交融」的論說題式。如：「讀萬卷書，行萬里路」、「自立與合羣」、「情感與理智」、「學與思」等。這種並重關係，因爲是不可偏廢的，所以可將筆力凝聚在一起，形成單一概念的題型。

2、對立關係

這是一個「水火不容」，有時是魚與熊掌不可得兼的兩難問題的論說題式。如：「傲氣不可有，傲骨不可無」、「安樂與憂患」、「讚美與批評」、「名與利」等。雖然是各自對立的關係，但千萬不可孤立論述，因爲對立的形成，有時是面臨抉擇的關鍵，而非一成不變的關係。所以這種看似容易，其實是要面面俱到，甚至要找出一個中心思想出來，如本課的「責任」。

3、因果關係

這是種什麼因，得什麼果的因果循環問題。如：「不經一番寒徹骨，焉得梅花撲鼻香」、「失敗爲成功之母」、「耕耘與收穫」、「有志竟成」等。這種因果關係的題目，除了先分析何者爲「因」，何者爲「果」之外，往往會側重於「因」的一面論述，强調「要怎麼收穫，先怎麼栽」，其中提供的方法、過程，有時是看出作者的創意之處。

4、比較關係

這是值得三思的辯論題式，因爲二者之間孰重孰輕、孰是孰非，有待作者客觀的評論或探討。如：「追求流行與表現自我」、「接受與回饋」、「道德與法律」、「忠與孝」等。寫作這一類型題目時，必須以邏輯的方式，進行思考，究竟以何種爲重，又如何扳倒另一方的觀點，才是成功的論辯，絕不可模稜兩可。

二、由學生上台發表在生命的過程中的「最苦」與「最樂」。

答

(一)最苦

1、因小小的事故，和好友不再說話，是最苦不過的了。

2、因一時的失誤，看著獎盃，被平常憎惡的對手拿走的感覺，是最苦的時候。

3、做錯一件難以彌補的決定，以致遺憾終身。

4、家中經濟有了困難，望著爸媽糾結的眉頭，身爲兒女的又不能爲他們排憂解難，實在是苦哇！

5、懷才不遇，知音難覓，有冤無處伸。

(二)最樂

1、久旱逢甘霖，金榜題名時，他鄉遇故知，洞房花燭夜。

2、每次段考之後，就有如釋重負的感覺，因爲「無事一身輕」呀！

3、當看到考題上有自己猜中的題目，那種僥倖也是令人雀躍的。

4、爲了一場半小時的演出，我們花了無數的課後時間練習，只爲漂亮而完美的呈現；當聽到觀衆的喝采和掌聲，一切的辛勞，都煙消雲散了。

5、在公車上讓位，得到他人感謝的眼神時，眞是快樂似神仙。

三、由學生上台發表現階段的「責任」問題。

答

(一)學業方面：成績至少在水準之上，將來升學、就業都能隨心所欲地達到。

(二)品行方面：作息正常、不染上惡習。

(三)生活方面：能爲父母解勞、乖巧聽話。

四、由於人生的責任是伴隨年齡有所改變，所要得到「最樂」的人生，就必須先有良好的規劃。請學生談論未來的「生涯規劃」。

答

(一)短程目標：在叛逆的成長歲月裡，能學習成熟、理性，而不幼稚、自私。

(二)中程目標：在進入高中以後能持續發揮所長，繼續深造學習。

(三)遠程目標：至於長大成人，除學以致用之外，對家庭、社會、國家都有所貢獻。

五、奧瑞岡式辯論賽：

梁啓超曾在《中學以上作文教學法》裡將論說文分成五種：說喻、倡導、考證、批評、對辯。本課的第一段和末段即採用「批評法」和「對辯法」。所謂的「批評」，就是別人提出他的意見、主張、學說、主義及考證，我都表示贊成或反對或尚須斟酌；或者別人反對某人的主張，我站在旁觀者的立場，給他們判斷孰是孰非。第一段中指出人生在世「貧、失意、老、死」，都不是最苦的事，就是「批評」別人錯誤的見解。至於所謂的「對辯」，就是和人站在敵對的立場，互相辯難，或者事實上並沒有和我爭辯的人，而在文中假借對談辯難的方式。末段作者假設有人說：「我若是將責任推卻，豈不是就永遠沒有苦了？」然後自己再提出理由加以反駁，這便是「對辯法」。

人生有許多理論是相對而非絕對的理論，爲訓練學生的邏輯思考，及論辯演說能力，特舉辦辯論比賽。比賽方式是採用「奧瑞岡」辯論，題目則與本課有關的「讀書最苦、讀書最樂」，全班分爲三組，兩組爲正反兩方，一組爲裁判、工作籌備人員。也可與另一班舉行「班際辯論比賽」，屆時敦請兩班的導師、任課老師等擔任裁判，相信是本世紀的一場大戰。

比賽簡則

㈠工作人員分配：主席、計時員、計分員、招待、裁判（須單數）。

㈡參賽人員：各隊出賽人員三位。

㈢比賽程序：

1、正一申論，反二質詢。

2、反一申論，正三質詢。

3、正二申論，反三質詢。

4、反二申論，正一質詢。

5、正三申論，反一質詢。

6、反三申論，正二質詢。

7、雙方抽籤結辯。

㈣比賽時間：依申論、質詢、結論標準時間之順序，採「五、四、四」制（但有三十秒緩衝時間）。

㈤評分：

1、評分係就個人、結辯、團體成績分別評定之。

2、雙方總成績各一六五分，包括個人一五〇分、團體十五分。每隊三位隊員成績各五十分，包括申論二十分、質詢二十分、回答十分。

（林嫺雅）

九、五柳先生傳

／陶淵明

壹、作者參考資料

一、好廉克己的陶淵明

㈠陶淵明的生平

陶氏得姓，大概出於唐堯時代。到了漢代有一位功臣叫陶舍，有一位做了丞相叫陶靑，這些都是陶淵明的遠親。

陶淵明的曾祖父陶侃，做過晉使特節侍中太尉、都督荊、江、雍、梁、交、廣、益、寧八州諸軍事、荊、江二州刺史、長沙郡公。陶茂是祖父，做過武昌太守。父親逸亦曾任太守，其母孟氏，是征西大將軍長史孟嘉的第四位女兒，也是陶侃的外孫女。

東晉哀帝西太和四年（西元三六五年）陶淵明出生，江州潯陽柴桑人，先生十二歲，其父卒；十八歲立志做大事，詩云：「憶我少壯時，無樂自欣豫。猛志逸四海，騫翮思遠翥。」可見先生少年的氣象。

安帝隆安二年，先生三十歲，作鎭軍參軍；三十一歲任職軍幕；先生三十三歲，母喪。義熙元年，先生三十七歲，八月，補彭澤令；十一月，不願爲五斗米折腰，自免歸里，從此不再出仕，後來寫了一篇《歸去來辭》，算是他與官場訣別的宣言，其中的《序》交待了先生爲什麼要出來做官，又爲什麼辭官歸田，云：

「余家貧，耕植不足以自給。幼稚盈室，缾無儲粟，先生所資，未見其術。親故多勸余爲長吏，脫然有懷，求之靡途。會有四方之事，諸侯以惠愛爲德，家叔以余貧苦，遂見用於小邑。於時風波未靜，心憚遠役，彭澤去家百里，公田之利，足以爲酒，故便求之。及少日，眷然有歸與之情。何則？質性自然，非矯厲所得。飢凍雖切，違己交病。嘗從人事，皆口腹自役。於是悵然慷慨，深愧平生之志。猶望一稔，當斂裳宵逝。尋程氏妹喪于武昌，情在駿奔，自免去職。仲秋至冬，在官八十餘日，因事順心，命篇曰《歸去來兮》。乙巳歲十一月也。」

宋武帝永初元年，劉裕纂晉，稱宋，先生五十二歲，更名潛，表示決心隱遯。宋文帝元嘉四年（西元四二七年），先生五十九歲，卒於潯陽。（參考：許逸民校輯

《陶淵明年譜》．中華書局）

㈡陶淵明的諡號

顏延之《陶徵士誄並序》云：「夫實以誄華，名由諡高，苟允德義，貴賤何等焉。若其寬樂令終之美，好廉克己之操，有合諡典，無愆前志。故詢諸友好，宜諡曰靖節徵士。」

依據《諡法》，「寬樂令終」爲靖（意思是：陶淵明寬於待人接物，爲人樂觀大度，結局是美好佳善）、「好廉克己」爲節（意思是：他爲人廉潔，嚴於待己。）把兩者合起來，就是陶淵明的一生。由於這個諡號是他的親朋好友私下封給的，因此屬於私諡。私諡的風氣，興起於東漢，盛行在宋代。

貳、課文參考資料

一、《五柳先生傳》賞析

㈠介紹五柳先生的來歷

1、籍貫：「先生不知何許人也」

2、姓、字：「亦不詳其姓字」

說明：「不知」、「不詳」是針對「上品無寒門，下品無世族」門第觀念的公然鄙棄。

3、五柳先生的由來：暗示寧與大自然爲友，而羞與世俗之人爲伍。

⑴「宅邊」：「有五柳樹」。

⑵稱號：「因以爲號焉」。

㈡說明五柳先生的心志：「忘懷得失，以此自終。」

1、秉性：「閑靜少言，不慕榮利。」：表示與世俗功利決裂。

2、精神生活：表示讀書講究融會貫通，痛斥當時不務實際的考據之學與清談玄學。

⑴「好讀書」：「不求甚解」。

⑵「每有會意」：「便欣然忘食」。

3、物質生活：「性嗜酒」。

(1)自己：「家貧不能常得」。

(2)「親舊」：「知其如此」。

方式：「或置酒而招之」

①「造飲輒盡，期在必醉。」

②「既醉而退，曾不吝情去留。」：表現率眞個性，一反當時名士藉喝酒表現怪異、放縱的行爲。

4、生活環境：「晏如也」：表現安貧樂道的精神，爲下文「樂其志」埋下伏筆。

(1)住屋四周：「環堵蕭然」：「不蔽風日」。

(2)生活狀況：

①穿：「短褐」：「穿結」

②吃：「簞瓢」：「屢空」

5、消遣：「常著文章自娛」：「頗示己志」：表示獨善其身的心志。

(三)評論五柳先生：「贊曰」

1、引用：「黔婁之妻有言」

(1)「不戚戚于貧賤」：與前面「環堵蕭然……簞瓢屢空，晏如也」呼應。

(2)「不汲汲于富貴」：與前面「不慕榮利」相呼應。

2、推衍：「極其言」

(1)同類：「茲若人之儔乎」：用五柳先生比擬黔婁先生。

(2)心志：「酣觴賦詩，以樂其志。」：「樂其志」是線索。

(3)時代：「無懷氏之民歟！葛天氏之民歟！」：呼應前面「不知何許人也」。

二、關於《五柳先生傳》

(一)《五柳先生傳》的背景

梁代蕭統《陶淵明傳》云：「淵明少有高趣，博學，善屬文。穎脫不羣，任眞自得。嘗著《五柳先生傳》以自況……，時人謂之實錄。」

(二)《五柳先生傳》作於何時？

1、王瑤注《陶淵明集》：暫繫於晉太元十七年（三九二年），陶淵明二十八歲。

2、逯欽立校注《陶淵明》：繫於宋永初年（四二〇年），陶淵明五十六歲。

3、鄧安生《陶淵明年譜》：繫於晉義熙十二年（四一六年），陶淵明四十八歲。

4、袁行霈《陶淵明研究》：繫於晉安帝義熙十一年（四一五），陶淵明六十四歲。其原因：「細審文章意趣，頗為老成；結合其生活經歷看來，亦應是老年時期之作。文曰：『性嗜酒，家貧不能常得；親舊知其如此，或置酒而招之。造飲輒盡，期在必醉。既醉而退，曾不吝情去留。』淵明本年前後與友人交往較多，其狷介之性益發突出，姑且繫於本年下。」（該書由北京大學出版）

㈢《五柳先生傳》的重要評論

1、宋洪邁《容齋隨筆》，卷八云：「陶淵明高簡閑靖，為晉宋第一輩人。語其飢則簞瓢屢空，缾無儲粟；其寒則短褐穿結，絺綌冬陳；其居則環堵蕭然，風日不蔽。窮困之狀，可謂至矣。」

2、南宋朱熹《朱子語錄》云：「晉宋人物，雖曰尚清高，然個個要官職，這邊一面清談，那邊一面招權納貨。陶淵明眞個能不要，所以高於晉宋人物。」

3、元趙子昂《松雪齋文集》，卷六《五柳先生傳論》云：「志功名者，榮祿不足以動其心；重道義者，功名不足以易其慮。何則？紆青懷金，與荷鉏畎畝者殊途；抗志青雲，與儌倖一時者異趣。此伯夷所以餓於首陽，仲連所以欲蹈東海者也。矧名教之樂，加乎軒冕，違己之病，甚於凍餒，此重彼輕，有由然矣。仲尼有言曰：『隱居以求其志，行義以達其道。吾聞其語，未見其人。』嗟乎！如先生近之矣。」

4、明張自烈輯《箋註陶淵明集》，卷五云：「後世託達官貴人，為己作碑銘傳贊，虛詞矜譽，縷縷萬言，卒為識者所笑。今人為人作序，輒稱許其人在陶靖節之上，此豈可以質後世？言不可不核實如此。」

5、清林雲銘評註《古文析義》，二編卷五云：「昭明作陶公傳，以此傳敍入，則此傳乃陶公實錄也。看來此老胸中，浩浩落落，總無一點一粘著。即好讀書亦不知有章句，嗜飲酒亦不知有主客，無論富貴貧賤，非得孔、顏樂處，豈易語此乎？贊末『無懷』、『葛天』二句，即夷、齊、神農、虞、夏之思，暗寓不仕宋意，然以當身即是上古人物，無採薇忽沒之歎，更覺高渾也。後人倣作甚多，總無一似。」

6、清張廷玉《澄懷園語》，卷一云：「余二十歲時讀陶淵明《五柳先生傳》，以為此後人代作，非先生手筆也。

蓋篇中『不慕榮利』、『忘懷得失』、『不戚戚于貧賤，不汲汲于富貴』諸語，大有痕跡，恐天懷曠逸者不爲此等語也。此雖少年狂肆之談，迄今思之，亦未必全非。」

7、清吳楚材、吳調俊選《古文觀止》，卷七云：「淵明以彭澤令辭歸，劉裕移晋祚，恥不復仕，號五柳先生。此傳乃自述其生平之行也，蕭之澹逸，一片神行之文。」

8、清方宗誠《陶詩眞詮》云：「淵明詩曰：『區區諸老翁，爲事誠殷勤。』蓋深嘉漢儒之抱殘守缺及章句訓詁之有功於六經也。然又曰：『好讀書，不求甚解。』蓋又嫌漢儒章句訓詁之多穿鑿附會，失孔子之旨也。是眞持平之論，眞讀經之法。」

9、清李扶九原編、黃仁黼重訂《古文筆法百篇》，卷十云：「不矜張，不露圭角，淡淡寫去，身份自見，亦與其詩相似，非養深者不能。此在文中，乃逸品也，乃逸品也。」

10、錢鍾書《管錐篇》，第四冊云：「按『不』字爲一篇眼目。『不知何許人也，亦不詳其姓氏』，『不慕榮利』、『不求甚解』，『家貧不能恆得』，『曾不吝情去留』，『不蔽風日』，『不戚戚于貧賤，不汲汲于富貴』，重言積字，即示狷者之『有所不爲』。酒之『不能恆得』，宅之『不蔽風日』，端由於『不慕榮利』而『家貧』，是亦『不屑不潔』所致也。『不』之言，若無得而稱，而其意，則有爲而發；老子所謂『當其無，有有之用』，王夫之所謂『言無者，激於言有者而破除之也。』（船山遺書第六十三冊思問錄內篇）如『不知何許人，亦不詳其姓氏』，豈作自傳而並不曉己之姓名籍貫哉？正激於世之賣聲名、誇門地者而破除之爾。」

三、「柳」的象徵意義

(一)「柳」樹在當時被認爲是一種「珍樹」：

1、魏文帝《柳賦》云：「伊中域之偉木兮，瑰姿妙其可珍。稟靈祇之篤施兮，與造化乎相因。……含精靈而寄生兮，保休體之豐衍。惟尺斷而能植兮，信永貞而可羨。」

2、西晋傅玄《柳賦》云：「美允靈之鑠氣兮，嘉木德之在春。何茲柳之珍樹兮，稟二儀之清純。……參剛柔而定體兮，應中和而屈伸。……是精靈之所鍾兮，蔚鬱鬱以依依。居者觀而弭思兮，行者樂而忘歸。夫其結根建本，則固於泰山。秉覆廣施，則均於昊天。雖尺斷而逾滋兮，配生生於自然。無邦懷而不植兮，象乾道之屢遷。」

㈡歸納「柳」樹的特色，薛順雄先生說明：「1、它是被認爲是天地精靈之氣所聚集，而產生的一種珍奇的樹，所謂『含精靈而寄生』、『是精靈之所鍾』。2、它能剛柔相濟，以應中和，而保休（美）體，不隨便做任何無意義的犧牲，以尊重生命的莊嚴，以及保持生命的豐盛與價值，所謂：『應中和而屈伸』、『保休體之豐衍』。3、它能結根建本，有原則，能堅守，絕不任意動搖根本，是值得人敬重的，所謂：『結根建本，則固於泰山』、『信永貞而可羨』。4、它雖是被尺斷（從原樹上被切斷，而成爲一尺的片段下來移植，在先天上受了很大的傷害），卻依然能夠活得更堅強，更爲滋長，生命的强韌完全突破了一切生長環境的困境，所謂：『惟尺斷而能植』、『雖尺斷而逾滋』。5、在它突破困境生長之後，它能不分彼此兼覆廣施，而普蔭衆生，造福羣類，所謂：『兼覆廣施，則均於昊天』。6、它能不受地域的限制，而廣泛地生長。也不在乎外在環境的變動，而正常地發展，所謂：『無邦壤而不植』、『乾道之屢遷』。7、它能不扭曲自己，而自然地生長，所謂：『配生生於自然』。」

㈢洪順雄先生進一步說明「柳」的象徵意義。他說：「自漢至晉代一些文人所寫的『楊柳賦』中，我們可以瞭解『柳』樹在陶氏的當時，是有其如同上述的一些特殊意義的。而這個特殊意義，也正是陶氏想藉以用來『暗示』其思想、處境、個性、行爲等的特色，所以他才會特別偏愛於『柳』樹，才會特意撰寫出「五柳先生傳」這樣的一篇文章，來做爲『自況』，以示知於世人。」（《論陶潛「五柳」的象徵意義》，見於東海中文學報第八期）

㈣洪先生另外也提到「柳」對陶淵明而言，也寓有其敬慕「柳下惠」的爲人。其說可參考洪先生的論文。

參、語文天地

一、注釋

㈠不求甚解　這裡指不拘泥字句，不鑽研無關緊要的問題。

該句解釋可包含三層意思。王定璋先生解釋說：「首先，對於一個喜好廣泛閱覽，酷好讀書的人而言，由於閱讀面的廣泛，他根本不可能把所有閱覽過的每一本書，每個部分，任何細節都無遺漏地作深刻的理解和帶創見性的認識，這既無必要，更不可能。因而只需把握其大要，理解其精髓就可以了。而且只對那些於自己有用的部份作這樣的處理，其餘內容不過泛泛涉及，作爲信息和知識儲藏起來。這句話的第二層意思是說陶淵明對所讀的書，對他自己感興趣的內容和與自己研究方向有關的知識作深層次地理解和把握，求其甚解，而對其餘部份則毋須甚解。第三層意思是說對陶淵明所看過的書既要深入鑽研，反復思索，可又不盲目崇拜，迷信頂禮，不必對所有的凡是書中所說都求甚解。」這是根據不同的內容作出適當的解釋，可備爲一說，供參考。

(二)短褐　粗布短衣。

「短褐」也作「豎褐」。《史記．孟嘗君列傳》：「亡不得短褐。」司馬貞《索隱》云：「短音豎。豎褐，謂褐衣而豎裁之，以其省而便事也。」《荀子．大略》：「食則饘粥不足，衣則豎褐不完。」王先謙《集解》云：「豎褐，僮豎之褐，亦短褐也。」

另外「褐」是一種劣等的衣服，乃是窮人所穿的，因此「褐衣」、「褐夫」是窮人的代稱。《左傳．哀公十三年》云：「余與褐之父睨之。」杜預注：「褐，寒賤之人。」《孟子．公孫丑上》云：「視刺萬乘之君，若刺褐夫。」朱熹《集注》云：「褐，毛布……賤者之服也。」

(三)酣「觴」　酒杯。

「觴」，說文解字云：「觶實曰觴，虛曰觶。」可知：盛滿酒叫觴，不盛酒叫觶。由此知道，觴不是酒器的專名。「觴」可能與「揚」同源，舉酒勸飲稱「觴」，後來「觴」就成爲各種盛酒的飲器的通稱了。（參考：王鳳陽著《古辭辨》．吉林文史出版社）

(四)不求甚解（或「非求甚解」、「不求盡解」）

1、原指不拘泥字句，不鑽研無關緊要的問題。

2、後來引申，多形容學習、調查等不細緻、不深入。

二、形音義辨析

(一)儔　音ㄔㄡˊ，類。

「儔」與「疇」爲同源字。在漢代以前，「儔」一般都寫作「疇」。

「儔」與「籌」同音，「籌」的本義是計數的用具。

②「既」醉而退

「既」字的甲文作：，金文作：。一邊表示食器，一邊表示一個人把頭掉過來，張著大口在打飽嗝；或是把整個身體轉過來，張著大口表吃飽的意思。因此本義是：吃飽了。後引申：完畢、完了；已經、以後。此處，「既」作已經的意思。

「即」與「既」不同，「既」音ㄐㄧˋ，「即」音ㄐㄧˊ，「即」字的甲文作：。象人靠近盛著食物的器皿。因此本義是，就食。後引申：走近、靠近；走上位置、登上君位。

三、文法修辭

㈠文法

1、曾不吝情「去留」　偏義複詞，「去」和「留」意思相反，在這裡只取「去」的意思。

「去留」在語法中，屬於「偏義複詞」，相同的例子有：「緩急」、「恩怨」、「得失」、「存亡」、「異同」等等，至於取何義，必須要有上下文的意思來決定。

2、環堵蕭「然」

「蕭然」作表語，是形容詞，因此「然」是形容詞詞尾。

3、便欣「然」志食

該句是敍事簡句，「欣然」是副語，修飾述語「忘」。「然」是副詞詞尾。

4、晏「如」

主語「五柳先生」承上省略，「晏如」作斷語，「如」作形容詞詞尾。

5、不「戚戚」于貧賤

該句是表態繁句，「戚戚」作表語，憂愁的樣子。

6、不「汲汲」于富貴

該句是表態繁句，「汲汲」作表語，心情急切的樣子。

7、因以爲號焉

該句是致使繁句。原爲「因以之爲號焉」，兼語「之」指「五柳」承上省略。「爲」作準繫詞。「號」作斷語。

8、「忘懷得失，以此自終。」

該句是敍事簡句，也是倒裝句，原爲「以忘懷得失自終」，爲了要强調補語「忘懷得失」，移置句前，稱爲「外位補語」，原位置加上代名詞「此」，稱爲「形式上的補語」。

9、「酣觴賦詩，以樂其志。」

該句是敍事簡句，也是倒裝句，原爲「以酣觴賦詩樂其志」，爲了要强調補語「酣觴賦詩」，移置句前。動詞「樂」作致動用法，「樂其志」即是「使其志樂」。該句也可看作目的關係構成的複句，第一分句「酣觴賦詩」，「以」表示目的的連詞，第二分句「樂其志」。

10、「無懷氏之民歟！葛天氏之民歟！」

兩句皆是判斷句所構成的平行關係的複句。兩個「歟」作句末助詞，表示推測語氣，因此標點符號應作「？」較妥當。

㈡修辭

1、「省略」，是在一定的言語環境，省掉某個句子或句子的成分的一種修辭方式。

在本課有省略詞：

⑴承上省略「先生」的：「因以（　）爲號焉（兼語省略）、「（　）閑靜（　）少言」、「（　）不慕榮利」、「（　）好讀書」、「（　）不求甚解」、「（　）造飲輒（　）盡」、「既（　）醉而（　）退」、「（　）晏如也」、「（　）常著文章」、「（　）酣觴賦詩」、「（　）無懷氏之民歟」、「（　）葛天氏之民歟」（以上主語省略）

⑵承上省略「親舊」的：「親舊知其如此，或置酒而（　）招之。」（主語省略）

⑶承上省略「環堵」的：「環堵蕭然，（　）不蔽風日。」（主語省略）

肆、課文補充資料

一、黔婁之妻

劉向《列女傳》卷二云：「魯黔婁妻者，魯黔婁先生之妻也。先生死，曾子與門人往弔之，其妻出，曾子弔之，上堂見先生之尸在牖下，枕墼席稿縕袍不表，覆以布被，首足不盡斂，覆頭則足見，覆足則頭見。曾子曰：「邪引其被則斂矣。」妻曰：「邪而有餘，不如正而不足也。先生以不邪之故能至於此，生時不邪，死而邪之非先生意也。」曾子不能應，遂哭之曰：「嗟乎！先生之終也，何以爲諡？」其妻曰：「以康爲諡。」曾子曰：「先生在時，食不充口，衣不蓋形，死則手足不斂，旁無酒肉，生不得其美，死不得其榮，何樂于此，而諡爲康乎？」其妻曰：「昔先生，君嘗欲授之政，以爲國相，辭而不爲，是有餘貴也；君嘗賜之粟三十鍾，先生辭而不受，是有餘富也。彼先生者，甘天下之淡味，安天下之卑位；不戚戚于貧賤，不忻忻于富貴；求仁而得仁，求義而得義，其諡爲康，不亦宜乎？」曾子曰：「唯斯人也，而有斯婦。君子謂黔婁妻爲樂貧行道，詩曰：『彼美淑姬，可與寤言。』此之謂也。」

二、無懷氏

無懷氏是古代傳說中的氏族首領，依據宋羅泌《路史．前紀九．禪通紀》云：

「無懷氏，帝太昊之先。其撫世也，以道存生，以德安刑，過而不悔，當而不揄，當世之人，甘其食，樂其俗，安其居而重其生，意恙不見於色，堅白不刑於心，而漸遠不萌於動，形有動作，心無好惡，雞犬之音相聞，而民至老死不相往來，令之曰無懷氏之民，世用太平，鳳凰降、龜龍閣、風雨節，而寒暑時，於是陞中，泰山以宗天禪云云，以復墜仂名，昭示而天下益趣於文矣。」

三、葛天氏

葛天氏，古代傳說中的氏族首領，在伏羲之前。其治不言而自信，不化而自行，古人認爲理想中的自然、淳樸之世。依據宋羅泌《路史．前紀七．禪通紀》云：

「葛天氏，葛天者，權天也。爰儗旋穹作權象，故以葛天爲號。其爲治也，不言而自信，不化而自行，蕩蕩乎無能名之，其及樂也，八士捉犄投足、摻尾叩角亂之而歌八終，塊柎瓦缶武喿從之，是謂廣樂。於是封泰山，興貨幣，以制數會，故沈滯通而天下泰矣。」

四、《五斗先生傳》

唐．王績

《五斗先生傳》此篇選自《文苑英華》。

原文：

有五斗先生者，以酒德遊於人間，有以酒請者，無貴賤皆往，往必醉，醉則不擇地斯寢矣，醒則復起飲也。常一飲五斗，因以爲號焉。先生絕思慮，寡言語，不知天下之有仁義厚薄也。忽焉而去，倏然而來，其動也天，其靜也地，故萬物不能縈心焉。嘗言曰：「天下大抵可見矣。生何足養，而稽康著論；途何爲窮，而阮籍慟哭。故昏昏默默，聖人之所居也。遂行其志，不知所如。」

翻譯：

有一位五斗先生，用嗜酒對抗禮法來遊戲人間，有用酒請他的人，無論身分高貴或貧賤，他都前往，前去必定喝醉，喝醉了不選擇地方就倒地睡覺，酒醒又再起來喝酒。經常一喝酒喝了五斗，因此就以五斗作爲自己的稱號。先生無思無慮，很少說話，不知道人世間有仁義的冷暖。他的行爲忽然就離開，一會兒忽然就來了，他的動、靜自然，符合天地造化的法則，所以萬物不能纏繞他的心。他曾經說過：「天下的事物大概都可以看得清楚。人生如何能夠保養，稽康作《養生論》可以說明；路途什麼原因會窮盡呢？這是阮籍悲慟哭泣的原因。所以故作糊塗，是聖人的行事態度。一直實踐自己的心意，到最後不知去向了。

比較：

比較《五斗先生傳》與《五柳先生傳》的異同。

建議：

比較的方面：

(一)背景方面

(二)內容方面

(三)主旨方面

(四)結構方面

伍、思考與練習

一、《五柳先生傳》的問答教學

(一)範文理解

1、第一段

(1)五柳先生的籍貫、姓、字爲何？

(2)爲什麼會稱「五柳先生」呢？

2、第二段

(1)五柳先生的秉性爲何？

(2)五柳先生對「讀書」有什麼要求？享受到「讀書」的快樂在何處？

(3)親舊招待五柳先生喝酒，五柳先生的表現如何？

(4)五柳先生住屋四周有什麼情形？

(5)五柳先生在穿著、吃食方面有什麼狀況？

(6)五柳先生的消遣是什麼？表現出什麼？

3、第三段

(1)作者引用誰的話來讚美五柳先生呢？

(2)作者推究黔婁之妻的話，發出那些議論？

(二)形式鑑賞

1、全文

(1)本文的體裁是什麼？

(2)本文的線索爲何？

(3)本文的主旨爲何？

(4)本文的結構可分爲那兩大部份？

2、第一段

(1)作者用「不知」、「不詳」有什麼涵義？

(2)「五柳先生」的稱號有什麼特殊的涵義？

3、第二段

(1)五柳先生「不慕榮利」有什麼表示呢？

(2)五柳先生在讀書方面，對當時社會有何糾正呢？

(3)五柳先生「既醉而退，曾不吝情去留」有什麼用意在？

(4)五柳先生在生活方面「晏如也」，表現什麼精神？與下文那句埋下伏筆呢？

(5)五柳先生在消遣方面表示什麼心志？

4、第三段

(1)「不戚戚于貧賤」呼應前面那一句？

(2)「不汲汲于富貴」呼應前面那一句？

(3)「無懷氏之民歟！葛天氏之民歟！」呼應前面那一句？

答

可參考前面的「課文參考資料」。

二、從《五柳先生傳》談作文訓練

第九課　五柳先生傳

㈠擬題：
1、自傳
2、他傳（自己熟識親朋師長等等）
㈡立場：以第三人稱立場。
㈢結構：至少包括兩部份：
1、說明（介紹能襯托主角的實例）
2、評論

（劉崇義）

十、愛蓮說

／周敦頤

壹、作者參考資料

一、愛蓮的周敦頤

周敦頤，字茂叔，原名惇實，後避宋英宗舊名（宗實）諱，而改爲惇頤。惇字俗寫爲敦字，號濂溪，學者稱爲濂溪先生，道州營道（今湖南道縣）人。生於北宋眞宗天禧元年（西元一〇一七年）五月五日。死於神宗熙寧六年（西元一〇七三年），享年五十七歲，後寧宗賜諡曰元。人稱元公。

其先世並非道州人，歷來徙居的情形，大致可確定爲由汝南（今河南平頂山市附近）而青州（今山東兗州），由青州而襄陽（今湖北襄陽），由襄陽而寧遠（今湖南寧遠縣），由寧遠而營道。開始遷寧遠者是周敦頤的十二世祖周如錫，遷營道者是周敦頤的曾祖父周從遠。

周敦頤出於歷代書香仕宦之家。其父周輔成，先娶唐姓之女，後唐氏去世，繼娶鄭燦之女，即龍圖閣學士鄭向之妹，生敦頤。

周敦頤出生，正値其父仕途得意，加上其母鄭氏的賢德，所以周敦頤的童年充滿著富貴人家和書香門第的雙重特色。不僅有優越的生活條件，而且受到良好的文化教養。

十五歲時，其父去世，其舅鄭向派人接妹妹回開封，周敦頤也隨母入京。鄭向喜歡周敦頤的聰明，更喜歡他讀書學習的刻苦，還爲他取名爲惇實。於居喪期間，在鄭向的督促之下攻讀經史。到二十歲，周敦頤居然「行誼早聞於時」，可見鄭向對周敦頤的一生影響甚大。也就在這年，鄭向在杭州知府任上去世。隔年其母鄭氏也相繼去世，周敦頤就在鎭州鶴林寺內讀書守喪。

仁宗康定元年（西元一〇四〇年）周敦頤孝服期滿，由吏部調洪州分寧縣（今江西修水縣）任主簿。隔年到分寧任職，年二十五歲，正値「縣有獄，久不決，先生至，一訊立辨，衆口交稱之。」（朱熹《濂溪先生事實記》）周敦頤的辨事能力，初次展現，得到世人的讚嘆，也獲得上司的稱許。

慶曆四年（西元一〇四四年）調南安軍任司理參軍。又遇到「轉運使王逵以苛刻草下吏，無敢可否，君與之辨事不為屈，因置手版，解取誥敕納之投劾而去，逵為之改容。」（潘興嗣《濂溪先生墓誌銘》）周敦頤正直不阿的個性，頗得上司的推薦。

慶曆六年（西元一〇四六年），程珦以虔州興國縣知縣代理南安州副職，非常欣賞敦頤的為人和治學，要他的兩個兒子（程顥、程頤）拜周敦頤為師。

至和元年（西元一〇五四年），任洪州南昌知縣，有一天「得疾暴卒，更一日一夜始甦。視其家服御之物，止一敝篋，錢不滿百，人莫不歎服，此予之親見也。」（《濂溪先生墓誌銘》）周敦頤為官之清廉於此可見，而他的薪俸用到那裡？「君奉養主廉，所得俸祿，分給宗族，其餘以待賓客，不知者以為好名，君處之裕如也。」（《濂溪先生墓誌銘》）

神宗熙寧三年，五十四歲的周敦頤任職虞部郎中，擢提點廣南東路部獄，四年領提點刑獄事，到端州，發生了一事件：「知端州者杜諮，採端溪硯石專利，百姓咨怨，號曰杜萬石。先生想之，為請敕定禁令：『凡仕端者，取硯石毋得過二枚。貪風頓息。」（度正《周敦頤年譜》）周敦頤嚴格禁止與民爭利的風範可見一斑。

熙寧六年（西元一〇七三年）六月七日，周敦頤病逝九江，享年五十七歲。（參考：陳郁夫著《周敦頤》．東大出版社、張德麟著《周濂溪研究》．嘉新出版社、梁紹輝著《周敦頤評傳》．南京大學）

◆二、周敦頤的箴言

㈠「人之生，不幸不聞過；大不幸無恥。」（《通書．幸第八》）

翻譯：

人的一生，把有過錯而不聞視為不幸的事；把無羞恥心視為大不幸的事。

㈡「實勝，善也；名勝，恥也。」（《通書．務實第十四》）

翻譯：

實質勝過外表（反映了人的謙虛謹慎，才美不露），所以是善；外表勝過實質（虛有其名，而無其實），所以是惡。

㈢「常人有一聞知，恐人不速知其有也，急人知而名也，薄亦甚矣。」（《通書．聖蘊第二十九》）

翻譯：

普通人有道聽塗說一些事，就迫不及待在人面前賣弄，目的是爲了讓別人儘快了解他，從而取得名聲，而他的淺薄也就暴露無遺了。

(四)「銖視軒冕，塵視金玉。」（《通書・富貴第三十三》）

翻譯：

把高官厚祿視爲銖錢（極少的價值）；把黃金寶玉視爲塵土。

三、周敦頤的書齋及自號

「濂溪書堂」是周敦頤的書齋，位於江西省廬山北麓蓮花峯下。南宋熙寧五年（西元一〇七二年），周敦頤築室於此，因爲書堂旁邊有小溪流過，故名其室爲「濂溪書堂」，自號濂溪先生。

南宋書堂擴建爲書院，並立有周敦頤塑像；明代又在書堂西邊鑿池五畝許，擴大蓮池規模，建成南方的著名學府。周敦頤的墓位於離書堂約三公里處的栗樹嶺上。

貳、課文參考資料

一、《愛蓮說》賞析

一、說明人對花木各有所好：「水陸草木之花，可愛者甚蕃」（總起，以下分述）

(一)「晉：陶淵明獨愛菊」（正襯下文的獨愛蓮）：以獨愛作線索。

(二)「自李唐來：世人盛愛牡丹」（反襯愛蓮的高雅）

(三)宋：「余獨愛蓮」。表現與衆不同。

1、環境：「出淤泥而不染，濯清漣而不妖」：點出蓮花不與世俗同流合汚、潔身自好、不向世人獻殷勤、不孤高自許的特質。

2、體態：「中通外直，不蔓不枝」：點出蓮花通達事理、行爲方正、堅持原則的特質。

3、風度：

(1)「香遠益清」：點出蓮花的志潔行廉，挺拔堅貞的特質。

(2)「亭亭淨植，可遠觀而不可褻玩焉。」：點出蓮花的風度清高、儀態莊重，令人敬愛、不敢輕侮的特質。

二、評論愛花木人的心態：「予謂」

(一)作比喻（品評）

1、「菊，花之隱逸者也。」：指自身高潔的人。

2、「牡丹，花之富貴者也。」：指貪圖富貴的人。

3、「蓮，花之君子者也。」：指潔身自好的君子。

(二)慨嘆：「噫」

1、「菊之愛」：「陶後鮮有聞」：用陳述的語氣，表達社會隱者少有的慨嘆（與前面「晉陶淵明獨愛菊」相呼應）。

2、「蓮之愛」：「同予者何人」：用反詰語氣表達作者深沈的慨嘆（與前面「予獨愛蓮」句相呼應）。

3、「牡丹之愛」：「宜乎眾矣」：用感嘆的語氣，暗諷追求富貴、名利的人（與前面「自李唐來，世人盛愛牡丹」相呼應）。

二、《愛蓮說》的「說」

「說」是古代文體之一。依據：

1、明吳訥《文章辨體．說》類序云：「按：說者，釋也，述也，解釋義理而以己意述之也。」

2、盧學士云：「說須自出己意，橫說豎說，以抑揚詳贍爲上。」

因此，「說」體，一方面要闡釋說明；另一方面要自己獨到見解，才能合乎文體的要求。

三、《愛蓮說》的原委

《愛蓮說》原是碑刻的文字。

宋眞宗嘉祐八年（西元一〇六三年），先生四十七歲，正月七日與沈希顏、錢拓共遊雩都（今江西省于都縣）羅岩，題名，並有詩刻石。後來沈希顏在雩都善山建濂溪閣，請周敦頤題詞，周敦頤作《愛蓮說》致贈，在文後附記說道：

「春陵周惇實撰，四明沈希顏書，太原王摶篆額，嘉祐八年五月十五日江東錢拓上石。」

所以《愛蓮說》最初發表的形式是碑刻。（參考：梁紹輝著《周敦頤評傳》．南京大學出版社）

叁、語文天地

一、形音義辨析

㈠謂說

「謂」與「曰」在用法上有所不同：在表達方式上，「曰」跟「謂」後面都有引語，但是「謂」後面卻不同引語直接連接相連，中間隔著告語的對象。例如：

「孔子曰：三人行，則必有我師。」（韓愈的《師說》）

「徐庶見先生，先主器之，謂先主曰：『諸葛孔明者，臥龍也。』」（《三國志・諸葛亮傳》）（以上的說法參考：王鳳陽著《古辭辨》・吉林文史出版社、黃金貴著《古代文化詞義集類辨考》・上海教育、王政白著《古漢語同義詞辨析》・黃山書社）

如果此說成立，「予謂……」的「謂」改為「曰」或許較為妥當。

二、文法修辭

㈠文法

1、不蔓不枝

「蔓」、「枝」原為名詞，但是位於否定副詞「不」的修飾下，顯示其形容詞，作句子的表語。形容蓮花的姿態不拖沓糾纏。（參考：何淑貞著《古漢語語法與修辭研究》・福記文化圖書公司，第二十二頁）

2、褻玩焉：

……焉，句末助詞，表示結束語氣。

「焉」也作兼詞，等於「於之」，「於」表示動作的歸趨；「之」代蓮花。「玩焉」的意思是：對著蓮花玩弄。

「焉」也可作代詞，指蓮花。「玩焉」的意思是玩弄蓮花。

3、菊之愛：愛菊（的人）。之，句中語助詞，無實質意義。下文「蓮之愛」、「牡丹之愛」語法相同。

「菊之愛」即是「愛菊者」的倒裝句，爲了要强調賓語「菊」移置句前，其間加上倒裝的標誌「之」（句中助詞），「者」字省略。

所謂「倒裝」也稱「倒序」：就是爲了加强作用的目的，改變正常語序的句子。該句是賓語的前置，其他的例子，尚有：

「主義是從」（國父的《國歌歌詞》），原爲「從主義」，爲了要强調賓語「主義」的重要性，於是放置在述語「從」的前面。其間加上句中助詞「是」，作爲倒序的標誌。（以上參考：劉崇義編著《文言語法基礎篇》．建宏出版社）

4、「宜乎衆矣」

「宜乎衆矣」是「衆宜乎矣」的倒序句，該句爲要强調表語的「宜」，所以移置句前，屬於表語前置的倒序句。

5、「花之隱逸者也」的「者」：「者」作指示代詞，用於動詞、形容詞、數詞後面，指代人、事物、數目等。此處「者」，代替「花」的意思。

6、「水陸草木之花」、「花之隱逸者也」、「花之富貴者也」、「花之君子者也」四句是主從結構，因此「之」作介詞＝的。

7、「予獨愛蓮之出淤泥而不染」，其中「蓮之出淤泥而不染」是主從式造句結構，因此「之」作介詞≒的。

8、「出淤泥而不染」、「濯清漣而不妖」、「可遠觀而不可褻玩焉」三句皆爲轉折關係的複句，其中「而」是表示轉折關係的連詞。

9、「亭亭」淨植：「亭亭」是疊音詞，挺拔聳立的樣子。在該句作副語，修飾副語「淨」。

10、「菊之愛，陶後鮮有聞。」：該句是陳述句。

11、「蓮之愛，同予者何人？」：該句是反詰問句。

12、「牡丹之愛，宜乎衆矣！」：該句是感嘆句。

(二)修辭

1、「菊，花之隱逸者也。」、「牡丹，花之富貴者也。」、「蓮，花之君子者也。」

三句皆是譬喻句。所謂「譬喻」，也稱「比喻」：用另一本質不同而又有相似的事物作比方的一種修辭方式。例如：「朋友眞像是一本一本的好書」（林良的《父親的信》），用「好書」比喻「朋友」。「朋友」是喻體、「好書」是喻依、「眞像是」是喻詞。同樣地，「菊」、

「牡丹」、「蓮」是喻體、「隱逸者」、「富貴者」、「君子者」是喻依，三句的喻詞皆省略了。

這三句，由於喻體是事物、喻依是人，因此也可視為擬人法。所謂「擬人」是「比擬」的一種：把物當作人來描寫，使物具有人的動作行為、思想感情、音容笑貌的一種比擬。例如：「只有夜風還醒著，從竹林裡跑出來，跟著提燈的螢火蟲，在美麗的夏夜裡愉快地旅行。」（楊喚的《夏夜》）。「風」有「醒著」、「跑出來」、「跟著」等人的動作；「螢火蟲」有「提」、「旅行」等人的動作、行為。

2、「晉陶淵明獨愛菊；自李唐來，世人盛愛牡丹。」

這二句是排比。所謂「排比」：由二個或二個以上結構相同或相似、語氣一致的短語、句子或段落成串地排列在一起，表達相似或相關的內容的一種修辭方式。又名「排迭」。例如：「燕子去了，有再來的時候；楊柳枯了，有再青的時候；桃花謝了，有再開的時候。」（朱自清的《匆匆》）三句結構相同，語氣一致，是典型的排比。而語句「晉陶淵明獨愛菊」、「自李唐來，世人盛愛牡丹」基本的結構大致相同（雖然前句是單句，後句是複句）。

3、「予獨愛蓮之出淤泥而不染，濯清漣而不妖；中通外直，不蔓不枝；香遠益清，亭亭淨植，可遠觀而不可褻玩焉。」

該句中的「出淤泥而不染，濯清漣而不妖」、「中通外直，不蔓不枝」、「香遠溢清，亭亭淨植，可遠觀而不可褻玩焉」是「予獨愛蓮」的三項原因，因此是排比句，雖然句子長短不一，但卻表達相關的內容，仍然可視為排比句。

4、「予謂：菊，花之隱逸者也；牡丹，花之富貴者也；蓮，花之君子者也。」

該句中的「菊，花之隱逸者也」、「牡丹，花之富貴者也」、「蓮，花之君子者也」是排比句，句子結構相同，語氣一致，表達相關的內容。

肆、課文補充資料

一、《愛蓮說》的主旨與佛教的關係

周敦頤處在理學發展的時代，因此有人認爲《愛蓮說》與佛教有關係，例如劉先民先生說道：

周敦頤的理學思想是道家思想與傳統儒家思想以及佛家思想的混合。蓮花與佛教有著密切關係。如來之佛座，即作蓮花形，稱蓮台。佛氏言性，也多以蓮為比。佛教思想的影響應該說是周敦頤愛蓮的一個重要原因。他有一首題蓮詩：『佛愛我亦愛，清香蝶不偷。一般清意味，不上美人頭。』『佛愛我亦愛』，是說得很清楚的。《華嚴經探玄記》有一段以蓮為喻言佛性的文字，提到蓮花『在泥不染』，『自性開發』，具有『一番、二淨、三柔軟、四可愛』的『四德』。周敦頤筆下的蓮花與之別無二致，由此可見佛教思想對《愛蓮說》的具體影響。

又有人進一步，認爲《愛蓮說》是在對抗佛教，例如傅武光先生說道：

但歷來的文評家都從文學的層面來鑒賞它，而忽略了它在思想史上的意義。其實《愛蓮說》的本旨，正落在思想史的意義上，也就是說，《愛蓮說》的本旨，是在對抗佛教。……為什麼蓮的印象在他心中烙得這麼深？這是問題的關鍵所在。原來濂溪那個時代觸目是蓮，人人愛蓮——蓮，是佛教的象徵。佛家以蓮代表淨土，代表居所；諸佛以蓮花為座牀，稱蓮座。又以蓮子作數珠；以蓮花喻妙法，有所謂『蓮花三喻』。總之，蓮象徵佛教。這樣說來，濂溪『愛蓮』，豈不等於『愛佛』嗎？不，恰好相反。他感慨地說：『蓮之愛，同予者何人？』愛『蓮』的人其實很多，可是要找到跟我一樣，把蓮看作是君子，而不看作是淨土或妙法的，又有幾個呢？很明顯的，濂溪把佛門的蓮轉化為儒的蓮。……憑此便足以超世拔俗，頂天立地，而不致隨波逐流，自我陷溺。所謂『出淤泥而不染』，這原是孔孟的精神啊！怎麼禪宗的《六祖壇經》也說起『若能鑽木取火，淤泥定生紅蓮』的話來了呢？周濂溪一眼就看出儒家這個『正字標記』被仿效。所以才做這篇《愛蓮說》明辨本源，以對抗佛教。這才是《愛蓮說》的本旨啊！

但是也有人認爲周敦頤是利用蓮花喻來建立自己的理想人格，例如：朱慶之先生說道：

『出污泥而不染』，基本上是佛經的原文。三國支謙譯《孫多耶致經》『……雖處穢世，猶蓮華居夫泥中，泥不能染華。』又《佛開解梵志阿颰經》：『譬如蓮華出於污泥，根葉常冷，塵水不著。』西晉竺法護譯《文殊師利淨律經》：『亦如蓮華不為泥塵之所沾污。』東晉竺曇無蘭譯《寂志果經》：『譬如青蓮芙蓉蘅華，生於污泥，長養水中，雖在水中，其根葉華實在水無著，亦無所污……』僧伽提婆譯《增一阿含經》，卷三九：『……猶如污泥出生蓮華，極為鮮潔，不著塵水……』類似的文字在佛經裡很多，無煩一一引列，這就是佛教最基本和最重要的比喻之一的『蓮花喻』。如果拿佛經的這些文字同周敦頤的《愛蓮說》做個比較，就不難看出後者在形式和內容兩方面與佛經有直接的聯繫。由此我們就可以對《愛蓮說》得到新的認識：作為宋明理學的開山祖師，周敦頤在這裡是要通過蓮花寄託理學心性論理想的人格。理學心性論是在佛教直接影響下建立起來的。這種理論認為，人性本自清淨，但會遭染污，一為欲染，一為惑染，只有無欲、治惑，才能呈現本性的清淨，實現完美的人格。……由於蓮花的自然特性與佛教的基本精神高度吻合，佛經每以污泥濁水比喻世俗，以蓮花比喻一心修道的人。周敦頤愛蓮的根本原因也正在這裡，因此他甚至不妨照搬佛教的比喻。

以上各家的說法，皆有助於了解《愛蓮說》的思想背景，所以列出，供參考。

參考：

劉先生的意見，見於中華書局出版《古代抒情散文鑒賞集》，第二一二、二一三頁，傅武光老師的意見，見於《國文天地》四卷十二期、朱慶之先生的意見，見於中華書局出版的《文史知識》，總第一二〇期，九九、一百頁）

二、芙蕖 ◆ 清 李　漁

茲錄《芙蕖》原文，並引用劉崇義《試賞李漁的芙蕖》（見於孔孟月刊，三〇卷，十二期）作參考：

(一)課文

以芙蕖之可人，其事不一而足，請備述之。

羣葩當令時，只在花開之數日，前此後此皆屬過而不問之秋矣。芙蕖則不然：自荷錢出水之日，便爲點綴綠波；及其莖葉既生，則又日高日上，日上日妍。有風既作飄搖之態，無風亦呈裊娜之姿，是我于花之未開，先享無窮逸致矣。迨至菡萏成花，嬌姿欲滴，後先相繼，自夏徂秋，此則在花爲分內之事，在人爲應得之資者也。及花之既謝，亦可告無罪于主人矣；及復蒂下生蓬，蓬中結實，亭亭獨立，猶似未開之花，與翠葉並擎，不至白露為霜而能事不已。此皆言其可目者也。

可鼻，則有荷葉之清香，荷花之異馥；避暑而暑為之退，納涼而涼逐之生。

至其可人之口者，則蓮實與藕皆並列盤餐而互芬齒頰者也。

只有霜中敗葉，零落難堪，似成棄物矣；乃摘而藏之，又備經年裹物之用。

是芙蕖也者，無一時一刻不適耳目之觀，無一物一絲不備家常之用者也。有五谷之實而不有其名，兼百花之長而各去其短，種植之利有大于此者乎？

㈡題解

《芙蕖》是清初戲劇理論家李漁的小品文。原文收錄在《閒情偶寄》，卷十四「種植部下」內。（註一）

原文共有三部分組成。第一部分「芙蕖與草本諸花，似覺稍異。然有根無樹，一歲一生，其性同也。譜云：產于水者曰芙蓉，產于陸者曰旱蓮。則謂非草本不得矣。予夏季倚此為命者，非故效顰于茂叔，而襲成說于前人也。」說明芙蕖屬於草本科植物，同時表達自己對芙蕖的酷愛之情；第三部分「于四命之中，此命為最，無如酷好一生，竟不得半畝方塘，為安身立命之地，僅鑿斗大一池，植數莖以塞責，又時病其漏，望天乞水以救之，殆所謂不善養生，而草菅其命者哉。」抒發自己因為家貧而不能大量種植的慨嘆。第二部分即是本文所節選的，主要說明芙蕖莖「可人」的原因。

李漁對文章的要求有很高的標準，例如說：「文字莫不貴新」、「不新可以不作」、「已載羣書者，片言不贅」、「貴新為上，語新次之，字句之新又次之」、「自成一家言，云所欲云而止」等等。因此面對前人已寫過的《芙蓉賦》（南朝宋鮑照）、《蓮花賦》（南朝梁江淹）、《愛蓮說》（宋周敦頤）、《君子傳》（明葉受）等，尤其《愛蓮說》塑造君子特立獨行的形象，早已深植人心，李漁要再重塑芙蕖的形象，是何等的困難！

所幸，李漁憑著自己的觀察與體驗，配合自己對文章的要求，使用說明文的方式，深刻地、細緻地、實際地述說荷花的價值，同時表現對荷花的讚賞。由於作者從現實的角度來看待荷花，內容新穎、文字平實、清新，而別開生面地塑造出另一個君子的形象——犧牲奉獻。

㈢篇法

本文的主旨是「種植之利有大于此者乎」，以「可人」作綱領。

全文從現實的角度，觀察芙蕖「可人」的地方：可目、可鼻、可口、可用等四大方面，後再以五穀、百花與芙蕖對比，呼應「可人」，而歸結出主旨。

㈣章法

全文分泛論、條目、總括三大部分，採取正反對照的形式寫成的。

從「以芙蕖之可人」至「請備述之」是泛論：首先標示出文章的綱領「可人」，供下文條目的依據。

從「羣葩當令時」至「又備經年裹物之用」是條目，共分四項：

其一「可目」，從「羣葩當令時」至「此皆言其可目者也」再分條目、總括兩項：條目按芙蕖生長的時序，層層敍述，首先談到「荷葉」的形態：「自荷錢出水之日，便爲點綴綠波；及其莖葉既生，則又日高日上，日上日妍」描述「荷錢」到「莖葉」生長的情形、「有風既作飄搖之態；無風亦呈裊娜之姿」描述有風、無風時的姿態；「是我于花之未開，先享無窮逸致矣」是對「荷葉」的觀感。以上算是花開前的情形，其次談到花開的特徵，「嬌姿欲滴，後先相繼，自夏徂秋」是描述荷花的嬌艷及花期長；「此則在花爲分內之事，在人爲應得之資者也」是對「荷花」的觀感。第三、談到花謝之後，「亦可告無罪于主人矣」先對「蓮蓬」的觀感，「及複蒂下生蓬，蓬中結實，亭亭獨立，猶似未開之花，與翠葉並擎，不至白露爲霜而能事不已」是描述「蓮蓬」的嬌艷及觀賞期長。最後總括，「此皆言其可目者也」歸納前述，從「荷錢」、「荷花」到「蓮蓬」的特點，總結出「可目」。

其二「可鼻」，從「可鼻」至「納涼而涼逐之生」再分總括、條目兩項：總括，「可鼻」先提出特點，供下文條目。條目以「荷葉」及「荷花」的功用來描述，則有「荷葉之清香，荷花之異馥」是以嗅覺描述、「避暑而暑爲之退，納涼而涼逐之生」是以觸覺描述。

其三「可口」，從「至其可人之口者」至「互芬齒頰者也」再分總括、條目兩項：總括，「至其可人之口者」先提出特點，供下文條目。條目以「蓮蓬」與「藕」的功用來描述；「則蓮實與藕皆並列盤餐而互芬齒頰者也」是以味覺描述。

其四「可用」，從「只有霜中敗葉」至「又備經年裹物之用」分虛寫、實寫兩項：「只有霜中敗葉，零落難堪，似成棄物矣」是先虛寫，含欲揚先抑的筆法，「乃摘而藏之，又備經年裹物之用」是實寫，由貶而褒，收到形貶實褒的妙效。

從「是芙蕖也者」至「種植之利有大于此者乎」是總括，分條目、總括兩項。條目「無一時一刻不適耳目之觀，無一物一絲不備家常之用者也」總結前文，分觀賞、實用二項：「無一時一刻不適耳目之觀」，與「可目」、「可鼻」相呼應、「無一物一絲不備家常之用者也」與「可口」、「可用」相呼應。總括「有五穀之實」至「有大于此者乎」分賓、主。「有五穀之實而不有其名，兼百花之長而各去其短」是借賓喻主，襯托方式，來呼應主旨，「種植之利有大于此者乎」呼應「可人」作結。

(五)句法

句法的特色有四項：

第一、善用摹繪，增加形象美。

所謂「摹繪」，是「利用語言手段來描摹客觀事物的聲音、色彩、氣味、情狀等」（註二），其效果：「運用摹繪能大大加强語言的感情色彩、直觀性、可感性和表現力，能直接喚起讀者感同身受的眞實體驗，對於渲染環境的氣氛，刻畫人物的性格，有著十分明顯的修辭效果。」（註三）

在文中作者利用摹繪的種類有：視覺、嗅覺。先看第二段中，用視覺的角度來描寫「可目」的情形，將芙蕖的生長各個階段（開花前、開花時、花謝後），一一描繪，它的形狀美、色彩美、以及動態美、靜態美，盡在眼中，也確實能展現「可目」的內涵。

在第三段，是利用嗅覺的角度來描寫「可鼻」，以「清香」寫荷葉，用「異馥」寫荷花，明確判別葉與花的香味，使人彷彿置身在荷葉、荷花的香氣之中。

第二、利用「移覺」，使形象生動、活潑。

所謂「移覺」，是「用形象的詞語，把一種感官的感覺轉移到另一種感官上。換言之，即用描寫甲類感官感覺的詞語去描寫乙類感官的感覺（註四）。其效果：「移覺要靠詞語的移用才能實現，移用過程中，又往往要借助比喻的手段使感覺的轉換更爲形象、生動。」（註五）

在第三段中，作者描寫「可鼻」，本應使用嗅覺，卻以觸覺方式形容，「避暑而暑爲之退，納涼而涼逐之生」是以「避暑」、「納涼」整體感官的享受，表達「清香」與「異馥」的特殊功效，令人意想不到的生動、活潑。

在第四段中，是利用「嗅覺」來描寫「可口」，「可口」原本以味覺描寫即可，但作者卻以「嗅覺」方式描寫，「則蓮實與藕皆並列盤餐而互芬齒頰者也」是以「互芬齒頰」的芬芳，表達「可口」的特色，吃後的芬芳即已包含可口，由此可見，移覺的效果確能使形象更爲生動、活潑。

第三、對偶句，頗能捉住事物的特色。

在文章中散句較多，而對偶句少，但對偶句的特色，除了造成形式整齊、音律和諧外，在文中更能捉住事物的特色，例如：

「有風既作飄搖之態，無風亦呈裊娜之姿」表現荷葉動態、靜態的美姿；「避暑而暑爲之退，納涼而涼逐之生」表現移覺的奇效；「無一時一刻不適耳目之觀，無一物一絲不備家常之用」表現「可目」、「可鼻」、「可口」、「可用」的功用；「有五穀之實而不有其名，兼百花之長而各去其短」表現芙蕖的觀賞與實用的價值。

第四、擬人法，增加文章的感染力。

擬人法屬於「比擬」之一種。所謂「比擬」，（註六）是「故意把物當作人或把人當作物、把此物當作彼物來描寫。」其特點：「作者憑客觀事物，充分展開想像，使筆下的人與物、此物與彼物、生物與非生物、抽象概念與具體事物，在習性、特徵上，相互擬用，具有思想上的跳躍性，它的作用是促使讀者產生聯想，獲得異乎尋常的形象感和生動感。」（註七）

在第二段中，作者運用擬人手法，塑造荷花特殊形象，例如：

「自荷錢出水之日，便爲點綴綠波……無風亦呈裊娜之姿……迨至菡萏成花，嬌姿欲滴」其中「點綴」、「裊娜」、「嬌姿」生動地描繪出芙蕖的美麗姿態；「自夏徂秋，此則在花爲分內之事……及花之既謝，亦可告無罪于主人矣……與翠葉並擎，不至白露爲霜而能事不已」，其中「分內之事」、「亦可告無罪于主人」、「能事不已」充分表露芙蕖盡本職的生動形象。

作者透過擬人手法，站在芙蕖的立場發言，實際也即是作者心中的意思，在刻意地描繪芙蕖犧牲的形象，塑造君子的另一個面貌。

㈥字法

字法的特色有二項：

第一、用字通俗，富親切感。

由於作者要求文章以「意新爲上」，因此對用字的要求就無須典雅，在本文中，就出現相當通俗的文字，例如：「避暑」、「納涼」、「一時一刻」、「一物一絲」等等，不避俚語俗字，顯得文章明白曉暢，讀起來富有親切自然的感覺。

第二、用字精到，含義豐富。

作者把新荷稱爲「荷錢」，以「錢」的大小、形狀及色澤來形容新荷，這種精確的描繪，同時富有色彩的美感，這樣的用字精確頗能合乎「文字莫不貴新」的要求。

另在第五段中，「敗葉」的「敗」、「棄物」的「棄」實際上是襯託「可用」的價值，由於「敗」、「棄」的反襯，更形「可用」的可貴、難得。

㈦討論

本文與周敦頤的《愛蓮說》，同樣是以「蓮」爲題材的文章，但是兩者的寫法卻大不相同，尤其是兩人對芙蕖美的本質，各有不同的發現，茲引用田秉鍔先生的分析作參考，他說道：

「周敦頤筆下的蓮，其質的規定性是清高不俗；李漁筆下的芙蕖，則是百美俱備，完全獻身。前者，表現出蓮的君子風；後者，則表現了蓮的平民性。同一事物，仁者見仁，智者見智，創作的能動性多麼巨大呀！詠物散文，還要善於創造美。從美的創造看，《愛蓮說》和《芙蕖》是各有千秋的。《愛蓮說》是從三種人——陶淵明、世人、予，三種花——菊、牡丹、蓮，兩組比較中，先勾勒蓮的形象，進而再塑造『予』的形象的。由於對蓮的特徵抓得很準確，選詞造語又極爲精當，所以君子之花那『亭亭淨植』的形象，因這短文而爲世人熟悉。沿襲千載，蓮的這種正面形象在騷人畫師筆下幾乎未曾易過。《芙蕖》寫蓮，難度較大。李漁省略了一切背景，純然寫蓮。爲了忌散亂，他按芙蕖的生長時序，從『荷錢出水』，至『霜中敗葉』，漸次渲染，爲了忌淺陋，他以芙蕖的『可人』爲線索，由芙蕖的可供觀賞，到芙蕖的可備實用，由美學價值，到經濟學價值，逐層挖掘。這樣，芙蕖的形象便由淡而濃，由遠而近，由表而裡，由形而神地全部顯現在我們眼前。雖然兩篇散文中的蓮都是美的，但後者的美似乎更親近、更切實、更完全，因而也更有個性。美，是不能重複的！人已言，我諱言之；有成說，我出新說；《芙蕖》也因借了全新的芙蕖形象而不朽了！……由於文章言在此而意在彼，所以借『此』尋『彼』，便成了閱讀時審美思索的目標。目標不同，則文章的深度不同，美感價值亦不同。讀《愛蓮說》，先是喜好那出淤泥不染的蓮，既而崇敬那處濁世而潔身自好的人，最終則自勉自勵，做一個塵世的『君子』。靈魂淨化的極點，是脫俗氣，遠庸衆。《芙蕖》引發的審美感受，似更深渾博大。周氏借花言己，李氏借花言人，胸懷的廣狹，命意的遐邇既有差異，讀者審美情趣被導向的終點，當然就不是一處了。讀《芙蕖》，你不能不愛蓮；淸高的形象一變爲獻身的形象，你又不能不愛它的忘我無私；蓮無私，本無意；人無私，誠可貴，至此，你又會進一步欽佩那獻身的人……藝術欣賞推動著審美追求，而審美追求又陶冶著人的情操。如果說《愛蓮說》促你『潔身』，《芙蕖》則促你『忘身』；《愛蓮說》促你『愛己』，《芙蕖》更傾于讓你『愛人』；《愛蓮說》讓你對人世抱著懷疑，《芙蕖》則讓你于生活產生希望。這樣比較，也許有些牽強，但是兩篇散文基調一個傾向『冷』，一個傾向『熱』，這也許一望即知的（註八）。

附註：

註一：見於《閒情偶寄》（長安）頁三〇五。

註二、註三、註四、註五、註六、註七：見於《漢語修辭格大辭典》（中國國際廣播），頁五九九、六〇一、五六九、五七〇、五七一、五〇。

註八：見於《古文鑒賞辭典》（江蘇文藝），頁一四一〇、一四一一。

三、晉陶淵明爲什麼喜愛菊花？

㈠陶淵明有關菊花的詩

1、《九日閒居》并序：「余閑居，愛重九之名，秋菊盈園，而持醪靡由，空服九華，寄懷於言。……酒能祛百慮，菊爲制頹齡。」

2、《飲酒》詩之五：「采菊東籬下，悠然見南山。」

3、《飲酒》詩之七：「秋菊有佳色，裛露掇其英；汎此忘憂物，遠我遺世情。」

㈡有關於陶淵明與菊花的記載

1、《宋書・陶潛傳》：「嘗九月九日出宅邊菊叢中坐，久之滿手把菊，忽值弘送酒至，即便就酌，醉而歸。」

2、檀道鸞《續晋陽秋》：「陶潛嘗九月九日無酒，宅邊叢中，摘菊盈把，坐其側久，望見白衣至，乃王弘送酒也，即便就酌，醉而後歸。」

㈢朱自清的解釋

淵明爲什麼愛菊呢？讓他自己說：「芳菊開林燿，青松冠巖列；懷此貞秀姿，卓爲霜下傑。」（《和郭主簿》之二）我們看鍾會的《菊賦》：「故夫菊有五美焉……冒霜吐穎，象勁直也。……」可見淵明是有所本的。但鍾會還有「流中輕體，神仙食也」一句，菊花是可以吃的。淵明自己便吃，《飲酒》之七云：「秋菊有佳色，裛露掇其英。汎此忘憂物，遠我遺世情。」可見是一面賞玩，一面也便放在酒裡喝下去。這也有來歷，「汎流英於青（？）醴，似浮萍之隨波。」見於潘尼《秋菊賦》。喝菊花酒也許還有一定的日子。淵明《九日閒居》詩序：「秋菊盈園，而持醪靡由，空服九華。」詩裡也說：「酒能祛百慮，菊爲制頹齡。……塵爵恥虛罍，寒花徒自榮。」似乎只吃花而沒喝酒，很是一樁缺憾。這個風俗也早有了，魏文帝《九日與鍾繇書》裡說：「至於芳菊，紛然獨榮。非夫含乾坤之純和，體芬芳之淑氣，孰能如此。故屈平悲冉冉之將老，思『餐秋菊之落英』。輔體延年，莫斯之貴。謹奉一束，以助彭祖之術。」再早的崔寔《四民月令・九月》也記著「九日可采菊花」的話。照這些情形看，本詩的「采菊」，也許就在九日，也許是「供佐飲之需」；這種看法，在今人眼裡雖然有些殺風景，但是很可能的。九日喝菊花酒，在古人或許也是件雅事呢。」

（見於《詩多義學例》，收錄在《朱自清古典文學論文集》・源流出版社）

四、「自李唐，世人盛愛牡丹」？

從唐朝開始，牡丹便逐漸成了統治階級最喜愛的花。從下列的事例可作證明。

㈠唐李肇《國史補》：「京城貴遊，尚牡丹三十餘年矣。每春暮，車馬若狂，以不耽玩爲恥，執金吾鋪官圍外寺觀，種以求利，一本有直（值）數萬者。」

㈡唐劉禹錫《賞牡丹》云：「庭中芍藥妖無格，池上芙蓉淨少情。唯有牡丹眞國色，花開時節動京城。」末句的「花開時節動京城」可以想見京城上層人士爭相欣賞的空前盛況。

㈢白居易《買花》詩云：「帝城春欲暮，喧喧車馬度。共道牡丹時，相隨買花去。貴賤無常價，酬直看花數。灼灼百朵紅，戔戔五束素。上張幄暮庇，旁織巴籬護。水洒復泥封，移來色如故。家家習爲俗，人人迷不悟。有一田舍翁，偶來買花處。低頭獨長嘆，此嘆無人諭。一叢深色花，十戶中人賦。」

這首詩，白居易諷刺貴人們糜民錢財的奢侈行徑。其中前四句「帝城春欲暮，喧喧車馬度。共道牡丹時，相隨買花去。」可以看出京城暮春時分車馬喧鬧去購買牡丹花的盛況。

伍、思考與練習

一、《愛蓮說》的問答教學

㈠範文理解

1、第一段

(1)晉代陶淵明獨愛什麼花？

(2)自李唐來，世人盛愛什麼花？

(3)作者獨愛什麼花？原因又是什麼？又有什麼暗示？

2、第二段

(1)作者對於愛菊、愛牡丹、愛蓮花的人，各有什麼比喻？

(2)作者對於世人愛菊、愛蓮、愛牡丹，各有什麼感嘆？

㈡形式鑑賞

1、全文

(1)本文的體裁是什麼？有什麼特點？

(2)本文的結構分爲幾部份？

(3)本文的主旨是什麼？以什麼爲線索？

(4)全文以什麼爲表現手法？

2、第一段

(1)作者獨愛蓮，卻提到陶淵明獨愛菊與世人盛愛牡丹，在文章上各有什麼作用？

(2)「予獨愛蓮」的「獨」有什麼特別涵義？

(3)在本段有那兩組排比的句子？

3、第二段

(1)「菊、花之隱逸者也；牡丹，花之富貴者也；蓮，花之君子者也。」這些句子運用那幾種修辭方法？

(2)「菊之愛，陶後鮮有聞」，表達什麼語氣？有何作用？

(3)「蓮之愛，同予者何人」，表達什麼語氣？有何作用？

(4)「牡丹之愛，宜乎衆矣」，表達什麼語氣？有何作用？又「衆」與前面什麼呼應？

(5)在第一段先引用「菊」、「牡丹」、「蓮」；到了第二段仍然引用「菊」、「牡丹」、「蓮」的順序，但是在結尾時，將「牡丹」與「蓮」之次序對調，這種形式上的變化，屬於何種修辭方法？

答

可參考前面的提要分析、語文天地。

二、從《愛蓮說》談作文教學

(一)題目

以喜愛的花木爲命題範圍，例如：

1、梅花
2、百合花
3、松樹
4、木棉花……

(二)結構

學習《愛蓮說》的方法（借物言情），至少包括兩部分：

(1)說明喜愛的原因（包括：描寫花木的形象等等）

(2)議論喜愛的價值（包括：針砭時下不良的風氣等等）

（劉崇義）

十一、論語選

壹、作者參考資料

見《新國中國文動動腦》・第1冊第十一課。

貳、課文參考資料

一、《論語選》賞析

第一冊《論語選》所選錄的是孔子論孝道，論師友的部分；本課所選錄的則是孔子談爲學、談仁恕的篇章。孔子的思想主要在教導我們做人的道理，而孝道是道德實踐的開端，也是仁道的根源，自然最受孔子所重視。師友同屬於五倫中朋友這一倫，都可以規過勸善，砥志礪行，扶持我們，使我們在人生道上走得更穩當，不致誤入歧途，或迂迴繞路，所以《論語》書中處處可見孔子談論師友的道理。而人有天生的命限，想使生命日益充實，煥發出光彩，唯有透過學習。《論語》第一章開宗明義即說：「學而時習之，不亦說乎？」可見孔子對學習的重視。人在不間斷的學習中不僅充實了自己的生命，也有能力關懷他人和社會，並正確地選擇自己的人生方向。當我們經由日常生活中持續地學習、實踐，能關懷他人，能設身處地爲他人著想時，即已達到孔子思想的中心——仁的境界。所以，兩課《論語選》合起來雖只選錄了八章，但編輯卻極有順序、條理，從中已可窺見孔子思想之大概。

本課第一則選自《學而篇》，談論爲學的道理。孔子非常重視學習，他自己十五歲就「志于學」，並且自許「好學」，透過持之以恆的努力，終於能超凡入聖，成爲萬世之宗師。所以《論語》開宗明義即談爲學的道理。

那麼，人究竟要學些什麼呢？除了詩、文、禮、樂之外，還要學做事，學品德的修養，學如何培養正確的人生態度。學了之後還必須「時習」，適時將所學具體地實現在日常生活中，如此才能充實自我，找到一個可以安身立命的人生方向，不致終日徬徨、恐懼；使生命因之得以清朗，此時心中自然會感到喜悅。所以孔子說：「學而時習之，不亦說乎？」

但學習之外，人還要與朋友來往切磋，以增進德業的修養。孔子的思想並不希望人只是獨善其身，而是希望人能敞開胸懷，與他人感通，找到和自己志同道合的朋友，一起切磋琢磨，一起砥志礪行。能和朋友互相勉勵，互相扶持，自然比自己一個人踽踽獨行快樂許多！而當自己在學習中日益進步，生命煥發出光采時，必能感召遠方的人，而前來與我同行，那自然能使自己沈浸在陶陶的喜悅之中。所以說：「有朋自遠方來，不亦樂乎？」

當學有所成，卻不能得到別人的了解和肯定時，一般人便難免會怨怒。但這些畢竟是不能操之在己的外在機緣，所以孔子認爲此時應該「不慍」，才是君子風度的展現。而且君子之學是爲己的，是透過不斷的學習來充實自己，而非以學問作爲謀求名利的手段，所以別人雖不知，並無怨尤。當然人求學明道之後，自然希望能爲世所用，實現理想；但竟不受了解、賞識，以致辜負所學，當然是人生最大的遺憾！而此時仍能心態平和，一如平常地繼續進德修業，更屬不易，非君子何以致之？所以說：「人不知而不慍，不亦君子乎？」

這一章運用了三個排比（複句排比）的句子來說明爲學的三個境界，形式整齊，音調和諧，易於了解記誦。而且不用肯定的句型，改以設問（激問）的方式來激發弟子的思緒，使其反省深思，更能收教育之效。

第二章選自《子罕篇》，強調爲學要努力，並且要持之以恆，貫徹到底，才能學有所成。

「學海無涯，唯勤是岸。」「學無止境」，這些都是我們耳熟能詳的，所以求學必須自強不息，才能積少成多；如果半途而廢，將前功盡棄！但一般人常犯「三分鐘熱度」之通病，以致世上學養圓滿的人如鳳毛麟角！而爲學在己，是積極努力或半途而止，完全由我決定，與他人無關。常言道：「一個人最大的敵人就是自己。」的確，征服天下易，征服自己難，在進德修業上如能克服自己的弱點，而力學不倦，日有進益，必有成聖成賢之日。

孔子以譬喻的方式來說明這個道理：就如堆土成山，已費盡千辛萬苦，挑了數千萬筐土堆疊上去，只差一筐土就可功德圓滿了，卻在這時停止下來，以致功敗垂成，就如《僞古文尚書》所說的：「爲山九仞，功虧一簣。」孟子也說過：「有爲者譬，若掘井，掘井九仞而不及泉，猶爲棄井也。」但那是自己要放棄的，怪不得他人。又如填平窪地也是一樣，才倒進一筐土，而窪地又寬又深，要填平恐怕還要花費許多時間和心力；但你有決心和毅力，仍舊勇往直前，願意繼續努力，終有一天可以把窪地填平，而那也是你自己願意的，不是別人的功勞。《易經》有云：「天行健，君子以自強不息。」《荀子．勸學篇》也鼓勵人說：「鍥而舍之，朽木不折；鍥而不舍，金石可鏤。」只要自己肯努力，定可看到功效。

這一章在形式上採用「對偶」和「映襯」的修辭法，在整齊和諧的句型和音調之中，透過對比而使文意更爲彰顯。這種修辭法可指導學生學習、運用，必有助於表達能力的提昇。

第三則選自《子路篇》，孔子因樊遲問仁，告訴他仁必須在日常生活中實踐，獨處時要莊重恭敬，做事要認眞專一，待人要誠懇盡心，而且無論到任何地方都不可以改變。

孔子的仁並不高談抽象幽深的理論，而是要落實在生命中，透過不斷地實踐、修養，慢慢達到道德人格的完美境界。而生命中要面對的不外自己、別人和事情，三者都能妥善對待，便是仁的表現。

孔子首先提出對待自己要「居處恭」，也就是要「愼獨」。自我的修養在仁德的實踐中是最難，也是最重要的，所以一個人必須要能自尊自重，培養成熟的人格。平時在家閒居時，雖然沒有他人看到，但仍能恭敬莊重，而不苟且隨便，放浪形骸。能如此，必可成爲有德的君子。

其次，孔子提出「執事敬」做爲處事的原則。做事時要認眞專一，負責盡職地把它做好。在事前即要努力準備、研究、了解、規畫；執行時更要勤懇踏實、不畏艱難，依先後本末的順序去做，才能有圓滿的結果。如果懈怠，敷衍了事，則不只會壞事，恐怕還會敗德。

最後，孔子指示樊遲對待別人要「與人忠」，也就是說對別人要有一分眞誠的關懷和由衷的敬意，盡心盡力地爲別人做事，解決困難，創造幸福；而不耍手段，不利用他人，不踐踏別人的尊嚴，如此才能建立良好的人際關係，使仁德的修養更爲圓滿。

孔子所提的這三個原則是放諸四海皆準的，不因文化系統的差異而有所改變，所以說：「雖之夷狄，不可棄也。」如此才算是能眞正行仁。

第四則選自衛靈公篇，孔子回答子貢的問題，告訴他：「己所不欲，勿施於人」的恕道可以做爲一生爲人做事的原則。因爲人能設身處地替人著想，愛人如己，如此必能將過失減至最低。

孔子常提示學生各種爲人處事的方法、原則；但學生在日常生活中努力學習實踐之後，卻仍舊難以掌握要領，因此常常感到迷惘困惑。所以子貢才請教孔子：是否能用一個字來包舉一生爲人行事的原則？孔子便提出「恕」字來，所謂的「恕」，就是將心比心，自己不喜歡、不願意接受的事就不要施加到別人身上。但是要時時刻刻地爲別人如爲自己般的設想，卻並不容易做到；必須有深刻的涵容修養，能視人如己，對別人有眞誠的關愛才行。因此，修養的工夫要更嚴密，努力去除自私自利、自我本位的習性，才能眞正愛人如己，推己及人；面對人事時，也才能易地而處，理性地圓融處理，減少愆尤，達到人生圓滿的境界。

這一章採用對話問答的方式來說明道理，這是《論語》書中常見的，因爲《論語》本就是一本眞實的對話語錄。作文課時，也可指導學生在習作中適當地採用對話的方式來表達文意，可使文章去除嚴肅刻板的缺點，而更生動自然，並增加活潑的氣息。

叁、課文補充資料

一、《論語》選

㈠子曰：「溫故而知新，可以爲師矣。」——《爲政》

翻譯：

孔子說：「能夠溫習以前所學的，並努力追求新知識，那麼就可以做別人的老師了。」

㈡葉公問孔子於子路，子路不對。子曰：「女奚不曰：『其爲人也，發憤忘食，樂以忘憂，不知老之將至云爾！』」——《述而》

翻譯：

葉公問子路孔子的爲人如何，子路並未回答他。孔子知道了以後告訴子路說：「你爲何不這麼說：『他這個人呀，一發憤讀起書來，會忘了吃飯；有了領悟體會，便快樂得忘了一切的憂愁，連自己將要老了都不知道呢！』」

㈢曾子曰：「君子以文會友，以友輔仁。」——《顏淵》

翻譯：

曾子說：「有道德學問的君子是藉著詩書禮樂來結交朋友，並以朋友來幫助自己增進仁德。」

(四)子曰：「不患人之不己知，患其不能也。」——《憲問》

翻譯：

孔子說：「不要擔心別人不知道自己的才能，該擔心的是自己沒有什麼才能。」

(五)子張問行。子曰：「言忠信，行篤敬，雖蠻貊之邦行矣。言不忠信，行不篤敬，雖州里行乎哉？立，則見其參於前也。在輿，則見其倚於衡也。夫然後行。」

翻譯：

子張請教孔子該如何做才能到處行得通。孔子說：「說話要忠誠信實，做事要厚實恭敬，如此就算在南蠻北貊等異邦也能行得通。如果說話不忠誠信實，做事不厚實恭敬，那麼雖是在自己的鄉里，難道行得通嗎？站著時，就好像看到它（言忠信，行篤敬）也站在你前面一樣，坐在車上，彷彿看到它也靠在車前的橫軛一樣，能夠這樣時時謹記遵行，自然到那裡都行得通了。」子張把老師說的這些話寫在衣帶上。

(六)子貢曰：「如果博施於民，而能濟眾，何如？可謂仁乎？」子曰：「何事於仁，必也聖乎！堯舜其猶病諸！夫仁者，己欲立而立人，己欲達而達人。能近取譬，可謂仁之方也已。」——《雍也》

翻譯：

子貢說：「如果有人能夠廣施恩德給人民，而且能夠救濟大眾，這種人怎麼樣呢？可以稱得上仁嗎？」孔子說：「這那裡只是仁而已，那必定是聖人了！就算是堯舜恐怕也有一些做不到呢！所謂的仁啊，是自己想要立道，也使別人能夠立道，自己想要行道，也使別人能夠行道。能夠就近拿自己做例子，為別人設想，可說是行仁的方法了。」

(七)子曰：「參乎！吾道一以貫之。」曾子曰：「唯。」子出，門人問曰：「何謂也？」曾子曰：「夫子之道，忠恕而已矣！」

翻譯：

孔子說：「參啊！我平日所說的道可以用一個原理貫串起來。」曾子回答說：「是啊！」孔子出去之後，有弟子問曾子說：「老師剛剛說的是什麼意思呢？」曾子說：「老師平日所說的道，就是忠恕兩個字罷了。」

(八)子貢曰：「我不欲人之加諸我也，吾亦欲無加諸人。」子曰：「賜也，非爾所及也！」

翻譯：

子貢說：「我不願意別人把不合理的事加在我身上，我也不願意把不合理的事加在別人身上。」孔子說：「賜啊！這不是你所能做得到的啊！」

二、《孟子》選

㈠孟子曰：「古之人，得志，澤加於民；不得志，修身見於世。窮則獨善其身，達則兼善天下。」——《盡心》上

翻譯：

孟子說：「古時候的人，能實現理想，就把恩澤加在人民的身上；不能實現理想，就修養自身以求將來能將自己的才能表現在社會上。窮厄時就獨自修養力求自身的完善，顯達時就使天下人都能完善。

㈡孟子曰：「有爲者，譬若掘井；掘井九仞而不及泉，猶爲棄井也。」——《盡心》上

翻譯：

孟子說：「有作爲的人，就好像掘井一樣：挖掘到七十二尺深還沒有看到水，卻就此停止不挖了，那仍然是個沒有用的廢井啊！」

三、《易經・乾卦》

《象》曰：「天行健，君子以自強不息。」

翻譯：

《象》辭說：「乾卦像天道一樣永遠不停地運行，所以君子也應該效法天道，自己勤奮努力求進步，永遠都不停止。」

四、《荀子》

《勸學篇》：「積土成山，風雨興焉；積水成淵，蛟龍生焉；積善成德，而神明自得，聖心備焉。故不積跬步，無以至千里；不積小流，無以成江海。騏驥一躍，不能十步；駑馬十駕，功在不舍。鍥而舍之，朽木不折；鍥而不舍，金石可鏤。」

翻譯：

堆積土石成了高山，風雨自然就會興起了；積聚水流成了深淵，蛟龍自然就會生出了；累積善行成了美德，那麼智慧自然獲得，聖明的心也就齊備了。所以不由半步半

步累積起來，就不能到達千里之遠；不匯集衆多的小水流，就不能成爲江海。良馬跳躍一下，也不能跳到十步的距離；劣馬連續跑了十天，能跑很遠的路程，原因就在於不停息。雕刻一下就停止了，就是腐朽的木頭也不能刻好；如果不停地雕刻，就是金石這樣堅硬的材質也能刻成。」

五、孔子對君子的看法

㈠君子不重則不威，學則不固。（《學而》）

㈡君子食無求飽，居無求安，敏於事而愼於言，就有道而正焉：可謂好學也已。（《學而》）

㈢君子不器。（《爲政》）

㈣君子先行其言，而後從之。（《爲政》）

㈤君子懷德，小人懷土。君子懷刑，小人懷惠。（《里仁》）

㈥質勝文則野，文勝質則史。文質彬彬，然後君子。（《雍也》）

㈦君子坦蕩蕩，小人長戚戚。（《述而》）

㈧君子不憂不懼。（《顏淵》）

㈨君子易事而難說也。說之不以道，不說也。及其使人也，器之。小人難事而易說也。說之雖不以道，說也。及其使人也，求備焉。（《子路》）

㈩君子恥其言而過其行。（《憲問》）

(十一)君子道者三，我無能焉：仁者不憂；智者不惑；勇者不懼。（《憲問》）

(十二)君子固窮，小人窮斯濫矣。（《衛靈公》）

(十三)君子求諸己，小人求諸人。（《衛靈公》）

(十四)君子不以言舉人，不以人廢言。（《衛靈公》）

(十五)君子不可小知，而可大受也。小人不可大受，而可小知也。（《衛靈公》）

六、有志竟成的故事

㈠追求宇宙法則的愛因斯坦

近代偉大的科學家愛因斯坦，童年時的表現就和其他小孩不同。當德國宰相俾斯麥統一德國，軍隊敲鑼打鼓地在街上遊行慶祝時，小孩子們看到軍人雄赳赳、氣昂昂的都好羨慕，希望自己將來也能當軍人，只有愛因斯坦不講話。他的父母覺得奇怪，便問他原因，他說：「我的個性並不適合當軍人，我要追求宇宙間永遠的法則。」父母問他何謂永遠的法則，他平靜地答道：「能使羅盤的指針指著一定方向的，一定就是永遠的法則，那是人類的眼睛所看不到的。」愛因斯坦循著自己的人生目標努力前進，長大後發明了《相對論》，成爲舉世聞名的偉大科學家。

(二)自流井

在四川有一個關於自流井的傳說：一名婦人深信她住處附近有井鹽存在，便雇人挖掘。挖了三年仍未挖到，她的家產已耗光了！她無法再雇用這些工人，便將僅剩的十支髮簪變賣，請這些工人吃飯，謝謝他們三年來的辛苦。這些工人看到女主人對他們這麼好，於是決定多替她挖掘三天。第一天和第二天仍無所獲，就在第三天，終於挖到了井鹽，那名婦人因此發了大財。如果她缺乏善心及恆心，便無法享有如此豐碩的收穫。

七、子貢小傳

子貢，姓端木，名賜，字子貢，因爲他是衛國人，所以《左傳》稱他衛賜。他小孔子三十一歲，口才好，能言善辯，但孔子常駁斥他的說辭。他天資聰穎，很有才能，擅長外交，名列孔門政事科。

孔子曾說子貢就像個有用的器物，子貢問孔子是什麼樣的器物？孔子說就像宗廟裡的寶器，可見孔子對子貢的評價之高；而子貢在外交上的表現果然也並未讓孔子失望。

有一次，齊國的田常想在國內作亂，但怕朝中大臣作梗，便想先率軍來攻打魯國，子路、子張、子石等弟子來請求前去救魯，但孔子都不答應；最後子貢請求前往，孔子同意了。子貢前去會見田常，抓住田常想在齊國專權的心理，遊說他捨棄攻魯而轉打吳國。敵不過子貢的三寸不爛之舌，田常說：「很好！但我軍已來到魯國，如果現在離開轉打吳國，大臣必會疑心我，如何是好呢？」子貢說：「你只須按兵不動，待我去遊說吳王出兵救晉伐齊，到時你就趁勢迎擊就是了！」

子貢見了吳王說道：「我聽說一個霸主是不容許天下有其他強敵出現的，現在萬乘的強齊要攻打千乘的弱魯，想和吳國爭強，我眞替您感到危險！如果你能出兵救魯，既可享有濟弱的美名，又可阻扼齊國強大的勢力，可說是一舉兩得啊！」吳王說：「很好！但越王句踐正守在會稽，教養士卒，伺機要報復我。所以，且等我打下越國之後再出兵救魯吧！」子貢說：「一個王者是不會讓一個國家滅絕的，現在應保存越國來向各國表示你的仁德；解救魯國，攻打齊國來向晉國顯示你的威勢。到時候諸侯各國一定相約來吳國朝見，那你稱霸諸侯的事業就成功了。如果你眞顧慮越國，那我可以去見越王，叫他出兵追隨你就是了。」

子貢見了越王說：「我說動吳王去救魯伐齊，但吳王顧慮你越國，所以要先滅越國後才出兵。眞的如此的話，那越國恐將不保了！」勾踐聽了，磕頭拜了幾拜說：「我日夜不休地生聚教訓，就是想和吳王拚個生死，這是我唯一的願望啊！先生，你有什麼好方法嗎？」子貢說：「如果你能派兵協助吳王，來激發他的意志；用重金寶物來博取他的歡心；用謙恭的言辭來推崇他，那他必會出兵攻齊。他若打輸了，便是你的福氣；若打贏了，必乘勝爭霸中原，帶軍逼近晉國。屆時我去見晉君，要他迎擊吳軍，你就趁吳國疲憊交困的時候去攻打他，一定可以滅掉吳國的。」越王聽了很高興，答應依計行事，並要送子貢黃金二千兩，劍一口，上好的矛兩把，但子貢不接受就逕自走了。

子貢回到吳國，向吳王報告說：「我已將您的話鄭重地告訴越王，越王聽了很害怕地說：『我不幸自幼喪父，又不自量力地得罪吳國，以致兵敗受辱，困處會稽。幸賴吳王恩賜，得以保全宗廟，四時祭祀，此種恩德至死不敢忘，那還敢造次呢？』」五天後，越國派大夫文種來到吳國，他對吳王說：「我越國聽說大王將要發動正義之師，伐強扶弱，自願動員國中所有的三千兵士前來效命，勾踐願意自己披上盔甲，手持兵器，爲大王打前鋒。所以派賤臣文種前來獻上先人收藏的器物：戰甲二十套，鐵斧、屈盧的矛、步光的劍，向您的將士們致敬。」吳王聽了很高興，把經過告訴子貢，說道：「越王想親自跟隨我去攻打齊國，可以答應嗎？」子貢說：「不可以！帶走他國的所有士兵，又要其國君跟著出征，這是不義的。你還是收下他的獻禮，接受他派來的軍隊，而辭卻他的國君隨行。」吳王便辭謝越王同行，調集九郡的兵士北上伐齊。

子貢隨後趕到晉國，對晉君說：「我聽說：不預先訂定計策，將無法應付緊急的事情；不預先訓練好兵士，將無法打敗敵人。現在齊國正要和吳國交戰，要是吳國打輸了，越國必趁機去侵擾他；如果打贏了，吳王必會趁勢率軍逼近晉國。」晉君聽了很緊張，問子貢該如何做，子貢說：「你就先修好兵器，訓練好士卒，等他來吧！」

子貢離開晉國回到魯國。吳王果然和齊人在艾陵交戰，大敗齊軍，卻不肯班師回朝，反而帶兵向晉國逼近，和晉軍在黃池相遇。兩國比强爭雄了一番，晉軍發動突擊，大敗吳軍。勾踐聽到吳軍打敗仗，便率軍襲擊吳國；吳王得知消息，馬上從晉國趕回來，和越軍在五湖一帶交戰。一連打了三仗，吳國都敗北，最後連都城大門也守不住了，越兵包圍吳國王宮，殺了吳王夫差。越國在滅吳之後的第三年就東向稱霸了。

子貢這一趟外交之旅，保全了魯國，擾亂了齊國，滅了吳國，强大了晉國，也使越國稱霸了！可見子貢的才幹是如何之高。

子貢還有另一項長才，那就是善於作生意積聚生財，所以他的家境富裕，擁有千金財產。他愛宣揚別人的長處，但也不隱匿人家的過失。他不只一次幫助魯、衞兩國解除困境。最後死在齊國。

八、樊遲小傳

樊遲，姓樊，名須，字子遲，小孔子三十六歲。他是魯國人，曾在季氏家中當官。

《論語》書中記載：他曾向孔子請求學種莊稼，孔子說：「我不如一名老農夫。」又請求學種蔬菜，孔子說：「我不如一個老菜農。」等他退出後，孔子說：「樊遲眞是個志向淺短的人！讀書人最急切的是學習治國安民的道理。只要在上位的能重禮，民衆就不敢不恭敬；在上位的能行義，民衆就不敢不服從；在上位的能守信，民衆就不敢不誠實。如果眞能如此，那四方百姓都會自動攜家帶眷來依附你，又何必本末倒置，自己下田學種莊稼呢！」

他也曾問孔子如何做才算是仁，孔子說：「要能夠愛護衆人。」又問怎樣才算是智，孔子說：「要能明辨人家的長短善惡。」

九、功虧一簣

這個成語的出處是僞《古文尚書》：「爲山九仞，功虧一簣。」仞是古代計算高度的單位，有的稱八尺爲一仞，有的指七尺爲一仞，九仞並非眞的指七十二尺或六十三尺，而是形容很高的意思。簣，是一種竹製的盛泥土的器具，類似今天的畚箕。

功虧一簣，就是功敗垂成的意思，比喻一件事情在即將成功的時候，卻因爲某些外在的因素或欠缺一分持續的力量，而導致失敗，使得前功盡棄。例如：求學或做事都必須先做完善的計畫和充分的準備，並且要具有恆心和毅力，貫徹到底，才不致努力了半天，到最後卻功虧一簣。

十、半途而廢

這個成語是說一個人求學或做事時，只做了一半便中途停止不做了。在《後漢書・列女傳》中有如下的記載：

河南有個名叫樂羊子的人，他的妻子很賢慧。有一次，樂羊子在路上撿到一塊金子，便拿回去交給妻子。妻子看了便對他說：「我聽說有志氣的人不喝盜泉的水（孔子曾經過盜泉，因爲厭惡它的名字，雖然口渴也不喝），廉潔的人不吃別人用不禮貌的態度所給的食物；更何況是撿別人遺失的金子求取財利而使自己的品德汙損呢？」樂羊子聽了很慚愧，就把那塊金子丟到野外，到遠方求師問學。學了一年之後他就回家了，妻子跪著問他爲什麼回來，他說：「因爲出外太久了，非常想念家裡，沒有別的原因呀！」他的妻子聽了之後就拿一把刀跑到織布機前說：「這塊絲綢的原料來自蠶繭，在織布機上織成；一絲一絲地織，累積成寸，再一寸一寸地累積成丈、成匹。現在如果把這塊絲綢割斷了，那麼就前功盡棄，徒然耗費了許多時日。你在外求學，應該每天追求新知，日積月累地培養出良好的品德，如果半途而廢，和割斷這塊絲綢又有什麼不同呢？」樂羊子被他的妻子這番話所感動，便又回去完成學業，經過整整七年，直到學成以後才回家探望妻子。後來，他獲得魏文侯的賞識重用，果然做了一番非凡的事業。

十一、推己及人

這個成語說明一個人待人接物的態度，能由自己所想要的來推想別人所想要的，即「己所欲施於人」；也能由自己所不想要的來推測別人所不想要的，即「己所不欲勿施於人」。指一個人凡事能設身處地，爲他人著想。

話說春秋時代，有一年嚴冬齊國下了大雪，一連下了三天三夜還不停止。那時齊景公正穿著一件狐皮大衣，靠在廳堂邊欣賞雪景。他覺得雪下得愈久，景致愈新奇美麗，於是心中便盼望能再下幾天大雪，使景色比現在更美麗動人。這時，大夫晏嬰走了進來，站在齊景公旁邊，憂心忡忡地看著從天空飄落下來的雪花。

齊景公興奮地對晏子說：「今年的氣候眞是奇怪！連續下了三天的大雪，地上的積雪幾乎盈尺，可是卻一點也不冷，倒像是春天一般的暖和呢！」晏子看著齊景公身上緊緊地裹著暖和的皮衣，室內又升起熊熊的火爐，便故意追問了一句：「天氣眞的一點也不冷嗎？」齊景公點點頭，還露出意味深長的笑容，彷彿是說：我這一把年紀了，難道連天氣的冷熱都感覺不出來嗎？

晏子知道齊景公並不了解他話中的涵義，就直率地說：「我聽說昔日賢明的君王，當他們自己吃飽了，常會想到別人或許還在挨餓；當他們穿著厚重溫暖的皮衣，常會想到也許有人還在受凍；當他們安逸地在家中過著快樂的生活，也常會想到別人也許還在外面受苦、勞累……。可是，君王您卻不曾爲別人著想！」齊景公聽了晏子的話之後，不覺羞愧得面紅耳赤，一句話也答不上來。

這個故事見於《晏子春秋》，告訴我們不能只顧自己而不管他人死活，必須設身處地爲他人著想。

十二、孺子可教

孺，指小孩子，孺子可教是形容值得造就的少年，用來稱讚聰明肯學，又謙虛聽話的小孩子。朋友之間，有一方願聽從另一方的話，或願意替他做事，也可用「孺子可教」來開玩笑。例句：小明擔任班長，認眞負責，而且品學兼優，眞是孺子可教也。這個成語的出處是《史記·留侯世家》：

留侯張良是漢朝的開國功臣，他的祖父及父親擔任韓國五代君王的宰相，後來韓國被秦所滅，他便變賣全部家產來招募刺客，要謀刺秦始皇，替韓國報仇。後來在淮陽那裡募得一位大力士，張良爲他特製了一百二十公斤重的大鐵椎，準備一椎就擊斃秦始皇。

這時秦始皇恰巧到東方來巡視，大力士埋伏在博浪沙，等秦始皇車駕到達時，便把大鐵椎猛力地擲過去，可惜只擊中副車。秦始皇大爲震怒，下令追捕刺客，張良於是改名換姓，逃到下邳一帶躲藏。有一天，張良出外散步，經過下邳的一座橋，迎面來了一位身著黑色粗布衣的老人，老人走到張良身邊，故意讓自己的一隻鞋掉落到橋下，叫張良下去替他撿起來。張良聽了很生氣，本想揮拳打他，但一看老人年歲已大，便忍住氣，到橋下把鞋撿上來，正要交給老人時，老人卻伸出腳叫張良替他穿鞋。張良心想：既然把鞋子撿上來了，就服務到底吧，便彎下腰來，屈膝跪在橋上，替老人把鞋穿好。穿好後，老人並不道謝，只笑了一笑，便走了。張良很吃驚，愣在橋上看著老人的背影。老人走了一里多路，又折回來對張良說道：「孺子可教也！」並叫他在第五天天亮時到橋上來會面。張良心裡覺得很納悶，不過第五天一大早他便到橋上赴約。到達時，老人已經先到了，老人生氣地叫張良第五天早點來，說完便走了。第五天張良很早便趕到橋上，但老人仍然比他先到，又生氣地叫他後五天早點來。第五天，張良沒等到半夜就提前去等候；過了不久，老人就來了，看見張良已經在橋上等他，很高興地拿出一本書給張良說：「好好地研究它，就能做帝王之師，十年之後一定會有成就。十三年後到濟北來見我，你找到穀山下的黃石，那就是我了。」天亮後，張良細看那本書，原來是太公兵法，他心中十分高興，便經常研讀，後來幫助劉邦建立了漢朝。

十三、設身處地

「設」指假擬、假設；「身」指自身。設身處地是說：假設自己處在他人所處的環境下，和將心比心的意思相同，用來指稱客觀地替他人設想。例句：每個人如果都能「設身處地」地爲他人著想，人間必能減少許多無謂的紛爭和遺憾。

《進德錄》記載了一則非常感人的故事：宋朝時，曹彬有一次率軍攻打江南，城將要攻下時，他忽然稱病不出來辦公，將士們都來探望他。曹彬對他們說：「我的病不是藥物所能治療的，只要各位能眞誠地發誓：在城被攻下時不亂殺一人，那麼我的病自然就會痊癒了。」將士們齊聲答應他，便一起焚香起誓。第二天城攻陷了，果然沒有妄殺一人。後來，曹彬鎭守徐州，有個官吏犯了罪，在定案之後一年才對他用刑。旁人都不明白曹彬爲何如此做，曹彬便說：「我聽說這個人剛娶妻，如果馬上對他用刑，那麼他的父母一定會歸罪於那個新婦，認爲她不吉利而討厭她，而早晚加以鞭打、責罵，如此她將無法在夫家生存，所以我才延緩他的刑罰啊！」

曹彬可說是一位仁官，凡事都能替別人設想，十分令人敬佩。

肆、思考與練習

一、本課運用了許多排比的句法，使文章的形式整齊優美，也使文章的氣勢增強許多。請從其他文章中找出一些排比句，並且試著在作文習作時加以運用。

答

㈠燕子去了，有再來的時候；楊柳枯了，有再青的時候；桃花謝了，有再開的時候。（朱自清《匆匆》）

㈡東市買駿馬，西市買鞍韉，南市買轡頭，北市買長鞭。（《木蘭詩》）

㈢菊，花之隱逸者也；牡丹，花之富貴者也；蓮，花之君子者也。（周敦頤《愛蓮說》）

二、本課第二則運用了修辭學中的映襯法及對偶法（長對），映襯法修辭是藉由不同事實的對列比較，使意義明顯，並使語氣增強；對偶法的作用在使文章形式工整，語意自然，意境幽遠。請從其他文章中找出相同用法的文句，並試著在習作時加以運用。

答

㈠映襯法

1、天下事有難易乎？爲之，則難者亦易矣；不爲，則易者亦難矣。人之爲學有難易乎？學之，則難者亦易矣；不學，則易者亦難矣。（彭端淑《爲學一首示子姪》）

2、是故聰與敏可恃而不可恃，自恃其聰與敏而不學，自敗者也。昏與庸可限而不可限也，不自限其昏與庸而力學不倦，自立者也。（彭端淑《爲學一首示子姪》）

3、於是，創業的人都會自然而然的想到上天，而敗家的人卻無時不想到自己。（陳之藩《謝天》）

4、有在政權上一時極有勢力的人，後來並不知名的；有極知名的人，完全是在政治範圍之外的。（孫文《立志做大事》）

㈡對偶法（長對）

1、茶，泡茶，泡好茶；坐，請坐，請上坐。（梁實秋《客》）

2、酒，蕩漾在玻璃杯裡，瑚珀般的艷紅；笑，蕩漾在她的唇邊，紅梅般的動人。（張秀亞《懷念》）

三、請翻查成語辭典，找出幾個與「學習」、「有恆」、

「交友」有關的成語。

答

(一)學習

1、學以致用。2、學如不及。3、學然後知不足。4、學富五車。5、學者如牛毛，成者如麟角6、不學無術7、學非所用。8、下學上達。9、博聞强記。10、學如穿井。11、少年易老學難成。12、映雪讀書。13、由學阿世。14、有腳書櫥。15、束髮受書。16、業精於勤。17、白首窮經。

(二)有恆

1、天下無難事，只怕有心人。2、全始全終。3、持之以恆。4、政貴有恆。5、有志竟成。6、有始有終。7、有頭有尾。8、功敗垂成。9、功虧一簣。10、虎頭蛇尾。11、貫徹始終。12、鍥而不舍。13、駑馬十駕。14、滴水穿石。15、有恆爲成功之本。16、行百里者半九十。

(三)交友

1、君子絕交不出惡聲。2、車笠之盟。3、重修舊好。4、君子之交淡若水，小人之交甘若醴。5、抵足而眠。6、推誠相與。7、有福同享，有難同當。8、桃園結義。9、爾汝之交。10、百拜之交。11、管鮑分金。12、管鮑之交。13、刎頸之交。14、賣友求榮。

四、指導學生利用課餘時間到圖書館尋找一些好學的故事、好友的故事、有恆的故事，在課堂上作分組報告。

答

(一)好學的故事

1、「頭懸樑，錐刺股」的蘇秦和張儀。（《三字經》）

2、不遷怒、不貳過的顏回。（《論語》）

3、二十七歲才發憤讀書的蘇洵。（《宋史·宋元學案》）

4、囊螢照書的車胤。（《晉書》）

5、鑿壁偷光的匡衡。（《史記》、《漢書》）

(二)好友的故事

1、管仲和鮑叔牙的故事。（《史記》）

2、荀巨伯仗義退賊的故事。（《世說新語》）

3、張劭和范式生死不渝的友誼。（《後漢書》）

4、清朝顧貞觀和吳兆騫的故事。（參閱《新國中國文動動腦》第一冊第二五九頁）

(三)有恆的故事

1、蜀鄙二僧的故事。（見國中國文課本第三冊第十課）

2、李白幼年逃學，看到一名老太婆要把鐵杵磨成繡花針，而心有所悟的故事。（《潛確類書》）

3、王羲之的兒子王獻之學寫書法，爲了要有乃父之風，立志寫完一缸水的故事。（《世說新語》）

4、孟子幼年逃學，孟母斷杼教子的故事。（《韓詩外傳》）

5、愚公移山的故事。（《列子》）

6、龜兔賽跑的故事。（現代寓言）

五、在日常生活中，我們可以設身處地爲別人做些什麼事？

答

㈠在路上看到一塊石頭，怕它可能會絆倒行人或機車、腳踏車，就立刻彎下腰撿起來。

㈡在人行道上看到碎玻璃，怕會割傷人，便撿起來作妥善處理。

㈢在家裡看到媽媽爲家務事忙得團團轉時，立刻停止看電視或玩耍，主動幫忙分擔家事。

㈣看到班上桌椅東倒西歪，地上髒亂不堪，怕影響師生上課情緒，破壞班上整潔，於是不計較地動手整理乾淨。

㈤使用過廁所後，把它沖洗得乾乾淨淨，使下一位使用者感覺舒暢。

㈥在公共場所說話時音量適中，以免干擾別人。

六、你認爲一個人在個人修養及待人處事等方面應該掌握那些原則？（請鼓勵學生多思考、多發言）

答

㈠嚴以律己，寬以待人。㈡敬業樂業。㈢成事以材，不如以德；服人以智，不若以禮。㈣害人之心不可有，防人之心不可無。㈤徑路窄處，留一步與人行。㈥愛人者人恆愛之，敬人者人恆敬之。㈦推動你的事業，勿讓事業推動你。㈧看重自己，關心別人。㈨要愼獨。

七、本課中「之」字共出現三次，請說出這三個「之」字的意思有何異同。

答

㈠學而時習「之」：代名詞，它，指所學得的知識。

㈡雖「之」夷狄：動詞，往或去的意思。

㈢有一言而可以終身行「之」者：代名詞，它，指一言。

八、作文類題

㈠學貴有恆

㈡獨處的時候

㈢爲學與做人

㈣溫柔的心

㈤肯定自己，看重別人

㈥談終生學習

（李敏雪）

第十一課　論語選

十二、王冕的少年時代

／吳敬梓

壹、作者參考資料

一、吳敬梓的生平

(一)生平

吳敬梓的曾祖父兩代人中，共出現了六名進士，其中還有榜眼（其從叔祖）、探花（其曾祖）各一名。

吳國對是吳敬梓的曾祖，字玉隨，號默岩。順治十五年考取探花，工於詩賦古文，善書法、八股文，所爲制義有「衣被海內」的美譽。

吳國龍（國對之弟）的五子吳昺，是吳敬梓的從叔祖，康熙三十年考取榜眼。

在短短的五十年是吳家引以爲榮的、終生難忘的黃金時代。吳敬梓在《移家賦》中，以艷羨而自豪的口吻，回憶昔日的盛況，他說：「五十年中，家門鼎盛。陸氏則機、雲同居，蘇家則軾、轍並進。子弟則人有鳳毛，門巷則冢夸馬糞。綠野堂開，青雲路近。……后茜有千畝之榮，木奴有千頭之慶。」

(一)康熙四十年，吳敬梓出生，字敏軒，號粒民，後因家中有「文木山房」，故晚年自號「文木老人」，又因定居秦淮水亭，自稱爲「秦淮寓客」。

(二)康熙五十二年，吳敬梓十三歲，其母過世，其父吳霖起在外作官，就靠比他大七歲的姐姐（過繼的）撫育長大。姐弟二人感情很好，相依爲命。吳敬梓帶孝，繼續上學，但內心懷念亡母，十分哀痛，不與羣兒嬉戲，常常獨自一人躲在房間裡，埋頭讀書，以排遣悲傷和煩悶的情緒。

(三)康熙五十三年，吳敬梓十四歲，其父不放心吳敬梓長期遠離身邊，於是帶到贛榆來，吳敬梓後來回憶說到：「十四從父宦，海上一千里」（《贈眞州僧宏明》）。到贛榆，父子倆的生活相當貧苦，吳敬梓回憶說到：「鮭菜蕭然，引觴徐酌。」（《移家賦》），其父曾捐資修繕學堂，募建明倫堂後的尊經閣和敬一亭，他的熱心倡導儒的活動，留給吳敬梓深刻的印象。其父對兒子的管束很嚴格，就像在學宮裡對待生員一樣，指導兒子誦讀四書五經和學習寫作八股文，希望兒子將來能大顯身手。

㈣康熙五十七年，吳敬梓十八歲返回家鄉，娶了陶欽李的女兒，並且奉父命，向一位別號叫夢庵的塾師繼續學習八股文的寫作，後來進步很快，「搦管為文摧儕偶，漸得佳境啖蔗甘」、「下筆緲緲千言就，縱橫食葉如春蠶」。

㈤康熙六十一年，吳敬梓二十二歲，其父因病辭官，返回家鄉，又吩咐兒子立即參加考試，吳敬梓不敢違背父親的意願，含著眼淚離開父親的病榻。其父一病不起，而吳敬梓卻獲考取秀才的佳音。正所謂「青杉未得承歡笑，麻衣如雪髮鬅鬙。」父親過世，對吳敬梓打擊更大。此時族人倚仗人多勢眾，肆無忌憚地提出分家的要求，最後「兄弟參商，宗族詬誶」、「他人入室考鐘鼓，怪鴟惡聲封狼貪」留給吳敬梓的財產，寥寥無幾。分家以後，吳敬梓的妻子陶氏體弱多病，不甘心受到族人的欺凌，飲恨而死。吳敬梓的性情和對人生、社會的看法也改變了。他滿懷憤激，視金錢為身外物，不再有所愛惜，「千金一擲買醉酣」，過著「放達不羈如癡憨」的浪子的生活。沒多久，賣祖傳的田地、家宅，眼見要傾家蕩產，族中長老來規勸，他卻咆哮地說：「男兒快意貧亦好，何人鄭白兼彭聰！」他的行徑不被一般人理解，後來回憶說到：「田廬盡賣，鄉里傳為子弟戒。」

㈥雍正七年，吳敬梓二十九歲，之前他多次科舉考試，一直未中舉人。此次到滁州去應考，全兩銘回憶他考試的情景寫道：「酒後耳熱語喃喃。文章大好人大怪。匍匐乞收遭唬唬。」由於他睥睨一切的狂士作風，在試場中得罪了試官，有被黜落的危險，他聽到消息，就低聲下氣地到試官面前去跪求開恩，結果遭到試官大聲的呵斥。幸虧遇見一位姓李的學政，憐才心切，才破格錄取，不過後來參加鄉試，名落孫山。這件事使他對科舉制度的本質開始有所認識。鄉試失敗後，更使得家族和鄉里的人對他另眼看待，他在全椒感到萬分的寂寞，全椒鄉土風俗的澆薄，使他暗自決心，不再留戀故土，離此而去。他回憶說道：「至於眷念鄉人，與為遊處，似以冰而致蠅，若以狸而致鼠。見幾而作，逝將去汝。」（《移家賦》）

㈦雍正十一年，吳敬梓三十三歲。他娶續弦夫人葉氏，自全椒移家南京，寄居在秦淮水亭，為了紀念這次有歷史意義的大遷移，他寫了長達三千五百二十九字的《移家賦》表達「悲切怨憤」的思想感情。定居後覺得「偶然買宅秦淮岸，殊覺勝於鄉里」，於是布置「文木山房」作為他的書齋，經常會晤和款待一些知心朋友，這些都成為他的《儒林外史》的創作積累了不少的素材。

(八)雍正十三年，吳敬梓三十五歲。朝廷爲要網羅人才，命各省推薦在科學考試中未曾獲得舉人、進士的知識分子，去應所謂「博學鴻詞科」的特種考試。而吳敬梓受到唐時琳推薦給上江督學鄭江，再由鄭江推薦給安徽巡撫趙國麟。

(九)雍正十四年，吳敬梓三十六歲。他乘船赴安慶參加過博學鴻詞科的三級預備考試以後，卻因生病，不能參加北京舉行的廷試。開始時，他覺得有些後悔，後來看到他的堂兄吳檠、友人程廷祚落選而歸，卻又感到慶幸，因此對科舉制度也產生了懷疑。在南京雨花臺有先賢祠，祀吳泰伯以下名賢二百三十餘人。祠圮已久，吳敬梓熱心倡議修復。由於屋宇閎麗，工費甚巨，他甚至捐獻了出賣房屋的錢。從此，生活日益貧困。「環堵蕭然，擁故書數十冊，日夕自娛。」萬不得已，就賣書換米來充飢。有時候，到了冬天的夜裡，氣候酷冷，缺乏禦寒的衣物，又沒有酒食，他就邀集好友五六人，乘著月光，出城南門，一路歌吟呼嘯，彼此應和，等到天色大亮，就從水西門進城，大笑各自散去。夜夜如此，他們把這叫做「暖足」。吳敬梓有位親戚叫程麗山，時常周濟他。有一年秋天，連下三四天大雨，程麗山對兒子說：「比日城中米奇貴，不知敏軒作何狀？可持米三斗、錢二千，往視之。」到了一看，吳敬梓已然餓了兩天肚子了。吳敬梓的志氣並未受到貧窮給打倒，他的詩說道：「一事差堪喜，侯門未曳裾。」生活再困難，也不願到達官貴人家去乞討。此時，吳敬梓將多年來所經歷的世事、生活的折磨，內省自己，靜觀外物，於是下決心要寫一部《儒林外史》，王又曾的詩可作證明，他說道：「閑居日對鍾山坐，贏得儒林外史詳。」

(十)乾隆十九年，吳敬梓五十四歲，在揚州逝世，家中無錢料理喪葬，後由盧見曾慷慨解囊，買棺裝殮。程晉芳寫詩哀悼他。詩云：「生耽白下殘煙景，死戀揚州好墓田。涂殯匆匆誰料理，可憐猶剩典衣錢。」後葬在「金陵南郊的鳳臺門花田」中。（參考：《中國歷代著名文學家評傳》第五卷，山東教育。《吳敬梓評傳》陳美林著，南京大學）

(二)著作

1、《儒林外史》（有五十回本、五十五回本、五十六回本、六十回本）。

2、《文木山房集》（四卷本）

3、《詩說》（存五條詩說）

4、《史漢紀題》（未完稿）

三、《儒林外史》的價值

㈠劉大杰《中國文學發展史》下冊說到：「《儒林外史》的藝術特色，是巧妙地運用了諷刺文學的手法，向封建社會的科舉制度與吃人的禮教，作了無情的抨擊與揭露。在中國古代儒家所鼓吹的溫柔敦厚的文學思想傳統裡，諷刺文學是比較不容易發展的。諸子的寓言中，唐代的傳奇中，元、明的戲曲中，《西遊記》和《聊齋誌異》及其他作品中，雖說也流露出一點諷刺的光輝，但那光輝比較淡薄。到了《儒林外史》，吳敬梓才以嘻笑怒罵淋漓酣暢的文筆，以其觀察社會的銳利透徹的眼光，向舊時代的道德，向舊時代不合理的制度以及各種醉心利祿虛僞無恥的人們，作了比較全面和深刻的嘲笑與鞭打。在中國文學史上，初次樹立起古典諷刺文學的豐碑。」（上海古籍出版）

㈡章培恆、駱玉明主編《中國文學史》下冊說到：「在把《儒林外史》稱爲『諷刺傑作』時，特別要注意的是它的寫實性。以前的小說中，像《金瓶梅》也有諷刺的妙筆，某些不動聲色而入木三分的刻畫手段也爲《儒林外史》所繼承，但從全書來看，它仍有不少誇張和漫畫式的成分。《儒林外史》則不同，它的諷刺，主要是通過選取合適的素材和準確的、透入人物深層心理的刻畫來完成的。許多在日常生活中人們司空見慣、素來不以爲有何不妥、有何深意可究的事情，經過作者的提煉和描摹，有時加上稍稍的誇張，便淸晰地透出了社會的荒謬與人心的僞妄，而當人們讀這些故事的時候，卻又覺得它仍然是眞實的生活寫照。臥閑草堂本第三回總評說：『愼毋讀《儒林外史》，讀竟乃覺日用酬酢之間無往而非《儒林外史》。』指出了小說以寫實爲諷刺之根基所形成的警醒人心的力量。」（復旦大學出版）

貳、課文參考資料

一、《王冕的少年時代》賞析

㈠總論：王冕的一生

1、時代：元朝末年。

2、特質：一個嶔崎磊落的人（「嶔崎磊落」是全回的線索）。

3、人物：姓王名冕。

4、地點：在諸暨縣村裡住。

㈡分論：王冕的少年時代（按順序法進行）

1、七歲

⑴變故：父親死了。

⑵讀書：母親做點針黹供他到村學堂讀書。

2、十歲

⑴母親：無法供給讀書，須替人家放牛。（言語描寫）

①苦衷：「不是我有心要耽誤你。」

②困境：「我一個寡婦人家……只靠我做些針黹生活尋來的錢，如何供得你讀書？」

③解困：「如今沒奈何，把你雇在間壁人家放牛，每月可得幾錢銀子，你又有現成飯吃，只在明日就要去了。」

⑵王冕：體諒母親的苦心，願放牛，也可讀書。

①體諒：「娘說的是。」

②釋懷：「我在學堂坐著，心裡也悶，不如往他家放牛，倒快活些。」

③好學：「假如要讀書，依舊可以帶幾本書去讀。」

⑶去秦老家：牽出一條水牛交與王冕。（為下文向書客買舊書埋下伏筆）

①交代工作：

a、地點：七泖湖。

b、工作：放牛打睡、飲水。

c、待遇：每日兩小餐小菜飯、折兩個錢與你買點心吃。

d、要求：百事勤謹些，休嫌怠慢。

②王冕的母親叮嚀：替他理理衣服。（細節描寫，表現捨不得的親情）

a、工作：「須要小心，休惹人說不是！」

b、關心：「早出晚歸，免我懸念。」

③王冕應諾：母親含著兩眼眼淚去了。

(4)放牛生活：自此在秦家放牛。

①回家：「每到黃昏，回家跟母親歇宿。」

②帶東西：「或遇秦家煮些醃魚、臘肉給他吃，他便拿塊荷葉包了，回家孝敬母親。」

③買書、看書：「每日點心錢也不用掉……就買幾本舊書，逐日把牛拴了，坐在柳樹蔭下看。」

3、十三、四歲：王冕看書，心下也著實明白了。

(1)學畫的動機：

①時間：黃梅時候、天氣煩躁，王冕放牛倦了。

②地點：在綠草地上坐著。

③事情的原因：

a、天氣變化：「須臾，濃雲密布，一陣大雨過了。」

b、雨後景色：（從上到下的方式描寫）天空——「那黑雲邊上鑲著白雲，漸漸散去，透出一派日光來，照耀得滿湖通紅。」；山上——「湖邊山上，青一塊，紫一塊，綠一塊。」；樹枝上——「都像水洗過一番的，尤其綠得可愛。」；湖面——「有十來枝荷花，苞子上清水滴滴，荷葉上水珠滾來滾去。」

c、感觸：想像——「古人說：『人在畫圖中』，實在不錯。」；遺憾——「可惜我這裡沒有一個畫工，把這荷花畫他幾枝，也覺有趣。」

d、觸發：「天下那有個學不會的事？我何不自畫他幾枝？」

(2)學畫的經過

①準備：「託人向城裡買些胭脂、鉛粉之類，學畫荷花。」

②開始：「初時畫得不好。」

(3)學畫的結果：畫到三個月之後。

①成果：「那荷花精神、顏色，無一不像。」

②比喻：「只多著一張紙，就像是湖裡長的，又像才從湖裡摘下來貼在紙上的。」

(4)成爲名家

①賣畫：「鄉間人見畫得好，也有拿錢來買的。」

②所得：「王冕得了錢，買些好東西去孝敬母親。」

③成名：「一傳兩，兩傳三，諸暨一縣，都曉得他是一個畫沒骨花卉的名筆，爭著來買。」

4、十七、八歲：也就不在秦家了。

(1)工作：「每日畫幾筆畫。」
(2)讀書：「讀古人的詩文。」
(3)生活：「漸漸不愁衣食，母親心裡也歡喜。」

二、《王冕的少年時代》的主旨

(一)以《儒林外史》第一回《說楔子敷陳大義．借名流隱括全文》來看，全回的主旨是描寫王冕的人格特質，是一位嶔崎磊落的人。作者吳敬梓透過一些事情來襯托王冕的人格特質，例如：藉著描寫荷花的情景，烘托王冕的清高脫俗的性格；藉著模仿楚辭圖中的屈原衣冠，展現王冕仰慕屈原，陶然自樂的性格、藉著秦老將禮部議定的取士之法與王冕的對話，襯托出王冕鄙視當時儒林的悲風；藉著避開時仁知縣以及不願做咨議參軍的職位，充分烘托王冕淡泊名利的性格。

(二)以課本而言，由於課本節錄第一回的前面十八歲以前的事情，因此看不到王冕的全貌，不過也可看出一些王冕的特質，可算是課文的主旨，例如：

1、對母親的孝敬。

2、透過對荷花的喜好，暗示王冕的「出汙泥而不染」的特質。

三、王冕的生平

(一)說明：王冕的傳記主要的有：

1、元代徐顯《稗史集傳．王冕》。

2、明代宋濂《宋學士文集》卷六〇《王冕傳》，即後來編入《元史》。

3、清代朱彝尊《曝書亭集》卷六四《王冕傳》。

(二)一般介紹王冕，大部分都以宋濂的《王冕傳》為主，而朱彝尊所寫大部分採自徐顯，而吳敬梓主要採取素材也以朱彝尊為名，茲介紹朱彝尊所寫的《王冕傳》如下：

王冕，字元章，諸暨田家子也。父命放牛，冕放牛隴上，潛入塾，聽村童誦書。暮亡其牛，父怒撻之。他日，依僧寺，夜坐佛膝，映長明燈讀書。安陽韓性異而致之，遂從性學，通《春秋》。嘗一試進士舉，不第，樊所為文，讀古兵法。恆著高簷帽，衣綠蓑衣，躡長齒屐，擊木劍；或騎牛行市中，人或疾其狂。同里王艮特愛重之，為拜其母。艮為江浙檢校，冕往謁，履敝不完，足指踐地，艮遺之草履一兩，諷使就吏祿。冕笑不言，置其履而去。歸迎其母至會稽，駕以白牛車，冕被古冠服隨車後，鄉里小兒皆訕笑，冕不顧也。所居倚土壁，庋斧執爨養母，教授弟子以爲常。高郵申屠駉任紹興理官，過錢塘，問交於王艮，艮曰：「里有王元章者，其志行不求合於俗，君欲與語，非就見不可。」駉至，即遣吏自通。冕曰：「吾不識申屠君。」謝不見。駉乃造廬，執禮甚恭，冕始見之。居歲餘，投書謝駉，東游吳，浮江上潛岳，遂北主燕。泰不華薦以館職，冕曰：「公愚人哉！不十年，此中狐兔游矣，何以祿爲？」翰林學士危素，冕不識也，居鐘樓街。冕知之，一日，素騎過冕，冕揖之坐，不問名姓，忽曰：「公非住鐘樓街者耶？」曰：「然。」冕更不與語。素出，或問客爲誰，笑曰：「此必危太僕也，吾嘗誦其文，有詭氣。今睹其人舉止，亦然。」冕善詩，通篆籀，始用花乳石刻私印；尤長畫梅，以胭脂作沒骨體。燕京貴人爭求畫，乃以一幅張壁間，題詩其上，語含諷刺，人欲執之。冕覺，乃亟歸，謂其友曰：「黃河北流，天下且大亂矣。」攜妻孥隱會稽之九里山，號煮石山農。命其居曰：「竹齋」，題其舟曰「浮萍軒」，自放鑑湖之曲。太祖既取婺州，遣胡大海攻紹興，屯兵九里山，居人奔竄，冕不爲動，兵執之，與俱大海。大海延問策，冕曰：「越人秉義，不可以犯，若爲義，誰敢不服？若爲非義，誰則非敵？」太祖聞其名，授以諮議參軍。而冕死矣。

朱彝尊曰：「當元之季多逸民，冕其一也。自宋文憲《傳》出，世皆法「參軍」目之，冕亦何嘗一日參軍事哉？讀徐顯《稗史集傳》，冕蓋不降其志以死者也，因別爲《傳》，上之史館，冀編纂者擇李。」

四、課文與原本的差異

使用《儒林外史》的最早的刻本來校對課文嘉慶八年（西元一八〇三年）臥閑草堂刊的巾箱本，是目前見到的最早的刻本。（見於《古本小說集成》上海古籍出版）

㈠校對的差異如下

1、缺字：課本「我一個寡婦人家，年歲不好」在「年歲不好」前面，缺少「只有出去的，沒有進來的」。

2、改字：課本「免我懸念」的「懸念」原作「懸望」、課文「針黹」原作「針指」、課文「回家孝敬母親」原作「來家遞與母親」、課文「實在不錯」的「實在」原作「其實」、課文「吃了早飯」的「吃」原作「喫」。課文「幾十棵合抱的垂楊樹」的「棵」原文作「夥」。

3、多字：課文「母親心裡也歡喜」原文沒有「也」字。

㈡說明

課文改「夥」爲「棵」妥當外，其餘的缺字、改字、多字均不宜。

參、語文天地

一、文法修辭

㈠文法

1、「當的當了」的兩個「當」的詞性爲何？

該句原爲「當的（東西）當了」，「當的東西」是主從結構作主語，「當」作加語，「東西」作端語，當端語省略了，加語就升級代表主從結構，所以第一個「當」是形容詞，第二個「當」作述語，所以是動詞。

2、「賣的賣了」的兩個「賣」的詞性爲何？

該句與前句相同，第一個「賣」是形容詞，第二個「賣」是動詞。

3、「如今沒奈何」的「奈何」的詞性爲何？

「奈何」作述語「沒」的賓語，「奈何」常與「無」或「無可」連用，意思是：沒有辦法。例如：《韓非子・喻老》：「在骨髓，司命之所屬，無奈何也。」

4、「你又有現成飯吃」是倒裝句？

「你又有現成飯吃」是有無繁句，「現成飯吃」作賓語，原爲「吃現成飯」是動賓結構，爲了要強調賓語「現成飯」，所以移置述語「吃」的前面，所以說該句是倒裝句。

5、「牛要渴了，就在湖邊飲水。」的「飲」的詞性爲何？

「飲」作述語，喝的意思。一般的參考書作「給對方喝」視爲「致動用法」。如果「飲」作致動動詞，那必須是「飲牛」才可以，而課文是「飲水」，賓語是「水」不是「牛」，不能產生致動用法，因此課文的「飲」作喝的意思，音ㄧㄣˇ。

㈡修辭

1、「須臾，濃雲密布，一陣大雨過了，那黑雲邊上鑲著白雲，漸漸散去，透出一派日光來，照耀得滿湖通紅。湖邊山上，青一塊，紫一塊，綠一塊；樹枝上都像水洗過一番的，尤其綠得可愛。湖裡有十來枝荷花，苞子上清水滴滴，荷葉上水珠滾來滾去。」

這一段的描寫是採用「摹色」的修辭方法。

所謂「摹色」是「摹繪法」之一。「摹色」即是利用色彩詞描摹客觀事物的色彩。例如：文中的「濃」、「黑」、「白」、「紅」、「青」、「紫」、「綠」等色彩字，使得句間充滿著五顏六色的光芒，整個畫面令人有賞心悅目的美感。

2、「只多著一張紙，就像是湖裡長的，又像才從湖裡摘下來貼在紙上的。」

這是採用「擬物」的修辭方法。

所謂「擬物」是「比擬法」之一。「擬物」是故意把人當作物來寫，或把此物當作彼物來寫的方法。例如：前句的話中「湖裡長的」來說明王冕所畫的「荷花」、「才從湖裡摘下來貼在紙上的」來說明王冕所畫的「荷花」。總之，王冕畫的「荷花」讓人覺得如此的逼真，這是以物擬物的效果之一。

肆、課文補充資料

一、「沒骨花」

在北宋徐崇嗣畫花卉，僅用彩色描繪，不加勾勒，謂之「沒骨花」。

清代王士禎《香祖筆記》卷十一說到：「亡友汪鈍翁贈吳人文點與也詩云：『君家道韞擅才華，愛寫徐熙沒骨花。』」

二、類文

(一)岳飛的少年時代：《宋史．岳飛傳》

岳飛，字鵬舉，相州湯陰人也。生時，有大禽若鵠，飛鳴室上，因以爲名。未彌月，河決內黃，水暴至，母姚氏，抱飛坐巨甕中，衝濤乘流而下，及岸，得不死。

飛少負氣節，沈厚寡言。天資敏悟，強記書傳，尤好左氏春秋及孫吳兵法。家貧，拾薪爲燭，誦習達旦不寐。生有神力，未冠，能挽弓三百斤。學射於周同。同射三矢，皆中的，以示飛；飛引弓一發，破其筈；再發，又中。同大驚，以所愛良弓贈之。飛由是益自練習，盡得同術。

未幾，同死，飛悲慟不已。每值朔望，必具酒肉，詣同墓，奠而泣；又引同所贈弓，發三矢，乃酹。父知而義之，撫其背曰：「使汝異日得爲時用，其殉國死義乎？」應曰：「惟大人許兒以身報國家，何事不可爲？」

翻譯：

岳飛，字鵬舉，河南湯陰人。他出生的時候，有一隻大鳥像是天鵝，在屋上飛著鳴叫，因此以「飛」爲名。還沒有滿月，內黃縣黃河決口破堤，大水猛衝到湯陰，岳飛的母親姚氏夫人，抱著岳飛坐在一隻大甕中，衝破波濤順流而下，飄流到岸邊，才能夠活下來。

岳飛年輕的時候志氣不凡注意操行，沈著厚重不多說話。天資聰敏，領悟力強，閱讀經書史傳的記性極好，尤其喜歡左傳和孫、吳兵法。家裡很窮，拾取樹木爲柴點燃著當燭火，誦讀學習從夜裡到天亮不睡覺。天生的力氣很大，沒有到二十歲成年，就能夠拉開要用三百斤力的弓弦。曾向著名武師周同學射箭。周同連射三箭，都射中箭靶中心，以此向岳飛示範。岳飛也拉弓射出一箭，正射在周同所射的箭尾，把箭尾都射穿了。再發一箭，又中箭尾。周同大爲驚異，把自己所愛的好弓贈給他。岳飛因爲得到周同的指點，練習更勤奮了，完全學到了周同的技藝。

不久，周同死了，岳飛悲痛不止，每逢到初一、十五，一定要準備了酒肉祭品，到周同墓上，哭泣著祭奠，又拉開周同贈給他的好弓，連發三箭，然後把杯中酒灑在墓前地上，表示追念。岳飛的父親知道後很稱讚他懂得道義，撫摩著他的脊背說：「如果你將來能順應時勢需要而施展你的抱負，大概能爲國盡忠，爲道義而犧牲吧？」岳飛回答說：「只要父親您答應孩兒以全身心來報效國家，那還有甚麼事不能做到呢？」

㈡與《王冕的少年時代》之比較

（提示：1、主旨2、結構3、內容）

伍、思考與練習

一、《王冕的少年時代》的問答教學

㈠範文理解

1、第一段

⑴王冕的時代爲何？是如何的一位人物？住在何處？

⑵王冕七歲的時候，發生什麼變故？

⑶王冕如何能到學堂讀書？

2、第二段

⑴王冕十歲，家境惡化，母親對王冕說了什麼苦衷、困境，以及如何解困呢？

⑵王冕又如何體諒母親的心意呢？

3、第三段

⑴秦老交待什麼工作內容給王冕呢？

⑵王冕的母親叮嚀了些什麼事件？

4、第四段

⑴王冕在秦家放牛，有什麼事情孝敬母親呢？

⑵王冕在什麼的地方顯示好學的地方呢？

5、第五段

⑴黃梅時候，天氣煩躁，王冕放牛倦了，在綠草地上坐著，須臾，看到了濃雲、日光、山上、樹枝、荷花、水珠各有什麼景象呢？

⑵王冕看到的雨後的美景有什麼感觸、觸發呢？

6、第六段

⑴王冕學畫準備了什麼？剛開始畫得如何？

⑵王冕畫了三個月，把荷花的精神、顏色畫得無一不像，他畫在紙上，有像那些樣子呢？

⑶王冕是如何成爲沒骨花卉的名筆呢？

⑷王冕到了十七、八歲的生活如何？

㈡形式鑑賞

1、全文

(1)本文的文體是什麼？

(2)本文的線索是什麼？全文是按什麼方式進行？

(3)本文的主旨是什麼？

2、第一段

(1)「嶔崎磊落」點出全回的什麼？

3、第二段

(1)王冕的母親說一開始說到：「兒啊！不是我有心要耽誤你」顯示母親的什麼心意？

(2)「當的當了」其中二個「當」的詞性爲何？

(3)王冕回答母親的話，一開始說到：「娘說的是。」顯示王冕有什麼心意？

(4)王冕說：「假如要讀書，依舊可以帶幾本書去讀」，除了點出王冕有什麼精神外，尚且對下文「買幾本舊書」有什麼作用？

4、第三段

(1)「王冕送出門來，母親替他理理衣服」其中的「理理衣服」是屬於什麼描寫？表達什麼涵義？

5、第四段

①王冕「便偷個空走到村學堂裡，見那闖學堂的書客，就買幾本舊書」，呼應上文的那一句話？

6、第五段

①「須臾，濃雲密布……荷葉上水珠滾來滾去」這是運用什麼修辭法？

②從「濃雲」到「日光」、「山上」、「樹枝」、「荷花」一直到「水珠」，這種方式的描寫是什麼方法？

7、第六段

①「只多著一張紙，就像是湖裡長的，又像才從湖裡摘下來貼在紙上的」這是什麼修辭法？

②「王冕得了錢，買些好東西去孝敬母親」呼應前的那些話？

◆二、從《王冕的少年時代》談作文教學

（答案參考前面的《王冕的少年時代》的提要分析）

㈠題目

1、古今中外名人的少年時代（名人自定）

2、自己的少年生活

㈡內容

1、運用事件、言語、容貌、心理、細節、面場等等描寫，以便凸顯人物的特質。
2、仿照《王冕的少年時代》順序的方式進行。
3、字數以六百字爲限。

（劉崇義）

十三、吃冰的滋味

／古蒙仁

壹、作者參考資料

一、以報導文學為長的古蒙仁

古蒙仁，本名林日揚，臺灣省雲林縣虎尾鎮人。生於民國四十年。輔仁大學中文系畢業，美國威斯康辛大學東亞系碩士。曾任時報周刊編輯，《中央日報》海外副刊主編，《中央日報》副總編輯，現任職於財團法人國家文化藝術基金會。是現代文學作家，從事於小說、報導文學、散文等之創作，對攝影也有很大興趣，曾開過個人攝影展。著作很多，計有《人人頭上一片天》、《人在天涯》、《上天下海有奇人》、《小說大觀》、《小說新語》、《生活品味》、《往日情懷》、《珍藏的夢》、《美的迴響》、《浮雲遊子》、《海外小品》、《海外詩抄》、《海外詩箋》、《尋索的心》（以上由中央日報出版）、《人間燈火》（希代出版）、《小樓何日再東風》、《臺灣社會檔案》、《同心公園》（以上由九歌出版）、《作家之旅：謝春德的攝影世界》（爾雅出版）、《狩獵圖》（武陵出版）、《失去的水平線》、《雨季中的鳳凰花》、《黑色的部落》、《夢幻騎士》（以上由時報出版）等書，其中的《黑色的部落》獲第一屆時報文學「報導文學推薦獎」，《失去的水平線》獲第二屆時報文學「小說推薦獎」，《臺灣社會檔案》獲中興文藝獎章。

一個人的成功，除了取決於天分和興趣外，最主要的動力就是勤奮。古蒙仁自小就很好學，每天勤跑圖書館，一直到大學畢業前都是這樣。黃秋芳《在流轉的歲月中——古蒙仁的報導與文學》文中說：「他住在虎尾糖廠宿舍，鄰近附設的圖書館，以豐富的藏書日夕在蠱惑著他，他埋在書堆裡，興致盎然地翻揀著書頁裡的字字句句，那些繁華豔盛的想像世界，攫取他全部的注意力，他把所有的感覺和想像都遺落在圖書館裡，同齡學童的嬉鬧孩戲，進駐不到他嚴密封閉的書鄉世界。」又說：「考上輔大中文系以後，像蜜蜂勤敏於蜂蜜的採探與釀造，他還是迅速在圖書館裡找到最適性恣意的寶藏，維持著從小到大不變的生活方式。圖書館成為他睡覺以外唯一的活動地點。每天第一個進去，最後一個離開，把大部分關於創作的書籍全部讀完，和圖書管理員成為最熟悉的朋友。」這一點古蒙仁也在《我的寫作經驗：摸索、試探、邁進》文中特別說明：「一開始，我便把大部份的時間，投進了文學院圖書館。它靜悄悄地矗立在文學院的一隅，前面種了一排尤加利樹，兩旁盡是蒼勁的柳條支影，後面還有一窪水池。夏天時，池子裡便傳來青蛙的呱叫聲；冬天時，北風呼呼地吹打在清冷的大玻璃上。我大學中的前四年，幾乎都是在呱噪的蛙鳴和呼呼的風吼聲中度過的。我坐在閱覽室裡，不停地閱讀，也不停地寫，每天都弄到熄燈後，人都走光了，才拖著疲乏不堪的身子，離開那棟黑漆漆的大樓。」又說：「那時我平均每天要看兩本書，不但在圖書館裡坐著看，在草坪上躺著看，在課堂裡也照樣拿出來偷看。」從以上這幾段話，可看出古蒙仁的讀書之勤和創作之狂熱。

以報導文學出名的古蒙仁，他之所以走向這一條路，可以說是出於偶然和機緣。就是他在輔大四年級時，有一門訓詁學的課被當掉，必須重修。眼看著同學們都順利地走出校門，只有他還要再讀一年才能畢業，心情非常鬱卒的他，因此便四出遊玩散心，到鼻頭角時，不禁被那漁村的古老氣息深深吸引住。回到台北後，看到中國時報的高信疆先生，在副刊上籌畫了一個「現實的邊緣」報導性專欄，引起了他的興趣，便去找高信疆。在高信疆的鼓勵下，他決定以鼻頭角作爲他寫作報導文學的開始，到鼻頭角去住了二十幾天，經過一段時間的體會考察後，寫下了《一個沒有鼾聲的鼻子——鼻頭角的滄桑》，此後又陸續寫了《破碎的淘金夢——九份、金瓜石今昔》、《幾番蘭雨話礁溪》、《黑色的部落——秀巒山村透視》等篇。這是他從事報導文學的開始，但一鳴驚人，成就非凡。

至於他以後爲什麼會繼續走這條路，這跟他的個性有關。丁琬在《行者的路——奔波在報導文學路上的古蒙仁》文中，說古蒙仁爲什麼會走上這條路時，引用古蒙仁的話說：「這應該和個性有關吧。我想我天生是個坐不住的人，所以並不適合擔任那種坐辦公桌的工作。我覺得從事報導寫作，到各地採訪，最大的好處是使你不必侷限在一個環境裡，而能接觸到很多不同的人和事。對我來說，這都是很好的人生經驗。」

足迹踏遍臺灣每個角落的古蒙仁，出版了不少的報導文學專集，他在長時間的觀察下，以客觀的立場，報導各地的風情，探尋存在的各種問題，透過它來喚起人們對社會的關懷，每篇報導都具有它獨特的一貫風格。邱昭文《足迹遍及全臺灣——報導文學家林日揚小記》說：「古蒙仁作品的特色，是對實際生活中提煉出來的庶民文化，有特殊親切、恆久的感情，因而使他在從事報導工作時，特別關切生息在市井中的小人物。這種濃厚的草根性，使得他無論從事山地部落、偏遠小鎮、鬧區市集或異鄉外國的採訪，都能得兼『問題意識』與『文字技巧』，以生動的文筆，寫出深切的關懷。」又說：「選材寬廣，文字流暢，筆端對人羣社會充滿了仁厚心懷，報導文學寫作的要件，古蒙仁可稱得上齊備。」黃秋芳《在流轉的歲月中——古蒙仁的報導與文學》也說：「在學理上，主觀、客觀必須劃清，但是古蒙仁認爲，在實際創作時，主客觀卻是游離的，存有可以融匯的分際。所以，他的採訪報導文字，流動著自己的性格，慧黠清敏，幾乎是一篇優美的散文，但卻在距離以外適可而止，絕不干擾報導的意義。」這就是他的報導文字，浪漫又能兼顧到現實的原因。這一點白先勇非常欣賞，曾稱讚過古蒙仁的報導文學風格是「浪漫兼寫實」。凡是讀過古蒙仁作品的人，一定都會有這種感覺。

貳、課文參考資料

一、《吃冰的滋味》賞析

本文是篇記敘文，一共分爲十段，含有三層意思。

第一層意思包括一、二、三、四等四個小段。先說夏日吃冰是人生的一大享受，再指出人一生中最適合吃冰的年紀是十五歲以前的中小學階段，這段期間，如果沒有冰，每個人的童年都會黯然失色。接著說現在社會富裕了，各種冰製品五花八門，應有盡有，大家的口福都不淺，小孩子更是得其所哉，在夏天所吃的冰，加起來比他們的體重還要重。接著筆鋒一轉，說現代的冰品，拜科學昌明之賜，固然色彩繽紛，花樣百出，但單就口味來說，比臺灣早年的冰製品，遜色很多。並指出之所以這樣的緣故，是因爲過去小生意人講的是信用，賣的東西是貨眞價實的，近人講究包裝，注重外表，內容則能省就省，所以品質就比較差了。

第二層意思包括五、六、七、八、九等五個小段，主要內容在追求作者小時候的生活情形和吃冰經驗。先說明當時大家生活都很苦，小孩子沒有什麼零用錢，吃冰棒是一種很難得的享受，再描述臺糖產製的冰棒和冰水，口味及衞生都比一般市售的冰品爲佳，因此大家都爭著去搶購。接著介紹當時小攤子販賣刨冰的情形，刨冰的種類，及刨冰給人的感受。最後介紹一種類似現代冰淇淋的芋冰，賣這種芋冰的小販騎著腳踏車沿街四處兜售，販賣的方式有兩種：一種是按顧客需要，五毛錢一瓢；一種是用賭注的，就是小販有一個木製圓盤，上面畫分很多格子，註明芋冰大小，顧客用小鏢射轉動的木盤，射中那分便拿那分。這是小孩最喜歡玩的遊戲，每次小販一來，大家便纏著不放。

第三層意思只有第十段一個小段，這是結論。在這段中，作者發抒了他的感觸，道出了他對童年吃冰的懷念，以呼應前面各段。

本文採用倒敍的寫法，從現在寫到過去，再由過去回到現在。一開始就開門見山的點破題旨「吃冰」，接著各段都環繞著這個主題抒寫下去，全篇都離不開一個「冰」字。文筆活潑流暢，一氣呵成，讓人讀起來有一種輕快舒暢的感覺。而實際的生活描述，生動有趣，更讓不管是親身經歷過的，或沒有這種經驗的人，都會感到一種親切感。

至於作者爲什麼會特別鍾情於過去的那種吃冰的滋味，除了他自己說的「現在冰品味道雖好，但總難敵童年那份甜的記憶。」這個因素外，另外一個原因，應該是那時生活困苦，難得有豐盛美食，在作者的記憶中，吃冰是他最大的享受，所以才那樣念念不忘。明朝人周容寫的《芋老人傳》，所描述的「吃芋」情形，正可以來證明這一點。那篇文章的內容是這樣的：

浙江慈谿祝家渡地方住有一戶人家，這家的主人是一位老人，膝下有一位兒子出外去幫人做工，只有他和老妻住在渡口。有一天，有一個趕路的書生躲在他家屋簷下避雨，衣服被雨淋得濕透了。老人看他一副瘦弱的樣子，怕他感受風寒生病，就把他請進屋裡坐。知道他剛從府城裡參加考試回來，老人讀過書，稍微懂得些學問，便和他閒談起來。談了很久，看書生有點餓的樣子，便叫老妻煮芋給書生吃。書生吃完了一碗，又再加添了一碗。吃飽後笑著對老人說：「您煮芋招待我，這個恩惠我將會牢記在心，不會忘記。」等到雨停後，書生就告別而去。

經過了十幾年，書生因考試得高等，官做到宰相。有一天想吃芋，便叫廚子煮芋給他吃。才吃了幾口，便放下筷子，歎息說：「這芋的味道怎麼這樣差，爲什麼沒有以前祝家渡老人做的芋那麼香甜可口呢！」爲了重溫當時的舊夢，於是派人去尋訪他們夫婦，用車子把他們載到相府。過了幾天，他想吃芋，請求老人的妻子替他再煮一次芋。老婦人煮好端送上來後，當了宰相的那位書生，吃了幾口，又放下筷子，說：「味道和以前不大一樣，沒有以前那樣香甜可口。」聽了那宰相的話，老人便走向前對他說：「還是這樣的芋呀！您會覺得以前的芋香而可口，現在的芋味道不好，這是因爲時勢和地位改變的關係啊！不是烹調和味道有差別。您以前從府城回家，走了幾十里路，被雨困住，飢不擇食，所以吃起來特別好吃。現在您廚房裡有精美的食物，朝廷又分賜食品，擺上筵席，排著好菜，芋還有什麼好吃的呢！」

人情的確是如此。孟子說飢者易爲食，渴者易爲飲，道理就在這裡啊！

叁、語文天地

一、文法修辭

㈠本課的虛字

1、固然……但……

是表示容認關係的複句關係詞。由它所構成的複句，往往在上一句就已作勢，預爲下句轉折之地。就是用帶「固然」的句子表示姑且承認一件事，然後再轉入正意。

⑴現代的冰品，拜科學昌明之賜，固然色彩繽紛，花樣百出，但單就口味而言，比起臺灣早年的冰製品，恐怕就遜色了。

2、因此

是述果、表事實、說明原因的複句關係詞。

⑴但當時一般小公務員家庭，兒女衆多，小孩難得有什麼零用錢，一天三餐能夠吃飽，已不容易，因此那時能吃到一根冰棒，已是天大的享受了。

⑵臺糖產製的冰棒和冰水，使用的都是道地的砂糖，絕不含糖精，不管口味或衞生，都遠較一般市售的冰品爲佳，因此每到夏天，糖廠福利社前總是大排長龍，爭購各

類冰品。

(3)因爲竹製的桿子，可拿來做遊戲，人人蒐集成捆，聚集愈多便愈受尊敬，因此小朋友都視爲寶貝。

3、然後

隨後的意思。是表示時間關係的關係詞。通常用以說明一先一後發生的兩件事情，並且隱含有無甲事則無乙事的意思。

(1)老闆從木箱中拿出一大塊晶亮的冰塊，軋入刨冰機中，然後飛快地搖轉起來時，那冰屑就像雪花一般，一片一片飛落盤中。

(2)有生意上門，小販當然樂不可支，總會讓每個小蘿蔔頭射個痛快，直到他們口袋裡的錢全被掏光爲止，然後又搖著手上的鈴鐺，騎著腳踏車逐漸遠去。

4、一……便……

是表示時間關係的複句關係詞。用這個關係詞的句子，往往顯示出兩事的緊接有間不容髮的樣子。

(1)小孩最喜歡玩這種遊戲，每次小販一來，便纏著不放。

5、雖……但……

是表示容認關係的複句關係詞。用法和「固然……但……」一樣。

(1)冰淇淋的味道雖好，但總難敵童年那份甜美的記憶啊！

肆、課文補充資料

一、談冰

在炎熱的夏季裡，冰是消暑的最佳食品，各種品味的冰棒更是小朋友們的最愛。不過在冰箱裡取出冰棒，打開包裝紙之後，如果沒有馬上吃，曝露在空氣中的冰棒，就會慢慢地融化而冒氣。照道理說，應該只有熱的東西才會冒氣，而本身是冷的冰棒，爲什麼也會冒氣呢？

事情是這樣的：夏天的空氣溫度比冰棒高，冰棒在空氣中會融化。融化時，它會吸收四周圍空氣中的熱量，使四周圍的空氣溫度降低。這時候，空氣中的水蒸汽，受冷後就會凝結成小水滴。當冰棒周圍空氣的溫度降低到攝氏零度時，空氣中的水蒸汽便變成了無數個很細很細的小水滴附在冰棒周圍，看上去就像是有一縷縷白色的氣體附在冰棒周圍似的，使冰棒看起來好像在冒氣的樣子。其實冰棒並沒有冒氣，那只是水蒸汽變的花樣。

現在科技發達，經濟繁榮，是一個電器化的時代，每個家庭都擁有日常生活上必須具備的電器，儲藏食物的電冰箱，更是最基本而不可或缺的電器之一，使用非常普遍。但是如果出外野餐，或在市場做生意，沒有電冰箱時，要如何來冷藏食物以保持它的鮮度呢？最簡便的方法就是使用冰塊。如果要用冰塊來冷藏物體，這物體要放在冰塊的上面還是下面呢？答案是冰塊要放在物體的上面。

爲什麼冰塊要放在物體上面呢？這是因爲空氣冷熱對流的關係。通常熱的空氣會往上升，冷的空氣會往下降，把冰塊放在物體上面，這樣，被冰塊冷卻的空氣便會下沈，圍繞在物體的四周，並不斷地將從物體散發出來的熱推走，所以物體很快就會冷卻，便可以防腐而永保新鮮。如果冰塊放在物體下面，則情形剛好相反，熱空氣就會上升而圍繞在物體四周，物體就會越來越熱而達不到冷卻的效果。

《吃冰的滋味》中提到的「火燒冰淇淋」，課後的「注釋」說：「一種冰淇淋，在外層容器中放些乾冰，端出來時煙霧瀰漫，彷彿火燒一般，爲賣冰者的噱頭。」所謂的「火燒」，原來是乾冰的效果，並不是眞正的火燒，冰淇淋還是冷的，不是熱的。現在如果有人對你說，冰除了是冷的外，還有一種是熱的，會燙人手，你會相信嗎？當然有許多人會不相信，因爲他們從來沒有吃過熱的冰。不過實際上有一種冰的確是熱的，它的名字就叫做「熱冰」。這種冰不但熱得燙手，而且也不怕熱。一般的冰在攝氏零度以上就會融化，而這種「熱冰」，縱使在攝氏七十六度的高溫下也不融化，仍然能保持著原本固體的狀態，這時如果我們用手去摸它，就會被燙傷。不過這種冰不是隨便可以製成的，它必須用一萬零陸百個大氣壓的壓力，並放在一種專門的容器裡才能製造出來，所以並不多見，所以有人對你說有這種「熱冰」，你會不相信。

在沒有發明火柴以前，古人利用鑽木來取火。有一句話說水火不相容。如果有人跟你說，用冰也可以取火，你相信嗎？一定會有人說，這簡直是匪夷所思，大概是在說笑話吧！有一本科學幻想小說描寫說，有一支探險隊到北極去探險，在一個孤島上遺失了打火器，沒有了打火器，就沒有辦法升火煮飯和燒開水，便會挨餓，大家心裡都非常焦急。幸好有一個人想出了好主意，利用冰塊，用小刀雕鑿成一個半圓形的「冰透鏡」，把它放在陽光下，凝聚陽光，點燃了放在它下面的火絨，才解決了他們生活上的難題，才不致於忍渴挨餓。

這雖然是個故事，不過用冰取火，的確是可以辦到的。科學家曾經在這方面做過很多次的實驗，並得到了很圓滿的結果。那些科學家，把冰塊做得像玻璃透鏡那樣的光滑和透明，拿到陽光下，陽光集中透過它，火絨果眞被點燃了。這情形，和現在我們用放大鏡集中陽光點燃紙張的道理是一樣的。

二、吃冰的趣事

李鴻章是清朝末年的一位大臣，他對於辦外交這差事很在行，凡是有關洋人的交涉，清廷都會派他去，因此他和洋人之間的來往應酬很頻繁。

某一個夏天，有個英國人請他吃冰，他看見放在盤中的冰一直冒煙（氣），以爲很燙，便用嘴巴去吹它。英國人看了覺得很好笑，對他說：「冰很冷，不用吹氣。」他一吃果然如此，當時覺得很不好意思。

爲了也讓那個英國人出出洋相，有一天，李鴻章便請那英國人到家裡吃飯。他事先吩咐廚師，在湯裡多放一些油。當湯端上桌後，雖然很燙，但因爲油多，所以根本不冒煙。英國人以爲湯不熱，便用湯匙舀起一瓢，大口的喝下去，頓時燙得哇哇大叫。李鴻章看了暗自竊笑，上次他吃冰出了醜，這次輪到對方受窘，兩邊總算扯平了。

伍、思考與練習

一、夏日吃冰，眞的是人生的一大享受嗎？請說出理由。

答 由學生自由作答。

二、夏日除了冰品外，還有沒有別的消暑食品？

答 有。如西瓜、果汁、飲料等。

三、古蒙仁說，人生最適合吃冰的年紀是小學到初中這個階段。你同意嗎？請說出你的看法。

答 由學生自由作答。

四、請就你所知，列舉出市面上銷售的冰棒種類。

答 市面上銷售的冰棒，有紅豆冰棒、綠豆冰棒、花生冰棒、紅豆粉粿冰棒、鳳梨冰棒、芒果冰棒、巧克力脆皮冰棒等。

五、你父母親每個月給你多少零用錢？你怎麼來應用這些零用錢？

答 由學生自由作答。

六、除了作者在文中所提到的冰品外，你還能舉出其他的冰品名稱嗎？

答 由學生自由作答。

七、你能說出一些含有「冰」字的成語和熟語嗎？並請說出它們的意義來。

答 (一)冰山一角：比喻露見事態的一小部分。

(二)冰天雪地：指冰雪遍地或很寒冷的地方。

(三)冰肌玉骨：形容女子肌膚瑩潔光潤。也用以形容梅花的耐寒秀麗。

(四)冰消瓦解：像冰一樣消融，像瓦一樣破碎。形容事物消釋或潰散。

(五)冰清玉潔：像冰一樣清澈，像玉一樣潔淨。形容人品的高潔。

(六)冰壺秋月：盛冰的玉壺和秋天的明月。比喻潔白清明。多指人的品格。

(七)冰凍三尺，非一日之寒：比喻情勢不是一朝一夕造成，而是有它深遠的背景和原因的。

(八)冰肌雪腸：比喻身心潔白。

(九)冰消霧散：比喻事情的消散而沒有形迹。

(十)冰雪聰明：形容聰明如冰的透明，如雪的白而容易辨認。

(十一)冰炭不同器：冰和炭不能同容一器，比喻性情相反的人不能相容。

(十二)冬寒抱冰，夏熱握火：比喻人的刻苦自勵。

(十三)冷語冰人：用毫無熱情的話，使人心寒。

(十四)凋冰畫脂：比喻纖巧而無用。

(十五)凍解冰釋：是說困阻解除，如冰凍的銷釋。

(十六)凜若冰霜：形容人的態度嚴肅。

八、請以「五花八門」、「應有盡有」、「得其所哉」、「貨眞價實」、「童叟無欺」、「垂涎三尺」、「街頭巷尾」、「樂不可支」等課文中的成語，寫出一篇二百字以內的短文，題目自己擬訂。

答

逛地攤

到「街頭巷尾」去逛地攤，也是一種樂趣。地攤賣的東西，雖然不是「應有盡有」，不過「五花八門」，倒也樣樣俱全，從日常生活用品到服飾食物，在那裡都可以買到，而且是「貨眞價實」，但還談不上「童叟無欺」，主顧間還必須討價還價。地攤中最讓小孩子感興趣的，莫過於小食攤，那香噴噴的美味，有時引得人「垂涎三尺」。好在價錢不貴，大家都可以挑選自己喜歡的口味而「得其所哉」，吃的「樂不可支」。如果有閒空，你不妨去逛逛，它一定會使你有意想不到的樂趣。

（李炳傑）

十四、草坡上

／鍾理和

壹、作者參考資料

一、裹屍稿紙的鍾理和

屏東縣高樹鄉廣興村，俗稱「新大路關」，是一個偏僻的客家農莊，一年裡有五個月被河水圍困。鍾家祖籍廣東省梅縣，遷居屏東後，世代務農。

鍾理和父親鍾鎮榮，人稱「鍾蕃薯」，據傳聞：日本佔領臺灣之後，他抗拒日本的統治，在申報戶籍時故意自稱「鍾蕃薯」，從此「鍾蕃薯」之名不逕而走。他除了農事外，可說是位有雄心壯志的企業家，勇於開拓各種事業：卡車運輸、布莊、香蕉出口……等等，因而繁榮了地方，具有一定的影響力。

民國四年十二月十五日（農曆九月二十九日），鍾理和出生了。母親劉水妹，是二太太，她一共生了三個兒子，理義、理和、理虎；大太太李氏生了和鳴，只晚鍾理和二十幾天。

鍾理和生下時，白白胖胖的十分討人喜愛，綽號「小狗古」（是客家話指白白胖胖的小公狗），是「假黎（山地人的意思）婆」奶奶取的，這位奶奶是祖父繼室，鍾理和的弟弟出生後，他就由假黎奶奶照顧，所以她是鍾理和最親近的人。

鍾理和的求學歷程並不順利，只有小學高等科畢業，和一年半的私塾教育。小學唸的是日式教育，因此可以說流利的日本話，畢業後，必須參加競爭激烈的升學考試，才能繼續升學。當時，臺灣受日本統治，畫分成三廳五州，一州只有一所中學，加上日本子弟佔去大多數名額，開放給臺籍子弟的名額有限，他的三位好友都順利考上，其中一位是他同父異母的兄弟——二哥鍾皓東（和鳴），獨鍾理和一人落榜，這件事給他相當大的打擊。他暗暗下了一個決心：「不讀中學也好，我是不會輸給他們的，我要好好地努力，從別的途徑來壓倒他們！」鍾理和就是憑著這一股信念，支撐了一輩子。

當大家都去讀書，鍾理和就躲在家裡看書，讀的全是父叔輩留下的漢文書，跟他在學校讀的日文和漢字夾雜的書本完全不同，剛開始時非常吃力，覺得深奧難懂，反覆耐心地看還是可以看懂一些。一部〈楊文廣平蠻十八洞〉在他反覆觀看、推敲之下，成了他的中文啓蒙小說。他開始被書中的世界吸引，家中的書讀完了，就向鄰居借；讀完了就去書店買。偶而到高雄，他便一股腦栽進書店去找中文書讀。

在讀中文書的時候，鍾理和常會遇到許多不認識的字，爲了解決這個問題，他進了私塾，從〈三字經〉、〈千字文〉……開始讀起。同時閱讀五四流行的新文學，於是進步神速的他嘗試用中文來寫作，寫下自己的想法和感受：有短文〈由一個叫化子得到的啓示〉和小說〈雨夜花〉。有天，二哥放假回來，看了鍾理和的習作〈雨夜花〉，非常驚訝和欣賞他說：「也許，你可以寫寫小說！」這句話如醍醐灌頂，敲醒了鍾理和：

「我可以寫小說嗎？」

「爲什麼不呢？凡事都不妨一試啊！」

就這樣，鍾理和看書更勤了，他立志要成爲作家，成爲一位用中文書寫的中國作家。

除了念中文書外，改變鍾理和一生的第二件事就是他的戀愛。

爲了愛情，鍾理和不顧一切地抗拒傳統，追求自由，甚至不惜遠離家鄉。從〈奔逃〉、〈同姓之婚〉二篇作品可以看到他付出的一切。

十八歲時，爲了協助父親處理事業，鍾理和結束了爲期一年半的私塾教育，隨父親來到高雄縣美濃鎮尖山經營農場。尖山就是長篇小說《笠山農場》描述的地方（因爲尖山的外型像斗笠，所以鍾理和稱之爲「笠山」）。

鍾家在尖山經營農場，僱用許多工人，鍾理和協助發放「工單」（計算工資），認識了長他數歲的女工——鍾台妹，也就是小說裡的「平妹」。鍾台妹生於民國元年，美濃鎮人，家中貧窮，但鍾理和卻慧眼獨具，看出了她有著標緻娟秀的容貌和凜然不可侵犯的氣概，讓他怦然心動。當時，每天都有人來鍾家說媒，鍾理和爲敷衍長輩，相了二十多次的親，但是一個也看不上，他的心中只有鍾台妹一人。兩人相戀之事，被父親知道後，覺得他敗壞家風，數次趕出家門。母親捨不得地從親戚朋友家將他領回，好說歹說，要他放棄這份感情，但鍾理和一反平日的順從，決定離開家庭，尋求獨立，他知道只有脫家庭經濟自立，他才能與平妹結合。民國二十六年，二十四歲的他，隻身渡海到東北瀋陽，取得汽車駕照，可以此謀生後，民國二十九年便回臺接走平妹，私奔到瀋陽。

同姓結婚，在當時的臺灣社會是駭人聽聞的事，鍾理和不顧流俗、勇於追求愛情，跳出社會的規範，卻付出了相當的代價：「對此，我們所得到的快樂之少，和所付出的代價——眼淚和嘆息——之鉅，至今還思之心痛。」（《同姓之婚》）

雖然，在外地沒有輿論的壓力和指責的目光，但他們仍擺脫不了世人的顧忌：「彷彿隨時隨地可能由一個角落伸出一隻可怕的手來；我們的關係隨時都有被破壞和拆散的可能。」（《同姓之婚》）事後，鍾理和自己想，如果原先他愛的是另一個女人，遇到強烈阻力後，很可能會放棄努力。偏偏他是因舊社會的不允許同姓結婚，反而激起他近似偏執狂的固執和倔強的意志，要和舊社會不合理的傳統抗拒到底。他們在大陸待了七年，鍾理和做過司機、煤炭零售商，生活勉強過得去。但後來鍾理和爲了專心寫作，辭去工作，生活由表弟邱連奇接濟。最不能適應異地生活的是鍾台妹。她不但想家，還要適應新生活，又不敢正視這生活，單純的她不知如何抵擋心中的迷惑、恐懼和煩惱。

民國三十五年，雖然抗戰剛剛結束，但內戰立刻隨之而起。身爲台胞在北平已無法立足的空間，一方面思鄉；一方面因無法發展，鍾理和攜著妻兒搭難民船回臺了。但近鄉情卻，他們不敢回美濃尖山，先暫住高雄弟弟鍾理志家中。光復的臺灣需要重建，尤其是「國語」！鍾理和立即獲屏東縣立內埔初中校長鍾璧和的聘請，出任代用國文教師。因爲像他這樣會說「國語」、「日語」和「客家語」三種語言的人實在不多。於是一家三口，同時還有即將出世的次子立民，便前往屏東內埔，住在學校的宿舍。

校長鍾璧和是二哥鍾和鳴唸臺北高校的同學兼室友，所以早年鍾理和北上探訪二哥時，曾在宿舍見過校長，那時的印象是：「他那兩手支頰，像條石柱般宿著永恆的，深不可動知緘默的背影，給了我很深的感動。我在那陰影中，讀著一個正燃起向上的無限熱情的靈魂所應有的莊重、正直和感激。」這樣正直的青年，十多年後是否保持同樣的熱忱爲社會服務呢？據鍾理和的觀察他沒有失望，這位校長果然是個有理想的人，努力地推動學校的建設，希望能培養出優秀的人才，並且以身作則地認眞學習國語，還參加國文考試，名列前矛，考得比學生還好呢！

鍾理和在校內的主要工作是教同事和學生國語，看到大家熱切地學習，鍾理和編寫教材、批改作業，每日不停歇地忙著教學，雖然如此，他每天依然苦讀、苦寫，爲自己的文學創作努力。這是鍾理和回臺最充實、快樂的時光，不久之後，立民誕生了，家中充滿著喜悅，但是好景不常，就在這時，鍾理和經常無端地劇烈咳嗽，而且常感身體疲倦。

令鍾台妹擔心的事，果眞發生了，醫生證實鍾理和得的是肺結核，而且已經到了第二期，他不得不辭去工作。原先不知情的校長不願意鍾理和離開，還希望鍾理和能暫時休養後再回來教書。

三十三歲的鍾理和，因肺病於民國三十六年元月先入台大醫院就診，遇上二二八事件，目睹事件的經過，並在日記中以冷靜客觀的筆調記錄了當時暴亂、躁動和不安的氛圍，他的心裡很難過。三月南返美濃，八月又北上，十月入松山療養院，一住就是三年，其中多次在生死邊緣徘徊，連醫生都束手無策，使得母親劉水妹數度背地裡哭泣。後病情得以控制並切除六根肋骨，民國三十九年十月二十二日回家。

爲了他的病，原本足以維生的田地和房子，一點一點地賣，鍾台妹一肩挑起所有的責任，三年含辛茹苦拉拔二個幼兒，令人感動的是這兩個小孩似乎感受到大人的無奈，而非常乖巧：母親下田做活，七歲的鐵民煮三餐，三歲的立民看家。立民午睡醒來第一件關心的是，外頭會不會下雨？若有便快把衣服收起來，然後等哥哥放學、媽媽回來。

臥病三年的鍾理和，是懷著忐忑不安的心情離家醫病，尤其想到妻子要面對的不僅是勞苦的生活，還有鄉人異樣的眼光和臉孔。他心中雖然不忍，但也無可奈何，只能咬緊牙根接受這一切。所幸手術成功，一家人終於又團聚了。

鍾理和一出院就搭夜車立刻南返。但是即使出院，鍾理和仍必須靜養一、二年，體力無法承擔任何勞動的工作，他深愧自己未盡到丈夫及父親的職責照顧妻小，尤其是家中的經濟因他而完全拖垮，田地變賣一空，只賸三分薄田和一座烤香蕉房改成的住家。而面對十分可怕的經濟壓力，他又無力負擔，他說：「良心像一條皮鞭，日夜抽打著我，使我時刻負著痛苦的記憶。」他計畫做生意、養魚、養雞，但都因健康不佳而未能實現；他還曾被錄取爲鎮公所的里幹事，但是做不到二個月就累壞而辭職了。

在萬般無奈下，鍾理和只好在家一邊養病，一邊寫作。爲了分擔鍾台妹的負擔，除了力氣不足不能洗衣服之外，煮飯、剁豬食、餵豬，照顧孩子等。

所謂「屋漏偏逢連夜雨」，長子鐵民在鍾理和病中曾患肋膜炎，後又在學校跌了一跤，肩膀一高一低，脊背也一大一小，檢查後才發現，鐵民得了「脊椎結核」，成了駝背。因此活蹦亂跳，健康如一小獅子的次子立民成了全家人的希望。民國四十年長女鐵吳也出生了。鍾理和夫婦非常重視子女的健康，不只是出於親情，還有他們要證明：他們的同姓結合沒有錯！之前在北平夭逝的女兒和鐵民的殘疾都沒有打倒他們，但是，民國四十三年，立民竟因寒流來襲，不肯添衣而受寒，因重感冒轉成急性肺炎過世，年僅九歲。

這時，鄉人們振振有詞的說：「天不允許！」以爲他們背離傳統才遭此天譴。鍾理和痛心地寫下〈野茫茫〉悼念立民，也記錄他心中最苦楚的血淚。這作品刊登在《野風》雜誌上，是鍾理和病癒被接納的第一件創作，但僅獲得二十元的稿費，還不夠他坐車去高雄領稿費的車資，因而未曾領取。

在民國四十五年獲得中華文藝獎之前，沒有人認識鍾理和，在鄉下人們視他爲一個沒有用的病人，他說：「現在我在這裡是既沒有地位、沒有財產、沒有名譽、也沒有朋友，好比是被綁起四肢擺向一羣忿怒的羣眾。他們要罵我是背德者也好，罵我敗家子也好，或者罵我殘廢者也好，那都是他們的自由了，我也準備默默接受這一切。」（《致廖清秀函》）鍾理和不但在肉體上受病魔纏身，在精神上還承受莫大的壓力，只有鍾台妹支持他，敬重他，知道他在從事一項嚴肅又高尚的工作，從未數落他。

面對作品一再遭到退稿，他不禁感慨地說：「《妻》（即《同姓之婚》）又被打回來。這已不知是第幾次了！寫原稿幾乎寫了廿年，至今寫出的原稿，還是無處投寄！」面對女兒鐵英營養不良，他卻無能力改善。民國四十四年五月三子鐵鈞誕生，使本已困難的家計又更加沈重了，鍾理和的心理是又慚愧又難過。終於，皇天不負苦心人，花了兩年時間完成的《笠山農場》，得獎了！「鍾理和」三個字才漸漸地爲人知曉，鍾理和也開始與文友廖清秀、鍾肇政、陳火泉等人通訊及輪閱作品，討論文學。

得獎後雖然獲得了獎金一萬元，但是杯水車薪，民國四十六年二月鍾理和仍至美濃鎮上「黃騰光代書處」工作，他說：「我把一生中最有用的一段時間獻給文藝，連健康也爲它而毀壞了，試問我如何能甘心於此？」鍾理和當然希望藉由寫作，獲得相當的報酬，但是報社、雜誌社只想剝削他，稿酬極低，無法維生。爲了妻兒，他決定暫時放下被斫傷的文學，負起他自認從未盡過的丈夫和父親的責任。

在鍾理和最後的兩年，鍾理和的作品漸漸受到重視，開始有比較多的發表機會，作品大多在《聯合副刊》發表，眞誠、深刻的作品感動了許多人，贏得了許多掌聲，但揮之不去的疾病和沈重的家計，使得鍾理和逐步地走向生命的終點。最令他憾恨的是，因「中華文藝獎」停辦後被扣住的《笠山農場》無法取回出版，嚐盡退稿滋味的他急欲以這部改變他的作品跟文壇見面。經過三次上書和一次陳情，兩年後，作品才追回來。但僅是連載，就發生問題，《笠山農場》因篇幅太長四處碰壁，竟不能在鍾理和有生之年與大家見面。

話雖如此，民國四十七年鍾理和還是不斷創作：《奔逃》發表於《新生副刊》；《菸樓》入選香港《亞洲畫報》小說徵文佳作，發表於《自由青年》。這一年七月，家中又誕生了一名女娃鐵華，鍾理和的健康卻又出了狀況：膽石病復發、胃部有鈍痛。十二月辭去代書職務，繼續在家中養病。

鍾理和得獎後，陸續發表大約有二十幾篇作品。就在他逐漸受到肯定的同時，他的病再度惡化，結核菌並沒離他而去，而是潛伏在體內伺機而出，就在鍾理和要向文學大步邁去的時刻他竟然倒下了。

二、鍾理和的文學歷程

㈠走向文藝的因緣

鍾理和升學失敗後，一直希望自己能在別的方面超越他人。入了村塾讀了一年半的古文，他認爲這對他日後的創作幫助不大，倒是提高了閱讀能力，使他廣泛地涉獵新、舊文學，尤其是五四之後，魯迅、巴金、茅盾、郁達夫等人的選集，幾乎讓他到了廢寢忘食的地步，不過那時他還未立志成爲作家。

觸發鍾理和往文學大路走去的是二哥鍾和鳴，鍾理和說：「他的話不一定打動我的心，但是他的這種作法（不斷寄送日譯本世界文學和文藝理論的著作給鍾理和），卻使我繼續不斷地和文藝關係。我今日之從事文藝工作，他的鼓勵是有很大的關係。」

後來鍾理和因和同姓女子談戀愛受到强大舊社會反對壓力，這也是促使他走向文藝的另一股力量，他說：「封建勢力有壓倒之勢，不容抗拒，在它下面，我是軟弱渺小，孤獨無援。如何才能讓自己在這場搏鬥裡支持下去呢？很顯然的，我必須借助更有效的武器，否則敗北是注定了的。於是，我又想到我兄弟那句話。也許我可以用我的筆！這思想把我更深的驅向文藝。由這時候起，要做作家的願望和意志漸漸在心裡堅定起來。」

㈡確立文學之路

鍾理和出走臺灣在海外的那幾年是他文學的準備期，除了為生活曾經工作一小段時間和開煤炭店之外，他大部分的時間都花在讀書和寫作上，朝著文學創作而努力。

然而鍾理和明白，這是傻子才肯做的事，就像魯迅，他以為：文學是救中國最快的方法，棄醫從文——魯迅在仙台醫專時，課餘間看到中國人做俄國奸細被日本人砍頭的影片，激動之下，拋棄他的手術刀和白袍衣，跑到文學裡。鍾理和認為這太激烈、太徹底了！但他自己心裡卻為魯迅喝采呢！因為鍾理和也要走到文學裡了。

民國三十二年起他開始發表作品，筆名「江流」，民國三十四年在北平，由馬德增書店出版了他生平唯一親自出版的作品集《夾竹桃》。

回臺之後，不到一年的光景，鍾理和病倒了，在病中他盡全力與疾病抵抗，曾封筆等待健康，沒想到這一倒下就是三年，其中幾度瀕於死亡，後來病情終於控制穩定，得以開始他最後十年的文學之路。

㈢孤獨地筆耕

生於日據時代的鍾理和，照理應屬於日據時期作家，但他不以日文寫作；戰後，他既非主流的抗戰文學作家，也沒有成為臺灣文學的先鋒。後又居鄉養病，使他幾乎與文壇沒有任何往來，獨自默默地寫作。

到民國四十五年鍾理和得獎後，才漸漸為文壇重視。當時，比他年輕，戰後一代的臺灣年輕作家如廖清秀、鍾肇政、文心、施翠峯、陳火泉等人都早在文壇上展露才華了。但是，他們都面對相同的命運——退稿，因為他們所創作的作品與當時的反共文學格格不入，藝文版面沒有他們的空間，他們互相鼓勵，希望能為臺灣本土文學，貢獻一份心力，於是成立《文友通訊》，彼此打氣。鍾理和自嘲地說：「吉訶德先生把風車誤認為巨人惡魔，正是他所要征服的對象，於是不管三七二十一日拿起他的槍矛向那裡猛撲，結果祇是教自己弄得頭破血流。你（指鍾肇政）看；我們目下所為，不正像吉訶德先生的寫照嗎？」

雖然面對一疊疊的退稿，會讓他們懷疑自己究竟所爲爲何？鍾理和說他們是一羣「過渡時期的作家」努力地爲當時貧瘠的臺灣文藝留下一些足迹。

㈣鍾理和的文學觀

1、文字不可靠

在民國五十四年十月十三日的日記中，鍾理和寫道：「由思想到表現只有六分眞，由表現到文字又是六分眞，由文字到瞭解又只有六分眞。這裡所剩下已無多少了。啊！文字之不可靠啊！」觸碰了作品的第一層障礙——傳達的問題，再精準的描寫都免不了「失眞」的可能，鍾理和能對此發出感慨，必定心中對文字作品有相當的要求和期許，他也曾在日記中寫道：「用『誠』字之難及達『誠』字之難。惟誠可以成，不誠無物，一個人的成敗皆繫於其對誠字所下功夫的程度之上。」從這段話中我們不難發現：鍾理和雖然不言明作品應當如何克服文字的不足，但以「誠」爲文是很清楚的。

2、文學不能離開土地

林語堂是鍾理和最不欣賞的作家，他認爲，林語堂是以美國人的心態寫作，鍾理和說：「《啼笑皆非》及目下再讀第二遍的《生活的藝術》，而深深地覺得林語堂便是這樣的一個人，這種人似乎常有錯覺，當看見人家上吊的時候，便以爲那是在盪鞦韆。」對此，他明白地指出，因爲林語堂早就遠離了這塊他所出生的土地，經不起抗戰艱困的生活考驗，又回到美國去了。

還有他也不喜歡杜斯妥也夫斯基，認爲杜氏的作品誇張、矯情、不健全、不眞實，不關心人們的生活，只在乎天上的神。對人民的痛苦不能同情，反要要借助宗教的慰藉，這樣沒有接近生活、親近人民的作品，讓鍾理和無法接受。

3、用生命完成的作品

鍾理和認爲優秀的文學作品與生活的悲劇有相當的關係，所謂「文窮而後工」似乎是上天有意的安排。毛姆也說：「生活舒適是創作的一大敵人。」文人的生活有了安全舒適之後，他的那支筆就跟著背叛了，這點令鍾理和悲嘆。

他認爲，作家的生活歷程悲慘辛酸倒無妨，但在寫作的時候，可以是雨過天青，以成熟的藝術技巧完成作品，這與在窮困潦倒下完成的作品同樣不朽，只要人生經驗豐富，不一定要窮困潦倒。以鍾理和本身而言，經濟一直無法改善，對他是很大的傷害，生活的壓力，身體的孱弱，讓他無法盡情地創作，也是文壇的一大損失。

鍾理和的一生有一連串的不幸，但他仍不斷地與命運搏鬥，他的作品就是用這些殘存的血淚編織而成的，一部部的作品就是苦難所磨出來心血。

4、非愛國主義者

鍾理和的作品純粹是探索人生的文學，但自《奔逃》發表以來，便有以冠以「愛國主義者」的頭銜，民族主義向來不是鍾理和的寫作重點，他關心的是人該在怎樣的環境下生存，他不忍見到向現實投降，放棄做人的條件，破敗地生存。在《原鄉人》裡鍾理和也明白地說：「我不是愛國主義者，但原鄉人的血，必須流返原鄉，才會停止沸騰！」不顧父親的阻攔，鍾理和奔赴祖國，等理想幻滅後，就如祖母說的一樣：「去過了，熱血就可以停止沸騰了。」

5、鍾情長篇

鍾理和最在意的是長篇作篇，像《笠山農場》，他以嫁女兒的心情期待它不要被退稿。他認爲成功的長篇作品都是在作者有相當的年齡、生活經驗之後才完成的；而短篇作品所表現的是人生的一個環節、一個片斷，不見得需要豐富的人生經驗，然而相反的，因短篇形式極度濃縮，需要高度的寫作技巧才能勝任，像魯迅、契訶夫等純以短篇作品聞名，但更多作家的成功都在長篇小說上，因爲不僅是技巧因素，重要的是內容與社會間息息相扣才能使作品不朽。鍾理和認爲，只有長篇作品才能做得到。最後的兩年，他仍一心計畫再寫作另一個長篇作品。

三、鍾理和二三事

㈠絕不說日文

受日本教育的鍾理和，能夠說一口流利的日語。不過，在其子鍾鐵民的記憶中，他從不說日本話；雖然他還會閱讀日文書籍，但從不用日文書寫作品，所以他的遺稿中沒有任何日文作品。

甚至在北平艱困度日時，還拒絕以日本僑民的身份領取配給，他強烈的民族自尊心可見一般。

㈡請幫我作飯

根據鍾台妹的回憶，鍾理和從未向她求過婚，只是對她說：「我想去大陸，請妳幫我做飯。」她當時單純地想鍾理和一人在大陸，確實需要人照應，她的家人也不反對，便答應了。直到鍾理和的家人强烈反對，她才明白是怎麼回事，便生氣地拒絕鍾理和，但經不起理和委婉地解釋、勸說，心軟的鍾平妹就眞的跟鍾理和到大陸，幫他做飯了。

㈡鄉人的嘲弄

因病而不得不回故鄉生活的鍾理和夫婦，飽受鄉人無情、無理的戲弄，常常可以聽到鄉人指著他們的孩子說：「牛，畜牲養的。」甚至有次指著鐵民說：「小孩子，你有幾條腿？四條是不是？四條腿？」另一個人接著指樹下的牛說：「小孩，那是你爸爸，是吧？你爸爸是牛公，你媽媽牛母，你是小牛子！」看著鐵民一楞一楞不知所云的傻樣，他們哈哈大笑。這樣懲罰、奚落鍾理和一家人，好像是天經地義似的。

㈣寫字板

鍾理和連一張像樣的寫字檯都沒有，更不要提書房，有的是一塊六寸寬一尺長的木板。寫作的地點有時在樹蔭下，有時在牀上，所寫出來的稿子，字體秀麗，一點也不含糊。有時，沒錢買稿紙，就拿退稿的背面繼續書寫。

㈤中了彩券

鍾理和獲得「中華文藝獎」之後，鄉里間不管認識或不認識的人都爲這件事議論紛紛，他們眼中的廢物、怪人，居然可以得到一筆獎金，甚至有人不知道什麼是文學獎，還以爲是他運氣好中了彩券呢！一位婦人曾這樣對鍾理和說：「我每次都買一、二張，已經買了好幾年，就沒有得一次彩，連十塊都沒得過。你眞是好運！」他們所關心的是獎金，羨慕的也是獎金。

㈥從不打孩子

電影《原鄉人》中有一幕鍾理和嚴肅責打孩子的戲，以致有人以爲鍾理和是位脾氣暴躁的父親。實際上，鍾理和是位十分溫和有禮、修養極好的人，更不會隨便亂發脾氣，痛打孩子是絕對沒有的事。他對子女的教育採放任的態度，只要不犯大錯，他從不干涉；鍾台妹也說她從未看過鍾理和發怒，反倒是她自己會有情緒不佳的時候，鍾理和總是好言相勸，讓她開心。

四、關於「平妹」

「平妹」是小說中鍾理和對妻子的稱呼，也就是鍾台妹。「平妹」具備一切客家女子所有的優點：刻苦、耐勞、堅忍、獨立。客家社會，男子經常在外闖盪奮鬥，一出門就是好幾年，家中老少、大小事務全落在婦女身上，勞動生產、經濟、教育、食衣住行，樣樣一肩挑起。

可以這麼說：「沒有鍾平妹那有鍾理和？」從他們相見的那天起，兩個人的命運就註定會緊密地結合在一起。身爲富家少爺的鍾理和能一眼看出貧窮的鍾平妹有著不凡的堅忍和賢慧；而沒有唸過一天書的鍾平妹，無怨無恨地爲鍾理和的理想貢獻她的所有。

鍾平妹從不知道她先生寫的是什麼，她只知道如何讓鍾理和專心寫作，安心養病。面對長期臥病的先生，她不聽勸阻賣掉田地，只爲丈夫能病癒出院。鍾理和從醫院回家看到的是：「家裡，裡裡外外，大小器具，都收拾得潔淨而明亮，一切井然有序，一種發自女人的審愼聰慧的心思的安詳、和平、溫柔的氣息支配著整個的家。」

但是，鍾平妹的努力，並沒有獲得他人的認同和體諒，即使是自己的家人對鍾平妹，一直抱著敬而遠之的態度，甚至連舊識的友人，也故意爲難地强調她的同姓之婚，並且不與她繼續來往。表面上，她不在意這些鄉人的嘲弄；實際上，她沒有任何能力抵抗這些殘忍封閉傳統的成見，只有聰明、可愛的孩子能證明同姓結婚的無罪，鍾平妹永遠把孩子打扮得乾淨整潔，當無知的鄉人誇她的孩子生得好，是她最驕傲的時候。

但是立民的早夭，貧病的生活一再打擊她，她曾對鍾理和抱怨日子的窮苦，鍾理和總是溫柔地安慰她：皮球被打得愈大力，彈得愈高，相信不久一定有人會接受他的作品，將來他們母子就能靠他寫的東西過日子了。鍾台妹後來回憶說：「這幾十年，我回想他生前對我講過的話，一項一項都應驗了。」

這對恩愛的夫妻，一反「男主外，女主內」的社會定律，互相扶持、艱辛地走過來，其實，鍾台妹是鍾理和的一枝筆，沒有她，鍾理和是不可能完成這些作品的。

貳、課文參考資料

一、《草坡上》賞析

《草坡上》首先刊登於民國四十八年四月十四日的《聯合副刊》，是鍾理和在《聯副》所刊登的第三篇作品，開始引起讀者的注意及來信。現收於《鍾理和全集》第一集中。

這篇完成於民國三十九年十二月三日的作品，應是他出院回家後才寫的。是鍾理和少數印象式的作品。

《草坡上》的內容主在描寫一羣失去母雞的小雞的成長經過。作者藉著一件小事——宰殺病雞，卻引起全家人心理上一陣波瀾，因而探討生命生與死的問題。這是一個非常普遍的問題，卻往往被人忽略，鍾理和首先將此放大，引起了很大的共鳴和迴響。

全文以母雞為主軸，六隻小雞為經，作者一家人為緯，屋前草坡是背景，一個細膩感人的故事就在這裡上演。

㈠結構緊密

《草坡上》一文以平實的筆法敘述故事，寫來不疾不徐，看似簡單短篇小說，實際上每段文字均經過緊密的安排，結構十分緊密，沒有半句虛筆。

全文以順便的方式記錄雞與人互動的情形，以宰殺母雞為關鍵，分成前後二大部分：

1、宰殺母雞前

此部分主寫雞，副寫人；主要在描寫母雞的痛苦和欲振乏力，及小雞們的天真無邪，人們的對話只佔一小部分。

作者一開始以：「那隻灰黃色的母雞，終於不能走動了！」直接切入主題，母雞的患病是整個故事的起因。緊接著記述別的雞都出窩到草坡上去了，而六隻不知情的小雞，還圍繞在母雞身邊，不停地催促母雞帶牠們外出遊玩，此處作者很自然地運用了對比的手法。

接著說明母雞走不動的原因，小主人鐵兒還前去助母雞一臂之力，但母雞終究站不起來，引起了鐵兒的憐憫。

作者描寫這羣正值換毛期的小雞一再催促母雞，母雞奮力躍起失敗後，母子相偎的畫面十分動人，小說到此，進入第一層現實的悲哀——疾病讓母雞無法繼續照顧年紀尚幼的小雞們。

此處作者先描寫亮麗的草坡上充滿朝氣，一隻小雞撲向一隻小白蛾，翻了個大筋斗後，跑向母雞，再次呈現出小雞對母雞的依賴。

似懂非懂的小雞們不明白母雞的苦痛，經不起外頭蜂蝶的誘惑，漸漸地全都走到草坡上去玩耍；鐵兒高興地叫好，因爲小雞們如果繼續待在母雞身邊，會令人更加不忍。

接下來，主人的矛盾出現了，在物質並不寬裕的年代，沒有人是以養寵物的方式養雞的。平日爲生活張羅能幹的妻子，建議趁早宰殺母雞，免得餓瘦了可惜，這是任何一位精明的主婦都會下的決定，一方面也是惜物，於理是正確的，於情呢？人對所飼養的牲畜終究該抱著什麼樣的態度？主人不知所措地、模模糊糊地應聲。宰與不宰之間，實在叫人難以決定。

2、宰殺母雞後

人的理智終究不敵情感。因母雞的被殺，原本一份不確定的不忍，終於慢慢浮現。

首先是妻子受到衝擊，從餵雞時看到失去母雞的小雞們，被其他雞羣排擠在外，甚至被啄至半空，重重摔下，羽毛紛紛下落——牠們正值換毛期，還不是成雞啊，失去母雞的牠們，怎麼與衆雞羣爭食？妻子立刻將小雞們安置雞籠內，讓牠們不受干擾地進食，並淒然地守在一旁。

小雞們回巢又是一個問題，牠們四下尋找母雞，不斷地在母雞蹲伏的地方走來走去，全家奮力地欲助小雞們歸巢，牠們卻驚慌地逃散。作者這時明白了，親情是難以被取代的道理，但面對已成的事實，只好帶著期望的口氣地說：「小雞慢慢的就會習慣的……」

同樣身爲母親的妻子，感受最深，悔恨也最深，甚至泫然哭泣，緊抱兩名幼兒，誰不懼怕親子離散的痛苦？而且是生死兩隔——第二層現實的問題。

「那隻盛了雞肉的碗，沒有人的筷子去動過，即算稚小的鐵兒亦復如此」在平時，這一幕絕不可能發生，一大碗香噴噴的雞肉必能讓人食指大動，爲何如此反常，連小孩也不例外？全家人因此有了共識：主動照顧小雞們，並給牠們溫暖，特別的待遇，鋪麻袋，餵蝦蟆，蚯蚓……牠們成了全家人的重心。

終於在一個充滿陽光的秋日下午，他們發現：小雞們長大，羽毛豐滿了！妻子笑了。宰制命運的罪惡感，終於消除了，如釋重負的快樂，同時望著自己的孩兒——他們也長大許多，原來所面對的是來自感同身受親情，小雞們失去母雞的成長歷程，是面對生活所必經的歷程。鍾理和身染嚴重肺病離家治療，一直以來未能克盡父親職責而內疚，這篇作品完成於出院之後，表現出他强烈珍惜這份親情，同時也是對生命再次深刻地體認。

㈡運鏡自然

很多人以「印象式」的寫作指出《草坡上》是鍾理和作品中特殊的一篇。仔細剖析後，不難發現作者確實刻意營造一幅幅美麗的場景來烘托氣氛，使整個故事在極優美的畫面中上演，如：

1、朝陽撒著粉黃色的光輝，把這些小草樹裝潢得新鮮妍麗，草葉上露珠閃爍。空氣中飄著清心的草香。蝴蝶和白蛾在草叢間飛逐嬉戲，陽光停在昆蟲的小翅膀上微微顫動著，好似秋夜的小星點。

2、太陽把披在山頭的最後一抹餘暉也帶進西山去了，天上的烏雲向四面擴張著，猛獸似的把薔薇色的雲朵一塊一塊的吞噬掉，大地已蓋上昏暗的夜幕，雞兒全歸窩了。

3、秋陽已斜在半天，草樹沐在柔軟的陽光中，溫馨、寧靜而和平。藍天掛著幾朵白雲，它們徐靜地移動著、舒伸著、變幻著、美麗而多姿，彷彿是賦有知覺和生命的生物，像雞一樣。

以上三段，不就如三幅動人的畫作，第一幅充滿陽光、朝氣、活潑的蟲蝶讓整個畫面更加活潑；第二幅描繪夕陽西下的美麗，但隨之而來的黑暗象徵小雞們即將面臨的苦楚；第三幅畫面依舊陽光燦爛，白雲的美麗從容代表著生命勇敢、堅强地走出了陰霾。作者很成功地運用畫面透露難以言說的情緒和感動，手法自然、不做作、技巧十分成功純熟。

㈢描寫生動

鍾理和的描寫能力十分精巧，在他精雕細琢之下不論動、靜都描寫得維妙維肖。他運用了大量的譬喻、擬人的修辭，使故事的敍述變得十分活潑，使得原本嚴肅的故事顯得興味盎然。如：

1、譬喻

⑴把牠攙扶起來。但手一放，又癱下去，彷彿一堆棉花。

⑵譬喻柔軟的黃花絨已漸漸脫落，灰的、黑的、茶褐的，或別的什麼顏色的羽毛，零零碎碎的披在身上像小婦們的抹布，骯髒而破碎。

⑶有一隻全身袒裸，紅通通地活似一頭章魚。

(4)草木嬌小玲瓏，恰如小孩的眼睛清晰可愛。

(5)陽光停在昆蟲的小翅上微微顫動著，好似秋夜的小景點。

(6)小雞一個顫身，擋在一株草樹上，滾了幾滾，像顆皮球。

2、擬人

(1)朝陽撒著粉黃色的光輝，把這些小草樹裝潢得新鮮妍麗。

(2)昆蟲一閃，悠悠地飛開了。

(3)昆蟲一閃身，瀟灑地躲開了。

(4)太陽把披在山頂的最後一抹餘暉也帶進西山去了。

(5)天上的烏雲向四面擴張著，猛獸似的把薔薇色的雲朵一塊一塊的吞噬掉。

(6)藍天掛著幾朵白雲，它們徐靜地移動著、舒伸著、變幻著。

此外，作者更成功的是將母雞的掙扎、小雞的天眞，尤其是與昆蟲遊戲的幾幕描寫得十分細膩。當然，之後小雞的成長，從與大雞爭食，尋找母雞，到自在地成長，也都有突出的描寫，全無冷場，讓人讀來一氣呵成，十分暢快。

(四)主題深刻

雖然整個故事是一件非常普通的小事，但作者卻以小喻大，加深作品背後的意涵。從母雞與小雞之間的感情，讓人明瞭親情的可貴，應當多珍惜親子相處美好時光；再者談到對生命交替的悸動，面對生死的掙扎，在在突顯出作者大病初癒重獲新生後，對生命的崇敬。

叁、課外補充資料

一、生與死的問題

(一)死生無常

「人之生也，與憂俱生。壽者惽惽，久憂不死。何苦也！眞爲形也，亦遠矣！」《莊子・至樂篇》

人的一生，憂愁如影隨形跟著來了。尤其是有年紀的人，因爲一直擔憂死亡的到來而變得焦慮、愚昧，希望能長生不死，這是何苦呢？這與現實是完全違背的啊！就像秦始皇費盡心思地找長生不老藥，不知上了多少當，人們為什麼這麼在意形體的存在呢？

從前，一位智者來到一戶剛有新生兒出生的家庭，他第一句話便說：「恭喜你們家將多一位死人！」驚醒沐浴在生之喜悅中的人們。沒錯，有生就必有死。活著的每一刻，其實都在未知那一刻的死亡。這其實是很自然的事，但卻很少有人能夠坦然地接受。所以當莊子的妻子死後，他不但不悲傷，反而鼓盆而歌，結果引人側目，誰知莊子才是眞正看透生死的智者。生死無常，任何人都不能預料，只要認眞地把握每一刻，實在不需為生或死或喜或悲啊！

㈡恐懼死亡

人們對死亡雖然不陌生，但對大多數人而言卻是少有的生活經驗，尤其是在二、三十歲以前。然而一旦面臨親人或友人的死亡，突然的刺激和失落所帶來的哀傷，往往造成極大的困擾。

西藏有個故事：一位婦人失去了她第一個兒子，她傷心欲絕，抱著小屍體在街上奔走，逢人就問：那裡有可讓她兒子復活的祕方？人們把她當成瘋子看待。後來她遇到一位智者告訴她：「只有佛陀能夠使妳的兒子復活。」

她便帶著兒子的屍體來到佛陀的面前請求佛陀慈悲救救他。佛陀說：「有一個方法可以使妳不再痛苦，使妳的兒子復活，就是到城裡向一戶從未有人死過的人家要回一粒種子。」

這位婦人就立刻挨家挨戶的問，結果是，沒有一戶人家沒有過親人過世，她只好將兒子的屍體帶回。原來，悲傷會讓人盲目，她終於明白不是只有她承受過死亡的折磨。

㈢面對死亡的心理變化

根據研究指出，一般人面對死亡大致可分成七個階段：

1、震驚否認期：不願接受噩耗。
2、退化幼稚期：因過度哀傷，產生不合年齡的行為。
3、失序絕望期：情緒低落，至生活秩序混亂。
4、害怕自責期：察覺自身的混亂，因而恐懼自責。
5、淡化移轉期：哀傷逐漸轉淡，尋找替代的生活目標。

6、空虛冷漠期：接受已成事實，偶然的失落仍揮之不去。

7、恢復振作期：心靈癒合，開始重新生活。

以上各階段所需的時間有長有短因人而異，有人能在短時間內恢復平靜，有人卻需長達數年的時間。因此面對死亡的心理輔導是不容忽視的重要輔導。

㈣節節升高的自殺率

面對死亡，有人不能承受，有人卻求之若渴。臺灣近人自殺率有升高的趨勢，尤其民國八十五年自殺死亡率每十萬人爲八點六一人，共一千八百多人自殺身亡，創民國七十八年以來新高。尤其六十五歲以上老年人自殺率遠超過歐美，值得注意。雖然青少年自殺死亡率普遍低於各國，但近幾年震驚社會的青少年自殺案件，也不容忽視其對年輕人的影響。

因爲自殺是十五歲自二十四歲青少年死亡的第三大死因。另外特殊的是分析民國八十五年台灣各地青少年的自殺死亡率，鄉村比都市高，新竹縣、宜蘭縣、金門縣青少年死亡率居全國前三名；臺北市、高雄市、台中市、台南市比平均還低。這樣的現象值得研究。

尤其青少年自殺常有「傳染」現象，非常需要家長及師長們的關切，尤其在放榜季節，幾乎年年都有考生自殺的事件。

㈤預防自殺守則

根據醫學研究發現：九成以上自殺成功者都患有輕重程度不等的憂鬱症，主要是受家庭和環境影響所致。此外，生理上的影響也不容忽視，血清素濃度過低者，會有較高的自殺傾向，這些人的自殺率往往高過一般人。

但想要自殺的人多半是陷於壓力，情緒失控的狀況下，才會產生自裁的念頭，他們有一半以上死意並不十分堅決，自殺可能是他們企圖引起他人注意和幫忙的方式，如果聽到：「我乾脆死掉算了！」這樣的話，其眞正的意思可能只是：「我有了痲煩，請救救我！」這時，如果及時伸出援手，可能及時挽救一場不幸。

再者，適當的輔導救助等管道的協助也是很重要的預防方式。在情緒低落、壓力失調的時候，專業人員的輔導，可以協助或減輕沮喪者自殺的衝動。

㈥注意自殺徵兆

企圖自殺的人，通常都會做一些不尋常的舉動，正視這些行為是很重要的，只要注意到有自殺意圖者的訊息，事先紓解防範，絕大多數的自殺是可以避免的。企圖自殺的徵兆如下：

1、曾說或寫下「想死」、「你將最後一次看到我」這類的話。

2、沒有理由地送出心愛的物品。

3、情緒起伏不定，時好時壞；尤其是從極度傷痛中，突然若無其事地安靜。

4、突然接觸以死亡為主題的音樂、圖片或文學作品。

5、詢問關於來生的事情。

6、情緒不佳卻出門旅行。

7、酗酒或使用藥物者。

㈦生命最可貴

法國社會學者涂爾幹早就指出：「在社會環境日趨混亂、而個人自主意識增強的社會，自殺率會提高。」臺灣社會目前亂象叢生、金融混亂、治安敗壞，與學生息息相關的教導也問題百出，忙碌的工商社會使得家庭生活無法正常發揮力量，使得青少年生活在社會、教育與家庭共同失衡的情況下，確實容易造成狂飆的「新」世代。

這些所謂新新人類、Y世代的青少年身上，多集體凌虐、暴走濫砍、墜樓跳河、搶劫殺人……等事件一再的發生，我們看到的是，一羣冷漠、倔強的靈魂，他們不但不珍惜自己的生命，也不尊重他人的生命，生命對他們來講好像一件新衣服一樣，不想要時，丟棄了也不覺得可惜。

如果，我們只一味感嘆時代變遷，而不思重建生命教育，恐怕未來學生的心腸會比鐵石還硬。

二、雞的小百科

雞是現代人類肉食的重要來源之一，全世界雞隻的總產量約為八十億以上，正確數目不詳。平均一個美國人，一年要吃掉十五公斤的雞肉和三百個以上的雞蛋。

西元前二千年前，雞就已被人類馴服了，而普遍地被飼養。埃及法老圖坦卡門墳墓的畫中有清晰的雞的圖樣（約在西元前一三五〇年）；而在印度的西北部還曾發現有雞的圖樣的錢幣，參閱許多希臘的文學、錢幣等，可以發現西元前四、五世紀，雞相當受人歡迎。

公雞鮮紅的肉冠和清晨的啼鳴很受人們的讚賞，除了有報時的功用外，更是「勇敢」、「黎明」的象徵。而母雞的多產，更成爲「富饒」的象徵。在傳統基督教的結婚儀式中，新娘新郎便由一對雞的帶領下進入教堂。

(一)《詩經》中的雞

在《詩經》中有許多的雞有關的篇章如：

1、《鄭風．風雨》

風雨淒淒，雞鳴喈喈，
既見君子，云胡不夷？
風雨瀟瀟，雞鳴膠膠。
既見君子，云胡不瘳？
風雨如晦，雞鳴不已。
既見君子，云胡不喜？

2、《齊風．雞鳴》

雞既鳴矣，朝既盈矣。
匪雞則鳴，蒼蠅之聲。
東方明矣，朝既昌矣。
匪東方則明，月出之光。
蟲飛薨薨，甘與子同夢；
食且歸矣，無庶予子憎！

(二)有關的成語

1、雞口牛後

語出自《戰國策．韓策》是句俗諺：「寧爲雞口，勿爲牛後」是語「雞口」雖然小，卻是進食之處，尚爲潔淨；而「牛後」雖大，卻是牛糞所從出，不宜停留。「雞口牛後」是用來諷刺不智之舉之辭。

2、雞鳴狗盜

出自《史記．孟嘗君列傳》孟嘗君被秦昭王囚禁之後，多虧門下客盜取白狐裘獻給昭王的寵姬，讓她在昭王面前爲孟嘗君美言，才使得孟嘗君脫困，但連夜逃至函谷關，天色未明，城門未開，有位會模仿雞叫的食客立即學雞啼叫，全城的雞跟著鳴叫，守城門的人便打開城，孟嘗君一行人終於安全脫困。

此事一時傳爲美談，人稱孟嘗君能養士，但宋王安石卻不以爲然，在《讀孟嘗君傳》一文中批評孟嘗君只不過是一羣「雞鳴狗盜」之輩的頭目而已。

3、牝雞司晨

語出《尚書．牧誓》：牝雞指母雞，清晨報曉是公雞的工作，妻奪夫權，會讓家庭敗壞，如果在政治上婦人當權也往往容易引發政治危機。不過這應是古代男尊女卑思想的產物，現代教育普及，優秀女子的表現不讓鬚眉，英國首相柴契爾夫人就是最好的例子。

㈢諺語詩文

1、失晨之雞，思補更鳴。（古諺）

2、嫁雞隨雞、嫁狗隨狗。（俗諺）

3、鄰國相望、雞犬相聞之聲相聞，民至老死不相往來。（《老子》）

4、雞鳴狗吠相聞，達於四境。（《孟子．公孫丑》）

5、阡陌交通，雞犬相聞。（《陶潛．桃花源記》）

6、雞窗夜靜開書卷，魚檻春深展釣絲。（羅隱《題袁溪張逸人所居詩》）

7、雞啄鈕仔——無彩喙。（俗諺）

肆、思考與練習

一、造句習作：

請學生列出課中含有擬人、譬喻修辭的句子做為例句，加以倣寫。

二、小說習作：

本課是一篇情節極為簡單的小說，卻以深入深刻取勝，可請學生個別或分組，將生活中的一些小事件寫成一篇短篇小說，嘗試探索問題的重點。

三、角色扮演：

請學生分別依本課內容：㈠母雞；㈡小雞羣；㈢鐵兒；㈣丈夫；㈤妻子等角色的心情以「同理心」去感受、扮演。然後請扮演者說出扮演前後的心情有何不同。

四、討論座談：

㈠請學生談談是否有「面對死亡」的經驗，如果有，感覺是什麼？如果沒有，會不會有害怕的感覺？藉著問題，了解學生對生命的認識。

㈡請學生蒐集資料探討「青少年自殺」及「安樂死」

的問題。

㈢請學生蒐集資料報告「如何面對死亡」

五、認識客家文化：

鍾理和是標準的客家人，客家人是具有特殊文化意識的族羣，他們的語言、生活習慣有許多和其他族羣不同的地方，可請學生分組分別收集下列資料，在課堂上報告，讓同學們認識客家文化。

㈠客家人的禮俗

㈡客家人的歌謠

㈢客家人的飲食

（許碧華）

第十四課　草坡上

國家圖書館出版品預行編目資料

新國中國文動動腦／許碧華等合著. --初版.
臺北市：萬卷樓，民 87
面；　公分
ISBN 957-739-201-6(第2冊：平裝)

1. 中等教育-教學法 2. 國文-讀本

524.31　　87016441

新國中國文動動腦 2

作　者：韓姝如、許碧華、關秀瓊、林嫺雅、區櫻
江艾倫、李敏雪、劉崇義、李炳傑、莊美英
發行人：許錟輝
責任編輯：李冀燕
出版者：萬卷樓圖書有限公司
台北市和平東路一段 67 號 14 樓之 1
電話(02)23216565・23952992
FAX(02)23944113
劃撥帳號 15624015
出版登記證：新聞局局版臺業字第 5655 號
網站網址：http://www.wanjuan.com.tw/
E-mail：wanjuan@tpts5.seed.net.tw
經銷代理：紅螞蟻圖書有限公司
台北市內湖區文德路 210 巷 30 弄 25 號
電話(02)27999490
FAX(02)27995284
承印廠商：晟齊實業有限公司
電腦排版：浩瀚電腦排版股份有限公司
定　價：400 元
出版日期：民國 88 年 1 月初版
民國 88 年 9 月初版二刷

ISBN 957-739-201-6